Klaus-Michael Bogdal (Hrsg.)
Neue Literaturtheorien

WV studium   Band 156

Klaus-Michael Bogdal (Hrsg.)

Neue
Literaturtheorien

Eine Einführung

Westdeutscher Verlag

Der Westdeutsche Verlag ist ein Unternehmen der Verlagsgruppe
Bertelsmann International.

© 1990 Westdeutscher Verlag GmbH, Opladen

Umschlaggestaltung: Horst Dieter Bürkle, Darmstadt
Druck und buchbinderische Verarbeitung:
W. Langelüddecke, Braunschweig
Printed in Germany

ISBN   3-531-22156-6

Inhalt

Vorwort

Der vorliegende Band möchte dem wiedererwachenden Interesse an *Theorie* in den Literaturwissenschaften entgegenkommen. Es geht uns jedoch nicht um *methodische Rezepte,* die die Leselust trüben oder gar die eigene Lektüre ersetzen. Die *neueren* Literaturtheorien, die hier dargestellt werden, stellen in unserer, von tiefgreifenden kulturellen Veränderungen gekennzeichneten Gegenwart noch einmal die Frage, was 'Literatur' war und ist und weshalb und wozu wir sie immer noch lesen, kommentieren, analysieren, interpretieren und damit tradieren.

Eine brauchbare *Einführung,* die den aktuellen Diskussionsstand präsentiert, existiert bisher noch nicht. Unser Band will zunächst über die vielfältigen und manchmal unübersichtlichen Theorieansätze orientieren. Der Einführungscharakter bringt es mit sich, daß Auslassungen und Vereinfachungen vorgenommen werden müssen. Dennoch steht das Bemühen im Vordergrund, das notwendige Wissen über neuere Theorieentwicklungen auf einem ihnen angemessenen Niveau zu vermitteln. Der Zugang zu den nicht selten komplexen Theoriegebäuden soll nicht durch Verflachung erreicht, sondern durch eine didaktische Aufbereitung erleichtert werden.

Die *Einleitung* erklärt die veränderte Form der Theoriebildung in den letzten zwanzig Jahren und skizziert die traditionellen Richtungen der Literaturtheorie. Die problemorientiert angelegten *Einzelbeiträge* setzen folgende Schwerpunkte:

- Charakterisierung der theoretischen Position, der theoretischen Problematik und der Hauptarbeitsfelder;
- Erläuterung der Terminologie in ihrem Zusammenhang;
- Skizzierung derjenigen Elemente, die für literaturwissenschaftliche Fragen von Bedeutung sind;
- Erklärung, weshalb gerade mit Hilfe dieser Theorie Antworten bzw. Lösungen gesucht werden;
- Darstellung der Theorie mit Blick auf literaturwissenschaftliche Grundlagenforschung, auf die Öffnung für neue Gegen-

stände, die in der Fachgeschichte vernachlässigt, übersehen oder verdrängt worden sind, und auf neue Methoden und Analyseverfahren;

- Referierung der repräsentativen Arbeiten;
- Darstellung möglicher Kontroversen und Kritik;
- Auswahlbibliographie.

Überschneidungen der einzelnen Beiträge konnten hoffentlich durch Querverweise [→] vermieden werden. Ein Personen- und ein Sachregister erleichtern die Suche nach Einzelinformationen.

Es bleibt zu hoffen, daß die Einführung in neuere Literaturtheorien dazu beiträgt, daß die Leser nicht autoritätsgläubig eine Theorie übernehmen, sondern kritisch und informiert zu einer eigenen Position gelangen und auf diese Weise den Dialog zwischen den unterschiedlichen Richtungen vorantreiben.

Bochum, im September 1989   *Klaus-Michael Bogdal*

Einleitung: Von der Methode zur Theorie

Zum Stand der Dinge in den Literaturwissenschaften

Klaus-Michael Bogdal

1.

Ein aufmerksamer Beobachter der literaturwissenschaftlichen Diskussionen, der amerikanische Geschichtstheoretiker Hayden White, äußert in seinem Buch 'Auch Klio dichtet' die Befürchtung, daß die neueren, sog. postmodernen Theorien die Spaltung in „Herrenleser" und „Knechtleser" verursachen könnten (White 1986, 307), da sie gebieterisch die Autorität eines privilegierten Zugangs zur Literatur behaupteten.

Ein simpleres, aber wirksames Zwei-Klassen-System des Lesens hat es auch in der Vergangenheit schon gegeben: die institutionelle und konzeptionelle Trennung der Literaturbetrachtung in den Unterricht der Volksschule einerseits und den Unterricht des Gymnasiums und des höheren Bildungswesens im 19. Jahrhundert andererseits. Spätestens seit dem letzten Drittel des vorigen Jahrhunderts – mit der von Dilthey ausgehenden geistesgeschichtlichen Methode – bis in die sechziger Jahre unseres Jahrhunderts – mit der werkimmanenten und phänomenologischen Methode – bezog auch die Literaturwissenschaft ihr Selbstwertgefühl aus dem elitären Habitus nicht nur des *Gebildeten,* sondern des mit einer Theorie und Methode ausgestatteten *Wissenden.* Vor allem glaubte sie sich im Besitz des Wissens über das „Wesen des Dichterischen" (Staiger 1971, 10), das wiederum als eine der höchsten Hervorbringungen menschlichen Geistes nur wenigen zugänglich schien.

Diese Auffassung geriet in den sechziger Jahren in die Krise, die bis zum unwiderruflichen Zusammenbruch führte. Wir werden diese Entwicklung später genauer skizzieren. Die Gegenbewegung bestand in der Entmystifizierung der Literatur und der 'Demokratisierung' der Zugangsweisen, d.h. in der Konzeption transparenter, erlernbarer und kritisch-reflektierter literaturwissenschaftlicher Methoden, die in modifizierter Form (über eine curriculare Spirale in der Schule) zum Wissensbestand eines jeden Bürgers gehören sollten; ein gesamtgesellschaftlich gesehen nahezu mißlungenes emanzipatorisches Projekt (Bogdal 1985). Die neue Spaltung sieht White auf ein enges soziales Feld begrenzt. Sie ereignet sich im Elfenbeinturm der 'Gebildeten', in den traditionellen kulturellen Institutionen – und vor allen Dingen an den Universitäten (zwischen Lehrenden und Studenten) selbst. Sie trennt jene modernen 'Erneuerer' der sechziger Jahre, die nun unterschiedliche methodische Varianten der Hermeneutik als spontane Theorien der Geisteswissenschaften tradieren, von denjenigen, die zu den Geheimnissen der Literatur zurückgefunden haben.

Diese Darstellung mag übertrieben sein, die Diskussionen mögen manchem als Sturm im Wasserglas erscheinen, während der Wein andernorts getrunken wird. Jedoch lassen sie Habitus, Sprache und theoretischen Geltungsanspruch neuerer Theorieansätze nicht ganz so abwegig erscheinen. Wir sollten allerdings bedenken, daß die Tatsache einer Spaltung nichts über die wissenschaftliche Aussagekraft und den kulturellen Gebrauchswert der einen oder anderen Theorie aussagt. Und schließlich geht es in allen Theorien – bei aller Abgehobenheit – um grundsätzliche Fragen nicht nur der Literaturwissenschaften (und der entsprechenden Studiengänge), sondern des kulturellen Lebens der Gegenwart, darum, was 'Literatur' eigentlich ist und warum und wozu wir sie, professionell oder privat, lesen.

Literatur*theorie,* die in den letzten Jahren von vielen Studenten eher als Hindernis auf dem Weg zur Literatur und ihrer Geschichte betrachtet wurde, stellt diese für eine kulturelle Identität unabdingbaren Fragen. Was irritiert, sind die zahlreichen widersprüchlichen, ja einander ausschließenden Antworten – eine Situation, mit der sich der Naturwissenschaftler z.B. nicht zufrieden geben würde.

Diese *Einführung* in die neueren Theorien will und kann verbindliche Antworten nicht geben, weil die Zeit für Synthesenbildungen und Hegemonieansprüche in den Geistes- und Gesellschaftswissenschaften abgelaufen ist. Ihre Aufgabe besteht darin, eine *Übersicht* über die wichtigsten und wirksamsten Theorieansätze der Gegenwart zu schaffen, deren *Herkunft* darzustellen und deren *Thesen* und *Begriffe* kritisch zu erläutern, ihre interpretatorischen Ergebnisse zu prüfen und schließlich den Leser zum *Vergleich* aufzufordern und zur *eigenständigen Auseinandersetzung* zu befähigen. Unser Idealbild ist demgemäß weder der „Herren-" noch der „Knechtleser", sondern der hoffentlich lachende Dritte, der etwas altmodisch daherkommende kritische, wissende und zugleich nicht autoritätsgläubige Leser.

2.

Von den neueren Literaturtheorien verwirft vielleicht der [→] Dekonstruktivismus am radikalsten jene ästhetische Tradition philosophischer Ästhetik, die in Deutschland als aufklärerisches Projekt im 18. Jahrhundert beginnt und als eines ihrer Ergebnisse zu Beginn des 19. Jahrhunderts die Deutsche Philologie hervorbringt, den institutionalisierten Beginn der Germanistik (Müller 1974; Weimar 1976; Rosenberg 1981). Die Ästhetiken dieser Zeit, von Baumgarten über Kant bis zu Hegel, systematisieren, reflektieren und kodifizieren das *Wissen* über die Künste, den Künstler und den Geschmack zu einer *Philosophie der Kunst.* Schon bei Friedrich Schiller, insbesondere in seinen Aufsätzen über Bürger und 'Über naive und sentimentalische Dichtung', wird, wie wenig später bei den Romantikern Schlegel und Schelling, das aktuelle Interesse an einer umfassenden Fundierung der literarischen Praxis deutlich, die den Rahmen transhistorischer Normen absteckt und zugleich die Möglichkeit für Innovationen erkundet. Im Zentrum ihrer Bemühungen steht der Nachweis der Einzigartigkeit und Unersetzbarkeit der Kunst, die substantiell mit spezifischen Formen der Erkenntnis und der Wahrheit identifiziert wird. Die Konstituierung der Ästhetik vollzieht sich demgemäß als *Abgrenzung* gegenüber anderen Praxisformen und als *Terrainbildung* (Fontius 1977). Nicht nur die Philosophie der Kunst als Ort der Selbstreflexion, sondern auch z.B. die Auseinandersetzungen um die Zensur oder der Kampf um das Urheberrecht (Bosse 1981) vermitteln ein Bild dieser Prozesse. An Schillers theoretischen Schriften ist schon deutlich zu beobachten, daß drei bestimmte Bereiche als Legitimationsinstanzen fungieren. Es sind dies

— die *Literatur* selbst, auf die er sich induktiv,
— die *Philosophie* und *Wissenschaft,* auf die er sich deduktiv bezieht,

– und der *Lebensalltag,* der als empirischer Erfahrungsraum konsultiert wird.

Die Literaturwissenschaft schwankt von ihren Anfängen bis heute zwischen diesen drei Legitimationsinstanzen. Wir können in der Fachgeschichte einseitige Orientierungen und verbindende Versöhnungssysteme quer durch alle Richtungen beobachten.

Der ersten Abgrenzung, Terrainbildung und Durchsetzung der Literatur als Wahrheitsdiskurs folgt eine zweite, die den Leser und das Lesen betrifft. Neben den gebildeten Normalleser und seinen Stellvertreter, den Literaturkritiker, tritt der *spezialisierte Wissenschaftler,* der sich ausschließlich mit dem Lesen und Bewerten und in der Germanistik mit dem Archivieren und Bewahren (durch kritische Editionen), der Kanonisierung (durch Geschichtsschreibung) und schließlich der Kommentierung (Interpretation) von Literatur beschäftigt. Diese Institutionalisierung (in Deutschland an den Universitäten) führt – nicht zuletzt in Konkurrenz zu den anderen Fakultäten – zur Herausbildung wissenschaftlich geregelter Zugangsweisen zur Literatur, den *Methoden* – zunächst der geisteswissenschaftlichen (der sog. Dilthey-Schule) und der positivistischen (der sog. Scherer-Schule). Wir müssen ergänzen, daß die im 18. Jahrhundert im Idealfall einer räsonnierenden bürgerlichen Öffentlichkeit (Habermas 1971) unmittelbar zugängliche Literatur im Verlaufe des 19. Jahrhunderts ihre Leser im wesentlichen über drei, jeweils einen verbindlichen Interpretationsanspruch vertretende Institutionen erreicht: die Literaturkritik, die Schule und die Universität.

Daneben zirkuliert in den verschiedenen sozialen Schichten der Gesellschaft ein elementares Alltagswissen über Literatur, gewissermaßen die sich der institutionellen Kontrolle entziehenden Mythen des Alltags über das, was Kunst und was schön ist. Auch der Methodenpluralismus in der Literaturwissenschaft seit 1900 (Hermand 1968, 17ff.) und der um diese Zeit beginnende kulturelle Einfluß der neuen Massenmedien ändern wenig an der institutionellen Konstellation bis in die fünfziger Jahre hinein.

Die universitäre Literaturwissenschaft bleibt bis zu diesem Zeitpunkt den traditionellen Grenzziehungen verpflichtet. Diese Bindung an die kulturellen Traditionen des vorigen Jahrhunderts bringt sie als Wissenschaft des 20. Jahrhunderts in eine prekäre Lage. Sie verfährt normativ, legitimiert ihre Normen jedoch nicht durch die Wissenschaftlichkeit ihrer Praxis, sondern durch ihren

Gegenstand, die Literatur, den sie, wie ihre Vorgänger zu einem der höchsten menschlichen Werte und Kulturgüter mystifiziert. Noch 1955 schreibt Emil Staiger in seiner 'Kunst der Interpretation':

„Und wir besinnen uns auf die unvergängliche humanistische Wahrheit, daß nur alle Menschen zusammen Menschliches zu erkennen vermögen. Der Fortschritt dieser Erkenntnis vollzieht sich im Gang der Geschichte und findet kein Ende, solange die Überlieferung währt. Ihr dient die Literaturwissenschaft und dient im Rahmen der Literatur die Interpretation." (Staiger 1971, 28)

Als Bewahrerin und Kommentatorin der „Überlieferung" ist die Literaturwissenschaft ohne ein Objekt im Sinne der modernen Wissenschaft, weil sie sich *innerhalb* der Problematik und der Selbstdeutung ihres Gegenstandes bewegt, der wiederum von ihr als Gegenmodell zur Wissenschaft, zum Szientismus gedeutet wird. Es wirft ein bezeichnendes Licht auf die Macht der kulturellen Tradition, wenn Staiger nicht um fehlende Wissenschaftlichkeit, sondern um die Preisgabe der Literatur besorgt sein muß:

„Es ist seltsam bestellt um die Literaturwissenschaft. Wer sie betreibt, verfehlt entweder die Wissenschaft oder die Literatur. Sind wir aber bereit, an so etwas wie Literaturwissenschaft zu glauben, dann müssen wir uns entschließen, sie auf einem Grund zu errichten, der dem Wesen des Dichterischen gemäß ist" (ibid., 10).

Nach dieser Vorstellung *begreift* nicht der Wissenschaftler die Literatur, sondern sie *ergreift* ihn. Auf diese Weise wird der soziale Status des Literaturwissenschaftlers an die kulturelle Dignität seines Gegenstands geknüpft und weniger von seinen wissenschaftlichen Ergebnissen abhängig gemacht. Ingeborg Bachmann, Literaturwissenschaftlerin und Schriftstellerin, hat die herannahende Krise und das Ende dieser Tradition geahnt, wenn sie 1959/60 in ihrer berühmten Frankfurter Poetikvorlesung Ernst Robert Curtius mit dem Satz: „Die moderne Literaturwissenschaft ... ist ein Phänomen", zitiert und fragt: „Aber warum entzieht sich die Literatur auf eine so verhängnisvolle Weise immer der Literaturforschung, warum bekommen wir sie nicht zu fassen, wie wir sie fassen möchten ...?!" (Bachmann 1984, 91).

Zur Vorgeschichte der Legitimationskrise der akademischen Literaturwissenschaften gehört auch, daß die beiden wichtigsten und folgenreichsten wissenschaftlichen Neubildungen der Moderne, der Marxismus und die Psychoanalyse, von denen wir bisher nicht gesprochen haben, zunehmend die Literatur 'zu fassen bekommen'; und dies zunächst außerhalb der Universität, aber mit nachhaltigem Einfluß auf die Literaturkritik und die moderne Literatur selbst. Diese Wissenschaften greifen die traditionellen Legitimationszusammenhänge an, indem sie die bestehenden Normen als historische bzw. individuelle und damit transitorische Erscheinungen nachzuweisen versuchen. Sie unterminieren in erster Linie die Legitimationsinstanz Literatur, da sie in einer 'Zangenbewegung' das „Wesen des Dichterischen" auf gesellschaftlich-historische bzw. individuell-unbewußte Ursachen zurückführen. Aufgrund des *neuen Wissens* über Geschichte, Gesellschaft, Arbeit und über psychische Vorgänge wie Kreativität, Phantasie, Genialität usw. gelingt es ihnen, mystifizierte Vorgänge wie das 'Schöpfertum' des Dichters und die 'Wahrheit' des Werks zu entmystifizieren. Dabei greifen Marxismus und Psychoanalyse in dieser Phase die vorherrschende substantialistische Auffassung von Literatur nicht an. Als Modernisierer suchen sie nach einer durch das neue Wissen erweiterten Wesensbestimmung von Kunst. Auf diese Weise negieren sie zwar das traditionelle Normensystem, aber nur, indem sie die *Normen* im Blick auf das neue Wissen über Geschichte und Gesellschaft bzw. über die Psyche des Menschen *vervielfältigen*. Genau diese Tatsache führt dazu, daß auch Marxismus und Psychoanalyse von der allgemeinen Krise der Literaturwissenschaft in den sechziger Jahren erfaßt werden.

Eine Folge des vertieften und verbreiterten Wissens über Literatur ist ein deutlicher Autoritätsverlust der akademischen Literaturwissenschaft in der Öffentlichkeit, den diese zu ihrer Rettung in den fünfziger Jahren dann kulturpessimistisch als Symptom eines allgemeinen Werteverfalls und Traditionsverlustes (des Abendlandes) deutet. Die defensive Position verhindert mögliche Innovationen und erzeugt jene Haltung, die der Schriftsteller Herbert Heckmann in seinem satirischen 'Lebenslauf eines Germanisten in aufsteigender Linie' karikiert hat: „Er glaubt an die Elite, um den Glauben nicht an sich selbst zur verlieren" (Heckmann, in: Kolbe 1969, 76).

Noch gravierender wirkt sich die zunehmende Entfernung und Entfremdung der universitären Literaturwissenschaft von der Literatur ihrer Zeit aus, zu der sie aus Prinzip und Hilflosigkeit schweigt (Expressionismus und Thomas Mann markieren die Scheidelinie). Die Literaturwissenschaft hat mit einer heute kaum

14

noch vorstellbaren Blindheit die Weiterentwicklung der Literatur im 20. Jahrhundert zur Moderne und Avantgarde ignoriert (zu den wenigen Ausnahmen zählen der Philosoph Theodor W. Adorno und der Romanist Hugo Friedrich). Heute erkennen wir diesen anachronistischen Vorgang als notwendige Verdrängung, denn nicht zuletzt verstand sich die Moderne als Negation der traditionellen Kunst, als Aufhebung der Grenzen und Öffnung des Terrains gegenüber anderen Praxisformen.

Mit der Verweigerungshaltung gegenüber der modernen Kunst bricht die Literaturwissenschaft wissenschaftstheoretisch betrachtet mit ihrem eigenen Grundaxiom, sich am „Wesen des Dichterischen" zu orientieren. Genau diese Leistung vollbringen, in Westeuropa lange Zeit unbemerkt, nach der Russischen Revolution von 1917 die Russischen Formalisten (und auf vergleichbare Weise Benjamin und Brecht), darin weitaus radikaler als der Marxismus und die Psychoanalyse. Es ist die Ausrichtung an der Selbstreflexivität der modernen Literatur, die die spätere Wirkung des Russischen Formalismus vorbereitet und durch die Verzögerung der Rezeption zugleich kompliziert, weil in den sechziger Jahren die Entwicklung der Moderne schon wieder an ihr Ende gelangt ist. Wissenschaftsgeschichtlich gesehen, ist die Distanz zur Moderne sicher der entscheidende Auslöser der sich in den fünfziger Jahren zuspitzenden Krise. Mit dieser Verdrängung manövriert sich vor allem die Germanistik in eine hoffnungslose Lage, wenn sie, wie Staiger noch 1966 ex cathedra in seiner 'Züricher Rede', die Gegenwartsliteratur als eine über „die ganze westliche Welt verbreitete Legion von Dichtern, deren Lebensberuf es ist, im Scheußlichen und Gemeinen zu wühlen", denunziert. Dennoch steht dieser Punkt nicht explizit im Zentrum der Kritik, die nun auch in den entscheidenden Vermittlungsinstanzen, der Literaturkritik, der Schule und der Universität selbst laut wird.

3.

Die Kritik in den sechziger Jahren steht in einem unmittelbaren Zusammenhang mit der Identitätskrise der westdeutschen Nachkriegsgesellschaft. Die Literaturwissenschaft wird aus den dargelegten Gründen zu einem Symbol der veralteten Überbaustrukturen einer Gesellschaft, die sich der Aufarbeitung ihrer faschistischen Vergangenheit verweigert. So beginnt auch die entscheidende Auseinandersetzung mit der Frage, weshalb die Germanistik angesichts ihrer hehren Werte und ihrer Hingabe an das „Wesen der Literatur" sich dem Faschismus widerstandslos dienstbar gemacht hatte (Lämmert u.a. 1967; Haug 1967). Die 'Ansichten einer künftigen Germanistik' (Kolbe 1969), so der Titel eines vieldiskutierten Sammelbandes, artikulieren Hoffnungen auf die Integration einer reformierten Literaturwissenschaft in eine demokratisch erneuerte Gesellschaft. Dort heißt es programmatisch:

„Germanistik hat also nicht zu fragen: gehört, was da an Fragen herangebracht wird, aus Tradition zu meinem Gegenstand und Programm? sondern: wo sind Bedürfnisse der jetzigen konkreten Gesellschaft, zu deren Erfüllung ich durch die bisherige Praxis einigermaßen werkzeugmäßig vor- und ausgebildet bin? Nicht der traditionelle Aufriß des Fachs, sondern die aktuellen Notwendigkeiten der gesellschaftlichen Entwicklung sind das oberste Kriterium" (Jäger, in: Kolbe 1969, 70).

Hier geht es um den in den folgenden Jahren partiell verwirklichten Wunsch, der westdeutschen Nachkriegsgesellschaft ein Gedächtnis für das zu schaffen, was an demokratischen kulturellen Überlieferungen verschüttet worden war, wobei noch ungebrochen davon ausgegangen wird, daß diese Gesellschaft (und vor allem die unteren Schichten) an derartigen Erinnerungen existentiell interessiert sei.

Das Bekenntnis zur gesellschaftlichen Verantwortung der Wissenschaft und des Wissenschaftlers wird in der Studentenbewegung noch überboten durch die Hoffnung, die Literaturwissenschaft in ein Instrument zur Befreiung verwandeln zu können.

„Mit der Organisation der solidarischen Phantasie der Menschen, die die Zerschlagung kultureller Privilegien impliziert, wird die kulturrevolutionäre Germanistik, Literatur- und Kommunikationswissenschaft [sic!], ihr politisches Ziel erreicht haben; über ihre Funktion in einer repressionsfreien Gesellschaft nachzudenken, mag der Zukunft überlassen sein" (Pehlke, in: Kolbe 1969, 44).

Aber selbst die Vertreter eines moderaten Reformkurses suchen nach neuen Instanzen, die ein Weiterexistieren des Fachs legitimieren (Lämmert, in: Kolbe 1969, 89). Auch sie ringen sich zu der Einsicht durch,

„daß Literaturwissenschaftler sich heute tatsächlich darauf einstellen müssen, die Entmythologisierung des Dichtens, dessen bevorzugter Rang sie gutenteils noch selbst auf diesen Berufsweg gelockt hat, mit behutsamer Konsequenz voranzutreiben" (ibid.).

Als Reaktion auf die grundsätzliche Infragestellung und den Vorwurf des Unzeitgemäßen verordnet sich die Germanistik ein Modernisierungsprogramm, das neue Untersuchungsgegenstände aufnimmt und als rationalistisches und aufklärerisches Projekt die „Methodologisierung" (Solms 1979) vorantreibt (Kolbe 1973). Die Methodologisierung bezieht ihre innovativen Impulse aus drei verschiedenen Bereichen unterschiedlichen Wirkungshorizonts, die die zukünftigen Entwicklungslinien vorzeichnen:

– aus einer internen Revision des eigenen wissenschaftlichen Status,
– durch Bezugnahme auf andere Wissenschaften, die einen weiteren Erklärungshorizont abstecken als sie selbst,
– durch eine sog. „Politisierung", d.h. durch unmittelbare gesellschaftliche Legitimierung.

Die Methodologisierung gilt als zu erbringender Vorschuß auf die gesicherte Zukunft einer modernisierten Literaturwissenschaft; „denn sollte ihr die Legitimierung ihres Gegenstandes mißlingen, so wäre ihre eigene gefährdet" (Enzensberger 1981, 15). Was die Politisierung und allgemeiner die praktische 'Anwendbarkeit' betrifft, so sucht die Literaturwissenschaft den Bereich der Lehre zu reorganisieren und ihrer Aufgabe in der Lehrerausbildung gerechter zu werden, indem sie u.a. mit Hilfe einer zunächst aufgewerteten Literaturdidaktik ihre Methoden für den expandierenden Bereich der Schule verfügbar macht (Vogt 1972). Mit Erfolg, denn die neue Autorität der reformierten Literaturwissenschaft führt um 1970 zu einer völligen Neuschreibung der Lehrpläne für den Deutschunterricht aller Schulformen. Wir können hier vorwegnehmen, daß dem eine nahezu vollständige Ignorierung der neueren Literaturtheorien, die in diesem Buch vorgestellt werden, gegenübersteht: ein erneuter Autoritätsverlust, in einer der zentralen Vermittlungsinstanzen für Literatur, der sich u.a. dadurch bemerkbar macht, daß sich um die Schule herum eine eigenständige Wissensproduktion (Textanalysen unter didaktischen Vorzeichen) entfaltet.

Der zweite Anwendungsbereich ist die gesellschaftskritisch orientierte Sprachreflexion, deren Methoden zur Auseinandersetzung mit Manipulationsstrategien der Herrschenden befähigen sollen.

Der dritte, zunächst spektakulärste Bereich ist die ideologiekritische Auseinandersetzung mit der neuen Medienrealität (z.b. die Bild-Zeitungskritik) und mit dem, was in der Tradition der Frankfurter Schule „Kulturindustrie" genannt wird.

Der fehlende legitimierende Gesamtrahmen wird zunächst durch eine Öffnung gegenüber den zu dieser Zeit hoch gewerteten Gesellschaftswissenschaften, der Soziologie, der Politischen Ökonomie und der Geschichtswissenschaft (Bogdal 1978) und durch die Rezeption der Wissensvorräte des Marxismus und der Psychoanalyse ersetzt. Einen wesentlichen Impuls erhält die Literaturwissenschaft durch die sich zu diesem Zeitpunkt durchsetzende Sozialgeschichte, die die unter der Dominanz der werkimmanenten Methode vernachlässigte Literaturgeschichtsschreibung wieder aufleben läßt (Kolbe 1973).

Die interne Revision konzentriert sich auf die bisherige Unterwerfung der Literaturwissenschaft unter das, was als das „Wesen des Dichterischen" bestimmt worden war und als „einfühlende" Interpretation eine wissenschaftliche Objektkonstituierung verhindert hatte (Leibfried 1970), genauer darauf, „daß die Literaturwissenschaft die Bedingungen einer wissenschaftlichen Sprache ... weitgehend aus dem Wissenschaftsverständnis klassischer Prägung herausgehalten hat" (Stauch 1973, 25). Die Methodologisierung (in ihren zahlreichen Varianten (Kolbe 1973; Kimpel/Pinkerneil 1975)), die sich zunächst auf die Ideologiekritik und die Linguistik bezieht, bringt zum Ausdruck, daß nun auch die Literaturwissenschaft ohne eine *Metasprache* nicht mehr auskommen wird.

Die Durchsetzung dieser drei Tendenzen (mit unterschiedlichen Schwerpunkten) zu Beginn der siebziger Jahre wird sowohl von den Protagonisten der neuen Methoden als auch von den Verteidigern der Tradition als wissenschaftlicher Paradigmenwechsel oder epistemologischer *Bruch*, ja in der euphorischen Rhetorik von 1968 als *Kulturrevolution* erlebt. Allerdings können wir im Augenblick dieses Bruchs, der wissenschaftsgeschichtlich als *'point of no return'* anzusehen ist, eine folgenreiche Spaltung beobachten. Ein Teil der Literaturwissenschaftler nimmt an, „daß die literaturwissenschaftliche Begrifflichkeit einen relativ großen Unbestimmtheitsgrad nicht überwinden kann" (Stauch 1973, 25). Der szientistisch orientierte Teil konzentriert hingegen seine Anstrengungen darauf, die epistemologischen Hindernisse für eine begriffliche Stringenz zu ergründen und zu beseitigen.

Offen blieb bisher die Frage, warum sich das Modernisierungsprogramm ohne große Widerstände durchsetzen konnte. Die Antwort ergibt sich aus den tiefgreifenden kulturellen Veränderungen, die sich in der Nachkriegsgesellschaft endgültig durchgesetzt haben. Einige Stichwörter müssen uns genügen, die andeuten, daß in der Nachkriegszeit auch innerhalb der bildungsbewußten Schichten und Institutionen die Bedeutung der traditionellen 'Kulturgüter' schwindet. Literatur wird allmählich im Bewußtsein und im Alltag dieser Schichten zu einem Konsumgut, zu einer Ware neben anderen Waren. Das Lesen, vormals ein soziales Privileg und Statussymbol, wird ein fragwürdiger Wert (White 1986, 306f.). Die Institution Schule z.B. reagiert mit dem Konzept des 'Kritischen Lesens' auf die veränderte Situation. Die Einsamkeitsmetaphern der Nachkriegsliteratur – 'Robinson' lautet z.B. der programmatische Titel eines Gedichts von Karl Krolow – legen vom Statusverlust der Literatur und ihrer Lektüre ein beredtes Zeugnis ab.

Insofern ließe sich die Modernisierung der Literaturwissenschaft – vor allem in der kommunikationstheoretischen und linguistischen Variante – als institutionalisierter Rettungsversuch des Lesens als Wert beschreiben. Der Wechsel des Untersuchungsobjekts von der 'Literatur' zum 'Text' zielt darauf ab, „den Akt des Lesens als ein bevorzugtes Analogon dafür zu sehen, wie wir allem Sinn verleihen" (White 1986, 306). Die bisher dominanten Formen des *Lesens* und des Umgangs mit Literatur im engeren Sinn wandeln sich zu einer sämtliche (mündliche und schriftliche) Textformen und z.T. auch sämtliche gesellschaftliche Zeichensystem ('Sprache' der Mode, der Liebe usw.) umfassenden *Dekodierungsfähigkeit*.

4.

Der Verlust der traditionellen kulturellen Funktion der Literaturwissenschaft und das Ende der Identifizierung mit dem Gegenstand Literatur haben nicht zu einem neuen, einheitlichen Selbstverständnis geführt. Dessen Platz wird vom *Problem der Legitimierung* der wissenschaftlichen Praxis besetzt, die nicht nur mit der *Pluralität ihrer Methoden,* sondern auch mit dem Verlust der *kulturellen Identität* zu leben hat. Methodische Innovationen – von der Rezeptionsästhetik bis zur feministischen Literaturwissenschaft – sind deshalb immer auch konkurrierende Versuche einer Identitätsstiftung und Objektkonstituierung, die die Legitimationskrise, indem sie sie ohne allgemeine Anerkennung 'lösen', letztlich nur verschärfen. In der Phase des 'Bruchs', einer eher wissenschaftseuphorisch zu nennenden Zeit, wird die Legitimationskrise primär als Methodenproblem reflektiert. Die programmatischen Titel zahlreicher Publikationen (siehe Literaturverzeichnis) zeugen deutlich davon. Doch aus der *Kritik der Krise* entwickelt sich die *Krise der Kritik.* Dies gilt z.B. auch für die methodischen Varianten marxistischer Literaturwissenschaft, die ihre grundlegenden Fragestellungen aus der *Kritik der Kritik* beziehen, ohne jedoch dem Anspruch auf eine Lösung des Legitimationsproblems gerecht werden zu können. In der Phase des 'Bruchs' wird zunächst verdrängt, daß der Verwissenschaftlichung/Methodologisierung der Literaturwissenschaft die Abkopplung von der traditionellen Ideologie der Literatur und Kunst vorangegangen und auch die Ideologie der Literatur der Moderne noch überboten worden ist. Der von Solms 1979 noch als Antwort auf eine plurale Gesellschaft konstatierte Methodenpluralismus (Solms 1979, 28ff.) vermag offensichtlich die durch den 'Bruch' verursachte Leerstelle nicht zu füllen. Sie bleibt die 'offene Wunde' der szientistisch orientierten Methoden, in der sich ihr schlechtes Gewissen einnistet. So erhält sich sehr wohl die Notwendigkeit einer Konzeptualisierung der analytischen *Methoden* in Richtung auf eine kulturell legitimierte *Theorie* der Literatur (oder jetzt der *Texte),* die sich den allgemeinen gesellschaftlichen Vorstellungen (von einer peripheren, ornamentalen Kunst mit hohem 'Freizeitwert') anschmiegt.

Die trotz der Verwissenschaftlichung fortschreitende Marginalisierung der Literaturwissenschaft innerhalb der Kultur verhindert, daß es bei der Methodenkonstellation der siebziger Jahre: Hermeneutik – Strukturalismus/Texttheorien – Kommunikations- und Interaktionstheorien – Marxismus – Psychoanalyse bleibt. Diese Methoden (und ihre Varianten und Kombinationen) entwickeln sich nicht mehr zu *Metatheorien,* die die Literaturwissenschaft in allgemeine gesellschaftliche Zusammenhänge integrieren und auf diese Weise legitimieren. Auch die marxistische Literaturwissenschaft, die in den Strudel der Krise des Marxismus gerät, kann diesen Weg nicht mehr beschreiten. Die „Methodenrevuen" (Link 1974, 13), Kompilationen des fachmethodischen Wissens, überleben nur in einem den demokratischen Pluralismus institutionalisierenden Rahmen: der reformierten Schule der siebziger Jahre. Aber dort hat die befürchtete „Reliterarisierung" (Solms 1979, 47) des Deutschunterrichts als Rückfall in die Werkimmanenz oder die Kanonisierung von Literatur inzwischen Einzug gehalten (Bogdal 1985).

Das Legitimationsproblem durchdringt mit einem Wort sämtliche Methoden der Literaturwissenschaft seit ihrem Entstehen krisenhaft und macht sie anfällig für eine Kritik aus dem Bereich der institutionalisierten Kultur, die primär das *methodisch* geleitete Lesen als Angriff auf ihre Identität darstellt (Enzensberger 1984). *Eine* Antwort auf das Problem kultureller Legitimation sind die neueren, in diesem Buch vorgestellten Literaturtheorien, die deshalb als *Methoden* nicht mehr angemessen umschrieben werden können. Immer deutlicher lassen sich in den letzten zehn Jahren zwei konträre Antworttypen unterscheiden:

Zum einen wird – in radikaler Bezugnahme auf den 'Bruch' um 1970 – die Vorstellung eines homogenen Gegenstandes Literatur und einer von ihm ableitbaren Literaturtheorie *als Illusion* betrachtet. Literaturtheorie sei

„nicht mehr als ein Zweig der gesellschaftlichen Ideologien ..., völlig ohne jede Einigkeit oder Identität, die sie angemessen von Philosophie, Linguistik, Psychologie, kulturellem oder soziologischem Denken unterscheiden würde" (Eagleton 1988, 199).

Die Hoffnung, „sich an ein Objekt namens Literatur zu klammern", (ibid.) sei verfehlt.

Zum anderen ist eine *Idolisierung* und *Remystifizierung der Literatur* (oder der Texte) zu beobachten, eine Anpassung an ihr Funktionieren innerhalb des Kulturapparats. So

„wie im Kultbild werden auch in der Literatur nicht die Fähigkeiten aufgesucht, die sie wirklich *hat,* sondern es werden ihr diejenigen anphantasiert, die wir *gerne von ihr hätten"* (Enzensberger 1981, 15f.).

5.

Fassen wir zusammen: In der Geschichte der Literaturwissenschaft vollzieht sich in den sechziger Jahren ein 'Bruch', der die Ideologie der Literatur von ihrer Wissenschaft trennt und einen methodologischen Modernisierungsschub bewirkt. Die wichtigsten Elemente diesseits und jenseits können wir wie folgt darstellen:

┌─Literatur	Text─┐
Wahrheit der Kunst	– Wissenschaftliche Wahrheit
Singularität des Werks	– Intertextualität
Einfühlendes Lesen	– Symptomale Lektüre
Verstehen verborgener Be-	– Beschreibung von Strukturen,
deutung (Interpretation)	Regeln, Funktionen (Analyse)
Dominanz des Signifikats	– Dominanz des Signifikanten
Bewahrung und Überlieferung	– Systematisierung von Wissen
└─*Kultureller Wert*	*Gesellschaftliche Funktion*─┘

Diese zunächst einfache 'Frontlinie' können wir nur in der kurzen Phase des 'Bruchs' und der 'Methodologisierung' deutlich erkennen. Im Zuge des kulturellen Wandels in den siebziger Jahren tauchen neue Markierungs- und Orientierungspunkte auf. Zunächst lösen sich die Klammern zwischen Literatur und kulturellem Wert und Text und gesellschaftlicher Funktion, die 'Frontlinie' verwandelt sich allmählich in ein immer unübersichtlicher werdendes Feld.

Nach der Überwindung des kulturellen Schocks auf der einen und dem Verrauschen der wissenschaftlichen Euphorie auf der anderen Seite können wir eine diagonale Verklammerung von Literatur und gesellschaftlicher Funktion und Text und kulturellem Wert beobachten. Auffällig sind die *gleichen* Verarbeitungsmechanismen. Auf beiden Seiten der 'Frontlinie' gibt es Versuche der *Aufhebung* des 'Bruchs', d.h. einer erneuten kulturellen Legitimierung der Literaturwissenschaft im Sinne der Re-Integration des Modernitätsschubs in ein historisches Kontinuum (Postmoderne). Ebenso existieren auf beiden Seiten Versuche zur *Weiterentwicklung* der gewonnenen Positionen. Die diagonale Bewegung ist dadurch gekennzeichnet, daß auf der einen Seite sowohl Aufhebung als auch Weiterentwicklung mit den traditionellen *Mitteln der Hermeneutik,* auf der anderen Seite mit den *Mitteln der Diskursanalyse* bzw. der Texttheorie betrieben werden (Link 1983, 167ff.) Schließlich verbindet diejenigen Richtungen, die eine Aufhebung des 'Bruchs' betreiben, über die 'Frontlinie' hinweg die *Habitualisierung* ihrer Praxis. Nicht wissenschaftsimmanente Aspekte legitimieren hier die akademische Beschäftigung mit der Literatur, sondern kulturelle Normen und sozial-distinktive Gewohnheiten. Diejenigen Richtungen, die an einer Weiterentwicklung interessiert sind, arbeiten hingegen auf beiden Seiten auf eine *Konzeptualisierung* ihrer Praxis hin. Hier steht die Bemühung im Zentrum, die neuen Methoden in Verbindung mit bestimmten *wissenschaftstheoretischen Ansätzen* (von Foucault bis Luhmann) zu einem literaturtheoretischen Konzept fortzuschreiben, das eine gesellschaftliche Legitimation beanspruchen kann.

Die Situation der Literaturwissenschaft in der Gegenwart weist also einen hohen Grad an Komplexität und Widersprüchlichkeit auf. Trotz der epistemologischen 'Frontlinie' sind unter bestimmten Gesichtspunkten Bündnisse und Verknüpfungen möglich geworden, die noch vor wenigen Jahren 'unmöglich' schienen. Nehmen wir als aktuelles Beispiel das Buch des amerikanischen Literaturwissenschaftlers Fredric Jameson (1988), der seine Fortschreibung der marxistischen Literaturtheorie als Ergebnis des 'Bruchs' präsentiert und dennoch auf die traditionellen Hermeneutik jenseits der 'Frontlinie' zurückgreift, weil er nur sie für konzeptualisierungsfähig hält.

Nicht zuletzt können in der jetzigen beweglichen Konstellation auch solche literaturwissenschaftliche Arbeiten kurzfristig Aufmerksamkeit erlangen, die 'freibeuterisch' die Theorielandschaft der Gegenwart durchstreifen und sich Begriffe und Namen aneignen, die ihnen begehrenswert erscheinen. Von solchen Texten soll hier und in den einzelnen Beiträgen unserer Einführung nicht die Rede sein.

Vielleicht ist nach der Situationsbeschreibung deutlich geworden, was wir unter *neueren* Literaturtheorien verstehen. Es sind jene Ansätze zur Selbstreflexion der literaturwissenschaftlichen Praxis, welche die 'Methodologisierung' überwunden haben und die Legitimationskrise konzeptionell lösen wollen.

6.

Viele Literaturwissenschaftler scheinen nicht sonderlich beunruhigt über den Stand der Dinge. Unlängst konstatierte ein Romanist an repräsentativer Stelle in der 'Frankfurter Allgemeinen Zeitung' „Ruhe und Harmonie" (Gumbrecht 1988). Das harmonische Bild, das dort von den in Lämmer verwandelten Wölfen der siebziger Jahre gemalt wird, die auf der akademischen Wiese friedlich nebeneinander grasen, zwar immer enger eingepfercht durch staatliche Bildungs- und Finanzpolitik, jedoch wieder aufgefüttert durch Drittmittel-Förderung, verdeckt die diskursiven Macht- und Verteilungskämpfe um das, was innerhalb der Institution zugelassen wird und was nicht. (Im übrigen hat der gleiche Verfasser selbst eine Inventur des Zugelassenen erstellt (Gumbrecht 1983, 582ff.).)

Was aber aus dem FAZ-Artikel ersichtlich wird, ist, daß sich sowohl der institutionelle Abbau der Geisteswissenschaften als auch ihre Verteidigung nicht mehr über gegenstandsbezogene oder wissenschaftsimmanente Theorien legitimieren lassen. Hier wird der Unterschied zur methodenorientierten Phase des 'Bruchs' am deutlichsten. Die Literaturwissenschaft scheint ihre Substanz verbraucht zu haben. Es gibt nur noch wenige Literaturwissenschaftler, die zu sagen wagen, daß mit einer methodisch ausgewiesenen Beschäftigung mit der Literatur nicht ein Irrweg des fortschrittswütigen 19. Jahrhunderts beendet, sondern ohne sie eine Instanz des Selbstbewußtseins der Gesellschaft, ihr institutionalisiertes Gedächtnis zerstört wird.

Wir müssen also, trotz vermeintlicher akademischer Ruhe, den Blick auf die Machteffekte lenken, die die Literaturtheorien bestimmen und vor allem auf jene, die sie selbst verursachen. Literaturtheorie hat auch in einer Zeit vermeintlicher akademischer Harmonie politische Dimensionen.

Erinnern wir uns noch einmal daran, daß sich im Blick auf das Problem der kulturellen Legitimation zwei *konträre* Antworttypen herauskristallisiert haben. Während die 'szientistischen' und politisch orientierten Theorien auf eine diskursanalytisch untermauerte kulturwissenschaftliche Konzeptualisierung hinarbeiten (Link 1983; Jameson 1988), unternehmen die sog. poststrukturalistischen Theorien den Versuch einer mentalitären Abfederung des 'Bruchs' – allerdings unter Zurückweisung eines substantialistischen Literaturbegriffs. Dies geschieht in erster Linie dadurch, daß sie die noch zu Beginn der siebziger Jahre weitgehend tabuisierte private Gegenstandskonstitution von Literatur wieder zulassen. Die Enttabuisierung des 'Subjektivismus' öffnet die universitäre Literaturwissenschaft stärker dem Einfluß des *Kulturapparats* und damit dem Zeitgeist. Auf der anderen Seite verliert die Schule als institutioneller Bezugspunkt und Adressat deutlich an Wertschätzung, weil sie weiterhin nach intersubjektiven Momenten fragt und primär kritische Verstehens- und Wertungsprozesse initiieren will. Die 'szientistischen' Richtungen der Literaturwissenschaft werden als Angriff auf die angestrebte kulturelle Identität erlebt. Bei aller Faszination poststrukturalistischer Theorien an der 'Unordnung des Imaginären' vermögen sie dennoch nicht ihre Praxis von den im Kulturapparat vorherrschenden Vorstellungen abzukoppeln. So wird z.B. nach einem stereotypen Rundschlag gegen den „Pappfeind" (Eagleton 1988, 130), die rationalistische, positivistische und aufklärerische Wissenschaftstradition, den konzeptualisierenden Positionen Kunstfeindlichkeit vorgehalten:

„Die von okzidentaler Herrschaftslogik [sic!?] vergessenen und verdrängten Fragen und ästhetischen Formen der Weltauslegung zu retten, ist das Erkenntnisinteresse von Dichtung. Ihm gegenüber verhalten sich an szientistischen Idealen orientierte literaturwissenschaftliche Methoden denunziatorisch. In einer Epoche, da Wissenschaft und Technik selbst zur Basisideologie werden, betreibt eine szientistische Literaturwissenschaft Identifikation mit dem Aggressor von Dichtung" (Hörisch/Pott, in: Link 1983, 178).

Der Szientismus-Vorwurf geht mit der Wiedereinführung der totgeglaubten Rede vom 'Wesen der Dichtung' einher, das aber wie ehedem im Dunkeln bleibt und nur den Eingeweihten zugänglich scheint.

„Szientistische Methoden beruhen ... auf der systematischen Verleugnung rätselhafter Strukturen; und deshalb müssen sie a priori die spezifische Erkenntnisleistung poetischer Kunstwerke verkennen. Verkennung, ja Verblendung ist der Preis ihrer vermeintlichen Exaktheit" (ibid., 179).

Das Mythem des 'Rätselhaften' wird ins 'Jenseits' der Moderne, in eine von Zeichensystemen überflutete, Sinn und Identität fragmentarisierende Postmoderne überstellt. Aus der Remythologisierung speist sich dann auch nicht das Interesse an einer wissenschaftlichen Praxis, sondern ihr erwächst eine Konzeption von *Individualität*. Wie schon einmal, ist es die Singularität des Umgangs mit der Literatur, die die Differenz zur Masse einer von Sinn- und Identitätsverlust gekennzeichneten Gesellschaft markiert. Texte „rehabilitieren mit der Lust am Imaginären auch das eitle Recht, eingebildet zu sein" (Hörisch 1985, 9).

Das Erkenntnisinteresse muß einem Teil-*Haben*-Wollen an der Literatur weichen, das zwischen ohnmächtigem Konsum und kulturellem Besitz hin und her schwankt. „Es ist vielmehr die Lust im und am eingebildeten Text, die noch zu lesen heißt" (ibid., 11). Es ist also die Lust am status quo. Die Legitimation der eigenen Praxis wird durch Kritik an den anderen, durch Metakritik ersetzt. Es setzt sich jener von Ch. Enzensberger trefflich beschriebene Mechanismus durch,

„daß die Literatur ..., wenn auch strittig bleibt *welche,* so doch jedenfalls eine *überragende* Bedeutung hat; und wenn diese *inhaltlich* ins Wanken kommen sollte, wird sie *institutionell* um so nachdrücklicher befestigt" (Enzensberger 1981, 21).

Die institutionelle 'Befestigung' eines privilegierten Lesers steht in auffälligem Widerspruch zur Foucault/Barthes-Paraphrase, mit deren Hilfe mögliche inhaltliche Bestimmungen diskursstrategisch verdunkelt werden:

„Das macht die Lust im und am Text aus: daß er die Ordnung des Diskurses aufweist, dessen Macht anerkennt und doch verwirrt; daß er an der Unordnung arbeitet" (Hörisch 1985, 11).

Die List der Geschichte besteht jedoch darin, daß im Zeichen von Tschernobyl, Barschel-Affäre usw. an der Unordnung zu arbeiten, ein Kennzeichen von Herrschaft geworden ist. Insofern täuscht diese Aussage Widerständigkeit nur vor. An der Selbstdeutung sind Zweifel anzumelden, weil die Analyse der 'Macht' und ihrer Effekte abgekappt worden ist. Ganz anders hat Foucault selbst seine „Genealogie" als Methode verstanden, die „gegen die zentralisierenden Machtwirkungen, die mit der Institution und dem Funktionieren eines wissenschaftlichen Diskurses verbunden sind, wie er in einer Gesellschaft wie der unsrigen organisiert ist" (Foucault 1978, 63), gerichtet ist. So ist der Verdacht nicht von der Hand zu weisen, daß die Kritik am 'Szientismus' darauf abzielt, „die 60er Jahre und das, was von ihrem Erbe übrig ist, auszulöschen, diese Zeit völlig vergessen zu lassen" (Jameson 1986, 22).

Die Lust am Text deutet auf das Paradox einer *Fetischisierung* des Lesens (White 1986, 307) und der eigenen Sprache angesichts einer als *Fragmentarisierung* erlebten gesellschaftlichen Veränderung. Der zeitgemäße Leser, der nach Roland Barthes (1976) die Texte „wieder-schreibt", bedeutet in einer Zeit des realen *Niedergangs* der Lesefähigkeit diskursstrategisch eine Verknappung des Zugangs zu den Objekten des Begehrens, den 'eingebildeten Texten'.

Dieser *neue Leser* hat nichts mehr mit dem traditionellen gebildeten Leser der Vergangenheit zu tun, der an Lesestoffen und kulturellen und sozialen Werten unmittelbar interessiert war, obwohl er noch von dessen Mythos zehrt. Der neue Leser weicht *hier* nicht hinter den 'point of no return' zurück. Was *restauriert* wird, ist die *Funktion:* nämlich das kulturelle Privileg einer marginalisierten sozialen Schicht. Man könnte zugespitzt von der Selbstinstitutionalisierung einer überflüssig gewordenen ehemaligen Elite sprechen, die allein durch die Besetzung und Ausstattung einer diskursiven Machtposition ihre Praxis legitimiert. Die *Erhaltung des Privilegs* wäre demnach der tiefere Sinn des Wechsels vom Signifikat zum Signifikanten, von der 'okzidentalen Herrschaftslogik' zur 'Lust am Text'.

Auf der anderen Seite kann die Fetischisierung des Lesens aber auch als Versuch der Rettung von Literatur und der Bewahrung einer differenzierten Lesefähigkeit gesehen werden. Hier weist Literaturtheorie der Literatur einen geschützten Bezirk an, der sie vor den gesellschaftlichen Turbulenzen bewahren soll, die die explosionsartige Vervielfältigung von Zeichensystemen durch elektronische Verarbeitungssysteme verursacht hat.

Wo die Dignität des literarischen Wortes durch den Wert 'Informationsökonomie' ersetzt wird, ist die 'Lust am Text' ein letzter Versuch, dem beredten Schweigen einer Agonie-Kultur zu entrinnen. Anstelle der Legitimation der Literaturwissenschaft tritt die *Identifikation* mit dem Opfer, der Literatur. Der diskursive Machtanspruch auf einen privilegierten und einzig angemessenen Zugang zur Literatur ist die Antwort auf eine jeglichen Orts der Legitimation verlustig gegangenen Kultur der Unübersichtlichkeit. Literatur muß nun in der Literaturtheorie alles das sein, was Gesellschaft und Geschichte nicht mehr zu sein scheinen: das Rätselhafte, Plötzliche, Vieldeutige, Karnevalistische, Subversive, Destruktive, die Un-Ordnung. Die dem 'Dionysischen' zugeschlagenen *Texte* ersetzen die fehlende Vitalität des zur Simulation entstellten *Lebens*.

Diese Richtung der neueren Literaturtheorien hat inzwischen eine entsprechende ästhetische Norm befestigt und bestimmte Werke, die dem Gegenbild entsprechen, kanonisiert.

Die 'szientistisch' ausgerichteten neueren Literaturtheorien akzeptieren hingegen den 'Bruch' zwischen der Ideologie der Literatur und der Literaturwissenschaft als unwiderrufliches historisches Ereignis. Sie beziehen ihre Produktivität aus der *Distanz* zu ihrem

Gegenstand, den sie unter historischer Perspektive als Teil *umfassenderer* kultureller Produktions- und Reproduktionsverhältnisse zu bestimmen suchen.

7.

Wonach wird also in den einzelnen Beiträgen unserer Einführung gefragt?

Zunächst danach, welche Lösungsvorschläge die neueren literaturtheoretischen Ansätze über die 'Methodologisierung' hinaus für das Problem der Objektkonstituierung in der Literaturwissenschaft entwerfen.

Zum zweiten wird der Blick darauf gerichtet, welche Konsequenzen die Lösungsvorschläge für die literaturwissenschaftliche Praxis und für die Ortsbestimmung der Literatur in der Kultur der Gegenwart haben. Die wissenschaftsimmanente Fragestellung soll hier partiell zu einer ideologiekritischen erweitert werden, so daß die Bewertung einer Theorie nicht allein nach der Zugehörigkeit zu einem bestimmten epistemologischen Feld, sondern auch im Blick auf ihr Funktionieren innerhalb gesellschaftlicher Machtstrukturen vorgenommen werden kann.

In unserer Einführung wird schließlich und endlich wieder aus ganz unterschiedlichen Perspektiven genauer danach gefragt, was Literatur ist und was die Mühen und Vergnügungen der individuellen Beschäftigung und der kulturellen Tradierung noch rechtfertigt.

Die Antworten, denen in den einzelnen Beiträgen nachgespürt worden ist, sind, trotz der deprimierenden Gegenwartsdiagnose, allesamt von einer nicht erloschenen Neugier gegenüber der Literatur geprägt. Dies, und daß es so viele sind, ist ein hoffnungsvolles Zeichen.

Literatur

Althusser, Louis, 1968: Für Marx, Frankfurt a.M.
Bachmann, Ingeborg, [2]1984: Frankfurter Vorlesungen. Probleme zeitgenössischer Dichtung, München/Zürich.
Barthes, Roland, 1976: S/Z, Frankfurt a.M.

Bogdal, Klaus-Michael, 1978: Zu retten, was zu retten ist? Materialistische Literaturwissenschaft und ihre Gegenstände, in: alternative Nr. 122/123, Berlin, 191-208.

–, 1985: Lesealltag in der Schule. Beobachtungen, Überlegungen, Korrekturen, in: Diskussion Deutsch H. 85, Frankfurt a.M., 459-467.

Bosse, Heinrich, 1981: Autorschaft ist Werkherrschaft, Paderborn/München/Wien/Zürich.

Cerquiglini, B./Grumbrecht, H.U. (Hg.), 1983: Der Diskurs der Literatur und Sprachhistorie, Frankfurt a.M.

Eagleton, Terry, 1988: Einführung in die Literaturtheorie, Stuttgart.

Enzensberger, Christian, [2]1981: Literatur und Interesse, Frankfurt a.M.

Enzensberger, H.M., 1984: Ein bescheidener Vorschlag zum Schutz der Jugend vor den Erzeugnissen der Poesie, in: Lesebuch. Dt. Literatur der siebziger Jahre, hrsg. v. Ch. Buchwald/K. Wagenbach, Berlin, 186-192.

Fohrmann, J./Müller, H. (Hg.), 1988: Diskurstheorien und Literaturwissenschaft, Frankfurt a.M.

Fontius, Martin, 1977: Produktivkraftentfaltung und Autonomie der Kunst, in: Literatur im Epochenumbruch, hrsg. v. G. Klotz/W. Schröder/P. Weber, Berlin/Weimar.

Foucault, Michel, 1978: Dispositive der Macht, Berlin.

Gumbrecht, H.U., 1983: Rekurs/Distanznahme/Revision: Klio bei den Philologen, in: Cerquiglini/Gumbrecht, 582-622.

–, 1988: Über allen Wipfeln ist Ruh. Literaturwissenschaft jenseits der Literatur, in: FAZ v. 20. Juli.

Gutzen, D./Oellers, N./Petersen, J.H., 1976: Einführung in die neuere deutsche Literaturwissenschaft, Berlin.

Habermas, Jürgen, [5]1971: Strukturwandel der Öffentlichkeit, Neuwied u. Berlin.

–, 1985: Der philosophische Diskurs der Moderne, Frankfurt a.M.

Hauff, J. u.a., 1971: Methodendiskussion. Arbeitsbuch zur Literaturwissenschaft, 2 Bde., Frankfurt a.M.

Haug, W.F., 1967: Der hilflose Antifaschismus, Frankfurt a.M.

Hermand, Jost, 1968: Synthetisches Interpretieren, München.

Hörisch, J./Pott, H.-G., 1983: Literaturwissenschaft als Rationalitätskritik, in: Link 1983, 175-187.

Hörisch, J./Tholen, G.Ch. (Hg.), 1985: Eingebildete Texte, München.

Jäger, Hans-Wolf, 1969: Gesellschaftskritische Aspekte der Germanistik, in: Kolbe 1969, 60-71.

Jameson, Fredric, 1986: Ideologische Positionen in der Postmodernismus-Debatte, in: Das Argument Nr. 155, Berlin, 18-28.

–, 1988: Das politische Unbewußte, Reinbek b. Hamburg.

Kimpel, D./Pinkerneil, B. (Hg.), 1975: Methodische Praxis der Literaturwissenschaft, Kronberg/Ts.

Klein, A./Vogt, J., 1971: Methoden der Literaturwissenschaft I: Literaturgeschichte und Interpretation, Düsseldorf.

Kolbe, Jürgen (Hg.), 1969: Ansichten einer künftigen Germanistik, München.

—, (Hg.), 1973: Neue Ansichten einer künftigen Germanistik, München.

Lämmert, E. u.a., 1967: Germanistik – eine deutsche Wissenschaft, Frankfurt a.M.

Lämmert, Eberhard, 1969: Das Ende der Germanistik und ihre Zukunft, in: Kolbe 1969, 79-104.

Leibfried, Erwin, 1970: Kritische Wissenschaft vom Text, Stuttgart.

Link, Jürgen, 1974: Literaturwissenschaftliche Grundbegriffe, München.

—, 1983: Elementare Literatur und generative Diskursanalyse, München.

Maren-Grisebach, Manon, 1972: Methoden der Literaturwissenschaft, München.

Müller, J.J. (Hg.), 1974: Germanistik und deutsche Nation 1806-1848. Zur Konstitution bürgerlichen Bewußtseins, Stuttgart.

Nemec, F./Solms, W. (Hg.), 1979. Literaturwissenschaft heute, München.

Pasternack, Gerhard, 1975: Theoriebildung in der Literaturwissenschaft, München.

Pehlke, Michael, 1969: Aufstieg und Fall der Germanistik – von der Agonie einer bürgerlichen Wissenschaft, in: Kolbe 1969, 18-44.

Rosenberg, Rainer, 1981: Zehn Kapitel zur Geschichte der Germanistik, Berlin/DDR.

Staiger, Emil, 1971: Die Kunst der Interpretation, München.

Stauch, Hildegard, 1973: Zur Entwicklung einer modernen Literaturtheorie, München.

Vogt, Jochen, 1972: Literaturdidaktik. Ansichten und Aufgaben, Düsseldorf.

Weimar, Klaus, 1976: Zur Geschichte der Literaturwissenschaft. Ein Forschungsbericht, in: DVjS 50, 298-364.

White, Hayden, 1986: Auch Klio dichtet, Stuttgart.

Žmegac, Victor (Hg.), 1971: Methoden der deutschen Literaturwissenschaft. Eine Dokumentation, Frankfurt a.M.

Žmegac, Victor/Škreb, Z. (Hg.), 1973: Zur Kritik der literaturwissenschaftlichen Methodologie, Frankfurt a.M.

I.
Historische Diskursanalyse (Michel Foucault)

Clemens Kammler

1.

Die starke Resonanz, die Michel Foucaults Diskursanalyse bei Literaturwissenschaftlern gefunden hat, könnte bei interessierten Laien zu dem Fehlschluß führen, er selbst sei Literaturwissenschaftler gewesen und seine Arbeiten handelten von „fiktionaler" Literatur. Innerhalb seines umfangreichen Gesamtwerks[1] kommt den 'Schriften zur Literatur' (vgl. Foucault 1974c) jedoch eine eher marginale Rolle zu. In der 'Archäologie des Wissens' (Foucault 1973a), seinem methodologischen Hauptwerk, geht es um Methoden der Analyse historischer Wissensformationen (wie der Medizin oder der Biologie), die auch Hauptgegenstand eines seiner bekanntesten Bücher, 'Die Ordnung der Dinge' (Foucault 1971), sind, und nicht um Literaturtheorie. Die *Diskursanalyse* Foucaults wurde also nicht als Verfahren zur Beschreibung oder gar Deutung literarischer Texte konzipiert (vgl. Kittler 1985b, 24). Folglich kann man auch nicht sagen, daß seine Aufsätze über Literatur Anwendungsbeispiele dieser Methoden seien. Was fasziniert die Literaturwissenschaftler also an Foucault? Die Antwort kann nur lauten: seine radikale Negation dessen, was sie seit jeher betreiben: der *Interpretation*.

2.

a) Bereits in der 'Geburt der Klinik' (Foucault 1973b), deren französischer Originaltext zu den frühen Arbeiten Foucaults gehört, grenzt sich dieser in einer zentralen Passage gegen einen „Umgang mit dem Wort" ab, den er als „kommentierenden" bezeichnet (vgl. Foucault 1973b, 14). Der *Kommentar,* Synonym für alle Varianten der Interpretation [→ *Neuere Hermeneutikkonzepte*], dessen histo-

31

rischen Ursprung Foucault in der biblischen Exegese ansiedelt, setze „per definitionem einen Überschuß des Signifikats im Verhältnis zum Signifikanten voraus, einen ... Rest des Denkens, den die Sprache im Dunkeln gelassen hat" (Foucault 1973b, 14). Indem der Kommentar die Bedeutung eines Textes nach dem Vorbild jenes göttlichen Wortes auffaßt, das „am Anfang war", das immer wieder zur Deutung herausfordert, sich aber nie restlos offenbart, begibt er sich nach Foucault in eine paradoxe Position gegenüber seinem Objekt. Ein Kommentar postuliert gleichzeitig die prinzipielle Unlösbarkeit des Rätsels, das die Sprache für ihn darstellt und seine eigene Geltung als Interpretation.

Foucaults Angriff richtet sich gegen die Mystifizierung des Subjekts, das der Kommentar als Ursprung, Wesen, Substanz hinter den „bloßen Erscheinungen", die die sprachlichen Aussagen für ihn darstellen, aufspüren will. Die „Diskursanalyse", die er dem entgegenstellt, soll nicht in der metaphysischen Vertikale des Gegensatzes von Signifikant und doppelbödigem Signifikat, von „oberflächlicher", „scheinbarer" und „verborgener", „eigentlicher" Bedeutung angesiedelt sein, sondern gleichsam in einer Horizontale:

„Der Sinn einer Aussage wäre (für die Diskursanalyse; C.K.) nicht definiert durch den Schatz der in ihr enthaltenen Intentionen, durch die sie zugleich enthüllt und zurückgehalten wird, sondern durch die Differenz, die sie an andere, wirkliche und mögliche, gleichzeitige oder in der Zeit entgegengesetzte Aussagen anfügt. So käme die systematische Gestalt der Diskurse zum Vorschein" (Foucault 1973b, 15).

Es ist unübersehbar, daß der strukturalistische Systemgedanke [→ Semiotische Diskursanalyse] diese Formulierungen prägt (vgl. Kammler 1986, 21ff.). Die auf Saussure zurückgehende und von Lévi-Strauss auf die ethnologische Untersuchung der Verwandtschaftsbeziehungen und Mythen angewandte Einsicht, daß der Sinn eines sprachlichen Zeichens nichts anderes als das Produkt der Differenz oppositioneller „Werte" (der Phoneme, Morpheme usw.) ist, deren Gesamtheit die „Struktur" einer Sprache oder eines der Sprache analog konstituierten Systems ausmachen, soll für die Analyse von „Aussagen" fruchtbar gemacht werden. „Diskurse" wären somit Systeme von Aussagen, deren Sinn sich aus den synchronen und diachronen Oppositionsbeziehungen ergäbe, die sie voneinander unterscheiden. Ein solcher Diskursbegriff, wie Foucault ihn in der 'Geburt der Klinik' verwendet, kann durchaus als

„neostrukturalistisch" bezeichnet werden (vgl. Frank 1983), da er den Versuch darstellt, das strukturalistische Grundprinzip der differentiellen Analyse auf eine im Vergleich zu den Phonemen, Morphemen und Syntagmen der Sprachwissenschaft komplexere Ebene anzuwenden: die der Aussagen. Das Konzept einer eigenständigen Diskursanalyse, die sich gegen strukturalistische Systemanalyse ebenso abgrenzt wie gegen hermeneutische Sinnexegese existiert in Foucaults „frühen", d.h. vor Ende der sechziger Jahre im französischen Original erschienenen Büchern noch nicht. Entwickelt wird es erst in der 'Archäologie des Wissens' (Foucault 1973a), seinem wohl schwierigsten Buch. Die Schwierigkeiten haben ihre Ursachen vor allem darin, daß Foucault es vermeiden will, auch nur den Anschein zu erwecken, eine „Theorie" *des* Diskurses zu konstruieren, einen Allgemeinbegriff in die humanwissenschaftliche Debatte einzuführen, der seine „Einheit" und „Substanz" aus der identitätsstiftenden Garantie einer teleologisch-subjektzentrierten Geschichtsphilosophie bezöge. Gegen den Logozentrismus [→ *Dekonstruktion*] totalisierender Allgemeinbegriffe setzt er die Pluralität von aufeinander irreduziblen Aussagesystemen.

b) Wenn sich ein Diskurs in einer ersten Annäherung als eine nicht näher definierte Menge von Aussagen bestimmen läßt, stellt sich zunächst die Frage, in welchem Verhältnis die *„Aussage"* (enonce) zu anderen Einheiten steht, deren Aufgabe es ist, Sprache zu strukturieren. Foucault grenzt sie vierfach ab: Sie entspricht weder der „Proposition" der formalen Logik noch ist sie identisch mit dem grammatischen Satz, sie ist weder ein Sprechakt im Sinne Searles noch ein Zeichen im Sinne der Semiotik. Die Aussage ist vielmehr eine „Existenzfunktion, die den Zeichen eigen ist" (Foucault 1973a, 126). Sie läßt die genannten Einheiten „mit konkreten Inhalten in Zeit und Raum erscheinen" (Foucault 1973a, 127), ist also die historische Bedingung der Möglichkeit ihrer Existenz. So unterliegt jeder faktisch geäußerte Satz einer Reihe von „Möglichkeitsgesetze(n)" (Foucault 1973a, 133), die in dem raum-zeitlichen Kontext, in dem er formuliert wird, eingehalten werden' müssen, damit er dort als „sinnvoll" erscheint. Wie dies im einzelnen vor sich gehen soll, läßt sich an einem Beispiel demonstrieren:

„1 künstliche Wand, schallschluckend"

Handelt es sich bei dieser Formulierung um eine Aussage im Sinne Foucaults? Auf den ersten Blick scheint dem nichts zu widersprechen, denn weder logische noch syntaktische Regeln, die in diesem Fall möglicherweise nicht eingehalten wurden, qualifizieren eine Zeichenfolge als Aussage. Andererseits ist die Aussage nicht identisch mit dem semantischen Inhalt der Zeichenfolge. Damit ihr ein solcher Inhalt oder „Sinn" überhaupt zugeordnet werden kann, müssen nach Foucault vier Bedingungen erfüllt sein:

1. Zunächst muß ein *„Referential"* existieren, d.h. eine „Menge von Gebieten" materieller oder fiktiver, geographisch lokalisierbarer oder symbolisch strukturierter Gegenstände, auf die sich die Aussage beziehen kann. Es handelt sich dabei also nicht zwangsläufig um einen wirklichen Gegenstand (einen „Referenten"). Ein in der Alltagskommunikation als sinnlos erscheinender Satz kann beispielsweise in einem literarischen Text, in einem Traumprotokoll oder innerhalb eines geheimen Codes durchaus ein präzis bestimmbares Objektfeld besitzen. Die oben zitierte Formulierung kann sich umgekehrt, je nachdem, wo sie auftaucht, auf ganz unterschiedliche Gegenstände beziehen. Sie kann z.B. Bestandteil eines Polizeiprotokolls sein, das einen Tatort beschreibt, sie kann in einem politischen Dialog über Möglichkeiten der Verringerung der Lärmbelästigung von Anwohnern einer Schnellstraße vorkommen. Nichts spricht auch dagegen, daß sich diese Aussage in einem lyrischen Text der Gegenwart findet. Allerdings ist sie schon deshalb weder in einem Gedicht noch in einem Polizeiprotokoll oder politischen Gespräch des 18. Jahrhunderts möglich, weil „schallschluckende Wände" damals vermutlich weder in der Realität noch in der Fiktion existierten. Das „Referential" einer Aussage ist also begrenzt, und Begrenzungen dieser Art – dies wird sich im folgenden zeigen – sind es auch, die einen *„Diskurs"* in Raum und Zeit individualisierbar machen.

2. Ebenso wie die Aussage einer bestimmten Menge von Gegenständen Raum gibt, kann die *Position des Aussagenden* von verschiedenen Individuen eingenommen werden. Das Subjekt der Aussage ist aber nicht identisch mit ihrem Autor; es ist ein „determinierter und leerer Platz, der ... von verschiedenen Individuen ausgefüllt werden kann" (Foucault 1973a, 82f.) Um dies zu erläutern, bezieht sich Foucault nicht zufällig auf das Beispiel literarischer Texte. Wenn sich eine Aussage wie die oben zitierte in einem Roman findet, wird man nicht einfach nach der ihr zugrun-

deliegenden Aussageabsicht des Autors fragen, sondern nach dem Status des Erzählers oder der Figur, der sie zugeordnet ist. Folglich können die Subjektpositionen der Aussagen eines Textes höchst unterschiedliche sein; ebenso kann ein einzelner Autor innerhalb eines Textes in unterschiedlichen Subjektpositionen auftreten. Wenn der Verfasser einer wissenschaftlichen Abhandlung über schallschluckende Wände im Vorwort über die individuellen Produktionsbedingungen berichtet und seiner Erbtante für die finanzielle Unterstützung dankt, kann nur er selbst diese Position einnehmen. Wenn er hingegen Forschungsergebnisse referiert, die die Grundlage seiner eigenen Arbeit bilden, ist seine Subjektposition die des Mitglieds einer Wissenschaftlergemeinschaft, deren Arbeit unter klar definierbaren kontextuellen Bedingungen abläuft.

3. Der Präzisierung dessen, was man in der Literaturwissenschaft gemeinhin als „Kontext" einer Formulierung bezeichnet, dient auch das „Aussagefeld". Was uns bisher Schwierigkeiten bereitet, mit der oben zitierten Formulierung etwas anzufangen, ist ja weniger die Tatsache, daß uns der Name ihres Autors bislang unbekannt ist, noch irritiert die syntaktische Unzulänglichkeit sonderlich. Weder ihre Umformulierung in einen Satz wie: „Ich sehe eine schallschluckende künstliche Wand", noch die bloße Kenntnis des Autors, der in diesem Fall Rolf Dieter Brinkmann heißt, würde uns die Formulierung auf Anhieb als sinnvoll erscheinen lassen. Vermutlich würde es kaum einen literaturkundigen Zeitgenossen irritieren, wenn sie hier einem anderen hinlänglich bekannten zeitgenössischen Lyriker wie Heissenbüttel oder Enzensberger zugeschrieben würde. Immerhin wird uns der Autorname eine wichtige Hilfestellung bei der Sinn-Suche geben: Wir können uns bemühen, mit seiner Hilfe herauszufinden, in welchem Aussagenzusammenhang die Formulierung steht, mit Foucaults Worten ausgedrückt: durch welche „Folge anderer Formulierungen" sie als Aussage konstituiert wird (vgl. Foucault 1973a, 143). Es handelt um die Zeile eines Gedichtes mit folgendem Wortlaut:

„Landschaft

1 verrußter Baum
nicht mehr zu bestimmen
1 Autowrack, Glasscherben
1 künstliche Wand, schallschluckend

verschiedene kaputte Schuhe
im blätterlosen Gestrüpp

'was suchen Sie da?'

1 Essay, ein Ausflug in die Biologie
das Suchen nach Köcherfliegenlarven, das gelbe

Licht 6 Uhr nachmittags

1 paar Steine

1 Warnschild 'Privat'
1 hingekarrtes verfaultes Sofa
1 Sportflugzeug

mehrere flüchtende Tiere,
der Rest einer Strumpfhose an
einem Ast, daneben

1 rostiges Fahrradgestell

1 Erinnerung an
1 Zenwitz"[2]

Erst die Kenntnis dieses Zusammenhanges ermöglicht uns die prä-
zisere Bestimmung des *„Referentials"* sowie der *Subjektposition.*
Die beschriebene Szene ist nun räumlich klarer eingrenzbar: eine
denaturierte Landschaft, aus der nahezu jedes Leben entfernt ist
oder sich fluchtartig entfernt, in der Sprache nur dem Zweck einer
in Anbetracht des beschriebenen Umfeldes absurd erscheinenden
Besitzstandsverteidigung („Was suchen Sie da?" / 1 Warnschild
„Privat") oder der Rechtfertigung der puren Anwesenheit des
Sprechers in Form einer Notlüge dient („1 Essay, ein Ausflug in
die Biologie...") und in der Sexualität mit Gewalt konnotiert ist
(„der Rest einer Strumpfhose an einem Ast"). Landschaften dieser
Art sind für Zeitgenossen Brinkmanns spontan assoziierbar, aber
sie sind auch historisch und geographisch präzise einzuordnen.
Geht man davon aus, daß Brinkmann eine für die sechziger, siebziger und achtziger Jahre in der BRD alltägliche Szenerie beschreibt, so enthält dieses Gedicht eine Reihe von Aussagen, die
über ein relativ breites Objektfeld und entsprechende Subjektpositionen zu verfügen scheinen. Als Aussagenfolge beschreibt es aber
eine konkrete Situation, ein Ensemble von Gegenständen und Er-

eignissen, das klarer eingrenzbar ist, unabhängig davon, ob es real beobachtet oder pure Fiktion ist. Für die Situierung der Aussage innerhalb eines „Aussagefeldes" ist aber auch der „*Status*" (vgl. Foucault 1973a, 144) dieser Formulierungen entscheidend. Als Protokoll einer Tatortbegehung würde sich der Brinkmannsche Text als ganzer vermutlich einem massiven Unsinns-Verdacht der Behörde ausgesetzt sehen. Als literarischer Text löst er heute ebenso massive Sinnerwartungen aus, wenngleich er auch als solcher in einer Epoche wie der Spätromantik nicht denk- und formulierbar gewesen wäre.

4. Die vierte und letzte Bedingung für das Erscheinen einer Aussage ist ihre „*materielle Existenz*" (Foucault 1973a, 145). Anders als die sprachliche „Äußerung", die ein einzigartiges Ereignis darstellt, da sie nur von einem Subjekt, an einem Ort, zu einem bestimmten Zeitpunkt formuliert wird und über eine einmalige phonetische, graphische oder sonstige Materialität verfügt, ist die Materialität der Aussage „wiederholbar". Ebenso wie die Äußerung bedarf die Aussage zwar „einer Substanz, eines Trägers, eines Ortes und eines Datums. Und wenn diese Erfordernisse sich modifizieren, wechselt sie selber die Identität" (Foucault 1973a, 147). Andererseits besteht die Möglichkeit ihrer „Re-Inskription und Transkription" (Foucault 1973a, 150), die an bestimmte institutionelle Bedingungen gebunden ist. So bleibt Brinkmanns Formulierung die gleiche Aussage, wenn das Gedicht in einer Neuauflage seines Buches oder einer Lyrikanthologie erscheint oder in einer Kultursendung des Fernsehens rezitiert wird. Sollte sich die Formulierung „1 künstliche Wand, schallschluckend" jedoch tatsächlich in einem Gedicht von Heissenbüttel wiederfinden, handelte es sich nicht zwangsläufig um dieselbe Aussage.

c) Wenn die Diskursanalyse die historischen Möglichkeitsbedingungen von Aussagen untersucht, so stellt sich die Frage, nach welchen Kriterien sie einzelne „*Diskurse*" wie den klinischen Diskurs, den ökonomischen Diskurs oder den psychiatrischen Diskurs voneinander unterscheidet und ob es „den" literarischen Diskurs oder spezifische literarische Diskurse neben diesen genannten Wissensdisziplinen überhaupt gibt. Denn Literatur ist offenbar keine beliebige Wissensform. Sie ist, wenn nicht „mehr", so doch etwas anderes als „Wissen" oder dessen Widerspiegelung. Dies wird deutlich daran, daß aus der Perspektive der Wissensanalyse der Text von Brinkmann letztlich nur eine Ansammlung von Banalitäten ist, die sich in der Schlußzeile dem diskursiven Zugang auch noch entzieht, weil sie der scheinbar belanglosen Aufzählung von alltäglichen Beobachtungen und Gegenständen eine Anmerkung anfügt, die selbst dem literarisch „gebildeten" Leser schlichtweg unzugänglich bleibt: „1 Erinnerung an / 1 Zenwitz". Selbst ein intimer Kenner des Zen-Buddhismus kann nur raten, welcher Witz gemeint sein könnte. Trotzdem gibt es eine Fülle von Zugängen zu diesem Vers: Die Erinnerung an Bekanntes, die (nahezu aussichtslose) Suche nach der Autorintention, die über einen Witz führen muß, an den sich das lyrische Ich erinnert, sind nur zwei beliebige Varianten. Kann die Diskursanalyse hier weiterhelfen, oder entzieht sich ihr das „spezifisch Literarische"?

3.

Foucault definiert *„Diskurs"* als „eine Menge von Aussagen, die einem gleichen Formationssystem zugehören" (Foucault 1973a, 156). Eine sprachliche Formulierung ist „Aussage" unter der Bedingung, daß sie als Resultat einer spezifischen *„diskursiven Praxis"* beschreibbar ist. Eine diskursive Praxis ist weder die Tätigkeit eines oder mehrerer Subjekte noch ein quasi-linguistischer Code, auf dessen Grundlage sich beliebig viele konkrete Aussagen formulieren ließen, sondern ein Ensemble von *„Regeln"*, die einen Diskurs als endliche Menge tatsächlich formulierter sprachlicher Sequenzen möglich machen. Diese Regeln bestimmen die *„Formation"* (= Anordnung) der *Gegenstände,* die in einem Diskurs zur Sprache kommen, der *Subjektpositionen,* die in ihm eingenommen werden können, der *Begriffe,* die in ihm verwendet werden und der Theorien bzw. *„Strategien",* die ihn prägen. Die Analyse diskursiver Formationen hat die Produktion von Wissen zum Gegenstand. Daß *Literatur* nicht einfach als Gebiet des *Wissens* jenen Diskursen gleichgesetzt werden kann, auf die sich Foucaults Untersuchungen konzentriert haben, zeigt bereits der Blick auf einen beliebigen literarischen Text wie das Brinkmann-Gedicht. In der 'Archäologie des Wissens' wird die Beziehung zwischen Literatur und Wissen dementsprechend in einem einzigen Satz abgehandelt, der besagt, daß die durch diskursive Formationen konstituierten „archäologischen Gebiete" „ebenso durch 'literarische' und 'philosophische' Texte gehen können wie durch wissenschaftliche Texte" (Foucault 1973a, 261). Das bedeutet zwar, daß sich Wissen in der Literatur widerspiegeln kann, nicht aber, daß literarische Produktion mit Wissensproduktion gleichzusetzen ist. Betrachtet man die Rolle, die der Literaturbegriff außerhalb der 'Archäologie des Wissens' bei Foucault spielt, vor allem in den 'Schriften zur Literatur' (Foucault 1974c) und in den beiden großen wissensgeschichtlichen Untersuchungen 'Wahnsinn und Gesellschaft' (Foucault 1969) und 'Die Ordnung der Dinge' (Foucault 1971), so bestätigt sich diese Vermutung vollends. Die hier vertretenen Thesen über die besondere Rolle der Literatur innerhalb der Kultur der Moderne lassen diese keineswegs als bloßen Reflex eines wie auch immer gearteten Wissens erscheinen, sondern verorten sie vielmehr auf einer *Gegenposition* zu den herrschenden wissenschaftlichen und philosophischen Diskursen der Moderne. Als gleichsam dionysisches Kräftepotential[3] mißachtet und verletzt sie die Regeln herrschender diskursiver Ordnungen, schafft sie eine „Befreiung des Wortes" (Foucault 1974c, 124). Im Vorwort der 'Ordnung der Dinge' zitiert Foucault zur Verdeutlichung dieser These einen Text von J.L. Borges, eine „gewisse chinesische Enzyklopädie", in der die Tiere nach folgendem Prinzip angeordnet sind:

„a) Tiere, die dem Kaiser gehören, b) einbalsamierte Tiere, c) gezähmte, d) Milchschweine, e) Sirenen, f) Fabeltiere, g) herrenlose Hunde, h) in diese Gruppierung gehörige, i) die sich wie Tolle gebärden, j) unzählige, k) die mit einem ganz feinen Pinsel aus Kamelhaar gezeichnet sind, l) und so weiter, m) die den Wasserkrug zerbrochen haben, n) die von weitem wie Fliegen aussehen" (Foucault 1971, 17).

Ein derartiger Text setzt den Leser der Erfahrung einer grundlegenden „*Atopie*" aus (vgl. Foucault 1971, 19ff.). Der Descartesschen Auffassung von einer die Welt repräsentierenden, einer in bezug auf die Außenwelt völlig transparenten Sprache stellt Foucault, hierin der Sprachphilosophie Nietzsches verpflichtet, die These von der radikalen „*Selbstreferenz*" (Foucault 1974c, 56) der Sprache entgegen, deren Aufhebung die besondere Leistung diskursiver Praxis darstelle. Denn die Tatsache, daß wir den Borges-Text nicht verstehen, ihn als unlogisch, ja unsinnig empfinden, zeigt, daß wir innerhalb der Ordnungsschemata einer Kultur denken, für die Sprache nach bestimmten Konventionen verwendet werden und funktionieren muß, wenn sie den Kriterien des „sinnvollen" und „wahren" Sprechens genügen will. Daß diese Kriterien historischer Natur und damit relativ in bezug auf jegliche allgemeine Wahrheitsnorm sind, hat schon Nietzsche behauptet, wenn er *„Wahrheit"* mit bloßer Konvention gleichsetzte (vgl. Kammler 1989). Die sprachlichen Zeichen waren für ihn bloß „usuelle Metaphern" (Nietzsche, Bd. III, 314), die mit der bezeichneten Sache nicht das Geringste zu tun haben, da sie einer eigenständigen Ordnung – der der Sprache – angehören. Ein Text wie der von Borges – und dies läßt ihn in der Darstellung Foucaults als *Paradigma moderner Literatur* erscheinen – erinnert uns an die Tatsache der „Ortlosigkeit der Sprache" (Foucault 1971, 19) in bezug auf das Sein, das Faktum, daß es die diskursive Praxis ist, die die Wörter in einen Bezug zu Gegenständen und Subjekten setzt:

> „(Die Literatur) wird zur reinen und einfachen Offenbarung einer Sprache, die zum Gesetz nur die Affirmation – gegen alle anderen Diskurse (sic!) – ihrer schroffen Existenz hat" (Foucault 1971, 366).

Es ist nicht zu übersehen, daß hier eine bestimmte, surrealistische Richtung innerhalb der Literatur der Moderne als *„Gegendiskurs"* und Kronzeugin für jenes autonome „Sein der Sprache" (ibid., 77) angeführt wird, das Foucault an „der" Literatur der Moderne fasziniert. Neben dem Sprachtheoretiker Nietzsche sind es Literaten wie Mallarmé, Hölderlin, Nerval oder Artaud, denen in diesem Zusammenhang sein Interesse ebenso gilt wie der „strukturell esoterischen" Sprache des Wahnsinns (vgl. Foucault 1974c, 124) oder Malern wie Magritte und Klee, in deren Bildern gängige Beziehungen zwischen Signifikanten und Signifikaten zerstört werden (vgl. Foucault 1974b). Daß dieses in bezug auf herrschende Sprachnormen subversive Potential jedoch nicht die Grundlage für eine allgemeine Definition der Literatur bilden kann, wird bereits durch einen kurzen Blick auf den Brinkmann-Text deutlich. Hier dürfte es einem gegenüber Lyrik prinzipiell aufgeschlossenen, nichtprofessionellen Leser unserer Tage keine allzu großen Schwierigkeiten bereiten, Bedeutungsstrukturen zu erkennen. Auch ohne ein Verfahren wie die strukturale Semantik zu beherrschen (vgl. Greimas 1971), sind wir in der Lage, die Elemente der Aufzählung dieses Landschafts-Gedichtes auf einen gemeinsamen Nenner zu bringen. Lediglich der Zen-Witz irritiert in einer an das Borges-Zitat erinnernden Weise, aber selbst hier wird immer noch auf ein (fiktives oder reales) Subjekt – das lyrische Ich – verwiesen, das im Besitz dieser uns unzugänglichen Erinnerung ist oder dies zumindest vorgibt. Der Wunsch, dieser Erinnerung teilhaftig zu werden, findet seinen Ausdruck im Kommentar, einem Bemühen, dessen Sinnlosigkeit uns der Borges-Text zu demonstrieren scheint. Aber gilt Foucaults Rede von der „Unmöglichkeit, *das* zu denken" (Foucault 1971, 17), für die Literatur schlechthin? Erschöpft sich die Funktion der modernen Literatur darin, der Sprache und damit den Ordnungsprinzipien einer Kultur ihre Bodenlosigkeit zu demonstrieren?

Nicht ohne Grund hat ein Kritiker Foucaults in diesem Zusammenhang von „ästhetizistische(r) Radikalisierung der Kunstautonomie" (Bürger 1988, 48) gesprochen. Ist Literatur in der Optik der auf Wissensformationen abzielenden Diskursanalyse der 'Archäologie des Wissens' ein eher marginales, zumindest aber in seiner Spezifität nicht substantiell bestimmbares Gebiet (vgl. Eagleton 1988, 199), so scheint sie als *„Gegendiskurs"* zum Wissen der Moderne in 'Die Ordnung der Dinge' und in den 'Schriften zur Literatur' Gegenstand einer Mystifikation zu sein. Als Ausdruck des Regellosen schlechthin bildet sie den (im Sinne der ursprünglichen Wortbedeutung) anarchistischen Fluchtpunkt (vgl. Frank 1984, 238f.) eines von seinem Selbstverständnis her streng analytischen, ja „positivistischen" Theorieansatzes (vgl. Foucault 1973a, 182), der nichts als die Realitätsbedingungen der wirklich gesagten Dinge untersuchen will, dabei jeden transzendentalen Erklärungsansatz verwirft und dessen politisches Erkenntnisinteresse weitgehend unklar bleibt.

Foucaults Kritiker haben in der 'Archäologie des Wissens' eine Reihe von Widersprüchen und theoretischen Schwachstellen ausgemacht (vgl. Frank 1983; Kammler 1986; Dreyfus/Rabinow 1987). Insbesondere das Problem der Kausalbeziehungen zwischen diskursiven und nichtdiskursiven Praxisformen, also institutionellen Zusammenhängen und Machtstrukturen blieb hier weitgehend ungelöst. Seiner Lösung gilt Foucaults Hauptinteresse in den Arbeiten der siebziger Jahre, in deren Zentrum der *Machtbegriff* steht (vgl. Foucault 1978). Bereits in der 'Archäologie des Wissens' hieß es, der Diskurs sei „ein Gut, das von Natur aus der Gegenstand eines Kampfes und eines politischen Kampfes ist" (Foucault 1973a, 175). Dieser Gedanke wird in der Inauguralvorlesung am Collège de France (Foucault 1974a) aufgegriffen, in der sich Foucault den Reglementierungspraktiken widmet, die gewährleisten, daß nicht jedes beliebige Subjekt zu jedem Zeitpunkt und an jedem Ort seiner Wahl sagen kann, was es will; kurz: den

Machtmechanismen, mit deren Hilfe sich eine diskursive Praxis nach außen hin abschottet. Der große Botaniker Mendel, der nicht „im Wahren" des biologischen Diskurses seiner Epoche war, aber dennoch „Wahres" formulierte (vgl. ibid., 24f.), dient ihm hier als Beispiel für das Wirken einer *„diskursiven Polizei"* (ibid., 25), jener Regeln des Ausschlusses und der Verknappung der Aussagenproduktion, die den Diskurs (im allgemeinen) als „unberechenbar Ereignishaftes" (ibid., 7), als „Gewalttätiges, Ordnungsloses und Gefährliches" (ibid., 35) zu bändigen versuchen. Das Motiv des anarchischen Gegendiskurses, einer ursprünglichen Sprache „im nackten Zustand" (Foucault 1971, 449), für die Literatur und Wahnsinn Paradigmen waren, ist hier noch präsent. Ihm korrespondiert ein Machtbegriff, der Ordnung mit „Unterdrückung" und „Ausschluß" gleichsetzt. Von dieser Vorstellung einer dem Wissen äußerlichen Macht, die sich dieses lediglich aneignet, unterordnet und es ihren Zwecken dienstbar macht, verabschiedet sich Foucault in den siebziger Jahren, wenn er *„Macht"* zur Produzentin von *„Wissen"* erklärt und umgekehrt: „Die Machtausübung bringt ständig Wissen hervor und umgekehrt bringt das Wissen Machtwirkungen mit sich" (Foucault 1976). Wissen und Macht sind für den Foucault der siebziger Jahre zwei Seiten ein und desselben Blattes: *„Machtwissen"* (vgl. Foucault 1978). Dies läßt sich am Beispiel derjenigen Diskurse veranschaulichen, die „die Literatur" zum Gegenstand haben. Bereits die Frage „Was ist Literatur?" wird auf der Grundlage institutionell verankerter Machtverhältnisse gestellt und beantwortet. Ob der Literaturbegriff als normative Kategorien verwendet und für einen begrenzten Kanon hochgewerteter „Werke" reserviert wird oder ob er auch Groschenromane und Schlagertexte umfaßt, ist eine Frage, die von Institutionen wie Universität, Schule oder Literaturkritik und auch innerhalb der jeweiligen Institution ganz unterschiedlich beantwortet werden kann (vgl. Eagleton 1988, 197ff.). Ebenso ist es eine Machtfrage, ob ein Germanistik-Lehrstuhl mit einem „Hermeneutiker" oder einem „Diskurstheoretiker" besetzt, ob eine Lyrikerin wie Ulla Hahn zur „Hochliteratin" erklärt oder als Trivialpoetin abgetan wird, oder ob sich in bezug auf Rolf Dieter Brinkmann, den Autor des Gedichtes „Landschaft", die Auffassung durchsetzt, seine Tagebuchaufzeichnungen seien „faschistoid".[4] Die Beispiele zeigen, daß hier einerseits *diskursive Ausschlußmechanismen* am Werk sind, andererseits aber auch die Basis für die *Produktion* *neuer Aussagen,* neuen „Wissens" geschaffen wird. Denn eine Behauptung wie die letztere hat in einer Kultur wie der unseren Repliken zur Folge.[5] Sollte sie sich durchsetzen, hätte dies über kurz oder lang vermutlich die Konsequenz, daß der Name Brinkmanns aus den Feuilletons und den Regalen der Buchhandlungen weitgehend verschwände. Denn so gut sich wirklich faschistoide Romane in Bahnhofsbuchhandlungen und an Kiosken verkaufen mögen, ohne von der Mehrzahl ihrer Konsumenten als solche erkannt oder problematisiert zu werden, so sicher bedeutete es für einen modernen Lyriker das diskursive „Aus", wenn ihn etwa eine Institution wie „Das Literarische Quartett" im ZDF im Einvernehmen mit den Feuilletons der großen Zeitungen entsprechend qualifizierte.

All dies macht deutlich, daß „Literatur" aus einer Foucaultschen Perspektive keine Substanz, sondern nur ein Name ist, der in unterschiedlichen Diskursen unterschiedlichen Gegenstandsformationen zugeschrieben werden kann (vgl. Eagleton 1988, 199).[6] Daß solche Zuschreibungen nicht nur innerdiskursive Effekte sind, sondern von nichtdiskursiven Elementen wie politischen und privaten Interessen mitbestimmt werden, ist evident. Wenn sich diskursive und nichtdiskursive Elemente einer solchen Option unterordnen (einem gemeinsamen „strategischen Imperativ" (Foucault 1978, 120)), so nennt Foucault dies *„Dispositiv".* Der Dispositivbegriff soll den Diskursbegriff nicht „aufheben", er soll lediglich der möglichen politischen Ausrichtung von Diskurselementen Rechnung tragen. Ein Dispositiv ist eine zielgerichtete Konstellation aus diskursiven und nichtdiskursiven Kräften. Fände sich z.B. eine Gruppierung aus Literaturwissenschaftlern, (Kultur-)politikern, Verlegern, Literaturkritikern und Finanziers, die es sich zum Ziel gesetzt hätte, die Schlagertexte Drafi Deutschers als wesentliche Beiträge zur bundesdeutschen Lyrik der sechziger Jahre in der „Literaturkanon" aufzunehmen, so entstände ein kleines „Dispositiv". Ein größeres Dispositiv war jene Konstellation, die zwischen 1933 und 1945 den Literaturbegriff in Deutschland bestimmte.

Denjenigen Theorietyp, der es nicht beim streng analytischen „Ausgraben" diskursiver Formationen *(„Archäologie")* beläßt, sondern sich den Formen ihrer Bedingtheit durch Machtverhältnisse und -mechanismen zuwendet, nennt Foucault *„Genealogie".*

4.

Versuchte man, die unterschiedlichen Denkansätze Foucaults zu harmonisieren, so könnte man von einer „Substanz" ausgehen, jenem anarchischen, für eine Gesellschaft unter Umständen bedrohlichen Potential der Sprache, das durch die diskursive und dispositive Praxis in geordnete, geregelte Bahnen gelenkt wird. Diese Ordnung der Diskurse ist kein Wert an sich, sondern nur für diejenigen Subjekte, die in ihr gemäß ihrer jeweiligen strategischen Imperative agieren. Damit wäre es letztlich eine Frage der Entscheidung oder unbewußten „Wahl" zwischen den Optionen, die eine dispositive/diskursive Konstellation bieten, wo ich als Subjekt stehe, wofür ich mich engagiere. Differenziert man hingegen konsequent zwischen den verschiedenen Denkansätzen Foucaults, so bietet sein Werk dem Literaturwissenschaftler (mindestens) *drei Optionen:* einen tendenziell mystifizierenden Literaturbegriff (das Konzept des Gegendiskurses), einen „positivistischen" Begriff des Diskurses als „rein empirische Figur" (Foucault 1973a, 185) und schließlich einen „politizistischen" Ansatz, der die Diskurse wie die nichtdiskursiven Praktiken im Blick auf ihre politisch-strategische Zielgerichtetheit in „Dispositiven" analysiert.

Da Foucault selbst nie den Anspruch erhoben hat, ein homogenes Theoriegebäude zu entwickeln, sondern darin eher die Gefahr einer Dogmatisierung sah, ist es nur legitim, wenn ihn die Literaturwissenschaft in einer selektiven und teilweise eklektizistischen Weise rezipiert. Umgekehrt werden Etiketten wie *„Diskurstheorie", „Diskursanalyse"* oder *„Genealogie",* deren Bedeutung bei Foucault selbst mitunter schwankt (vgl. Kammler 1986, 131ff.), in einer oft unpräzisen Weise verwendet und verallgemeinernd auf heterogene Theorieansätze aus dem Umkreis des französischen „Poststrukturalismus" bezogen (vgl. Fohrmann/Müller 1988, 14). Angesichts einer derart unübersichtlichen Rezeptionslage (vgl. die Bibliographie in: ibid., 443-456) erscheint es als notwendig, vorrangig solche Positionen zu behandeln, bei denen die Bezugnahme auf Foucault präzise rekonstruierbar ist, und die Arbeitsweise einer diskursanalytischen Literaturwissenschaft exemplarisch darzustellen. Zu unterscheiden ist zwischen a) denjenigen Adaptionen, die bewußt selektiv verfahren, und dabei mitunter auch einzelne Foucaultsche Theorieelemente in ein hermeneutisches Gesamtkonzept von Literaturwissenschaft integrieren; und b) dezidiert „diskursanalytischen" Ansätzen, die eine Anwendung und/oder Weiterentwicklung des Foucaultschen Analyseinstrumentariums in bezug auf den spezifischen Objektbereich der Literaturwissenschaften versuchen.

a) Anschlußmöglichkeiten zwischen der *Diskurstheorie* und einer ihre eigenen Grundlagen kritisch reflektierenden *Hermeneutik* [→ *Neuere Hermeneutikkonzepte*] bieten vor allem die Untersuchungen, die Foucault dem „Kernstück überkommener Literaturwissenschaft", der „Trias Autor, Werk, Leser" gewidmet hat (ibid., 19f.).

So wird seine Analyse der Funktion des *Autors* (vgl. Foucault 1974c, 7-31 und Foucault 1974a) nicht als grundsätzliche Infragestellung der produktiven Rolle des schreibenden Individuums im Prozeß der Herstellung von Literatur gesehen, sondern als Bereicherung des traditionellen Bildes des Autors (vgl. Japp 1988, 229). Einerseits ist dieser aus der Sicht der Diskursanalyse nicht geniales Schöpfer-Subjekt und alleiniger Urheber „seines" Diskurses, sondern ein Bündel von Funktionen zur Gruppierung von Texten, Definition eines Wertniveaus, einer stilistischen Einheit usw. Als solches besteht eine seiner wichtigsten Funktionen in der Verknappung des Diskurses, deren Mechanismen Foucault in 'Die Ordnung des Diskurses' untersucht hat: So bleibt das Attribut des „Klassischen" in der deutschen Literatur nur bestimmten Autoren vorbehalten. Ebenso kann selbst ein literarischer „Klassiker" in einem nichtliterarischen Diskurs eine marginale Rolle einnehmen (man denke etwa an Goethe als Autor der „Farbenlehre"). Daß Foucault die Kategorie des Autors jedoch nicht nur um negative Züge (Diskursverknappung) bereichern will, beweist andererseits die von ihm eingeführte Kategorie des „Diskursivitätsbegründers", der nicht nur Produzent seines eigenen „Werks" ist, sondern darüber hinaus eine Reihe anderer Texte ermöglicht (z.B. Freud als Begründer der Psychoanalyse); (vgl. Foucault 1974c, 24ff.).

Ebenso wie die diskursanalytische Liquidierung eines imaginären „Autor-Gotts" (Japp 1988, 233) kann eine auf Erweiterung ihres Fragehorizonts bedachte Hermeneutik auch eine diskurstheoretisch-funktionale Analyse des *Werkbegriffs* als Bereicherung ihrer Fragestellung akzeptieren. Dieser „homogenisiert ... das Kommunikationsprogramm über Kunstwerke, organisiert die Beteiligung, reduziert Einstellungsbeliebigkeit und reguliert massiv die Erwartungen" (Müller 1988, 239). Der Diskurstheorie käme in diesem Zusammenhang eine selbstreflexive Aufgabe innerhalb des literaturwissenschaftlichen Diskurses zu. Sie hätte die diskursiven und nichtdiskursiven Praktiken zu analysieren, „die das Interpretationsspiel als Machtspiel allererst ermöglichen" (ibid., 214). Komplementär zu einer solchen „Beobachterperspektive", aus der die Literaturwissenschaft ihre eigene Arbeit als Machtspiel, als „aktive Sinnordnungspolitik" (ibid., 239) reflektieren könnte, bliebe demnach aber eine hermeneutische „Teilnehmerperspektive" in ihrem Recht, die weder auf den Werkbegriff noch auf die Arbeit des *Kommentars* verzichten kann (vgl. ibid., 242 und Fohrmann 1988, 246ff.). Die Diskursanalyse hätte ihre Aufgabe dann darin, zu zeigen, daß die kommentierende Zuordnung von Bedeutung nicht Sache eines autonomen Subjekts ist, sondern der diskursiven Praktiken, die seine Rede ermöglichen. Dennoch wäre damit nicht der Kommentar als solcher zum Verschwinden gebracht, denn „solange Bedeutung ... hergestellt werden soll, sind Signifikate auf Signifikanten zu beziehen" (ibid., 255). Dies hätte für die Diskursanalyse eine grundlegende hermeneutische Infragestellung ihrer von Foucault postulierten gegenstandsexternen Beobachterposition zur Folge. Zwischen „diskursinterner" und diskursanalytischer Perspektive, Objektsprache und Metasprache, gäbe es keine prinzipielle Differenz, die Diskursanalyse wäre demnach nichts anderes als die unbewußte „Rückkehr des Kommentars – im Kommentar über seine Formierung" (Fohrmann 1988, 254f.)

b) Eine Reihe von materialen literaturwissenschaftlichen Analysen sind inzwischen im Anschluß an das Konzept der „Archäologie des Wissens" unterschiedlichen Konstitutionsbedingungen der *Autor- und Werkfunktion* nachgegangen (Plumpe 1988; Forget 1988; Dotzler 1988), haben aus diskurstheoretischer Sicht Möglichkeiten eines veränderten Umgangs mit herkömmlichen *literarhistorischen Epochenbegriffen* anvisiert[7] oder Perspektiven einer kritischen Erweiterung des Foucaultschen Konzepts um die *technischen und medialen Voraussetzungen diskursiver Praxis* aufgezeigt (vgl. Kittler 1985a).

Ließen sich diese Untersuchungen – unabhängig von ihrem methodologischen Selbstverständnis – auch von hermeneutischer Warte aus als empirisch ertragreich würdigen und (etwa im Sinne Müllers) als diskursanalytische Komplemente herkömmlicher „Interpretation" tolerieren, so wird in den Arbeiten Jürgen Links (vgl. v.a.: Link 1983a, 174), in denen zentrale Elemente der Diskursanalyse Foucaults in Verbindung mit Verfahren der strukturalen Semantik und Semiotik [→ *Semiotische Diskursanalyse*] zu einem Forschungsansatz verknüpft sind, wissenschaftstheoretisch ein scharfer Trennstrich gegenüber allen Varianten hermeneutischen Sinnverstehens, aber auch des „Lacanismus und Derridismus" (Link 1983a, 10) [→ *Dekonstruktion;* → *Strukturale Psychoanalyse*] gezogen. Mit seinem Konzept von „*Literaturanalyse als Interdiskursanalyse*" (vgl. Link 1988, 284ff.) knüpft Link dabei explizit an Foucault an. Hatte dieser in der 'Archäologie des Wissens' von „interdiskursiven Konfigurationen" gesprochen, so bezog er sich auf regional begrenzte Gemeinsamkeiten zwischen unterschiedlichen Diskursen (vgl. Foucault 1973a, 224ff.). Link nennt im Anschluß daran „*Interdiskurs*" diejenigen diskursiven Elemente, die mehreren Diskursen gemeinsam sind (vgl. Link 1983a, 69). Er unterscheidet dabei zwischen „operativen" interdiskursiven Elementen wie Meßverfahren, mathematischer Formalisierung usw. und „imaginären" Elementen (Metaphern, Symbolen usw.), wobei letztere als „elementar-literarische Anschauungsformen" den „Rohstoff" der Literatur bilden (Link 1988, 286). Interdiskursive Elemente dieser Art finden sich nicht nur in der „hohen Literatur", sondern ebenso in anderen Zusammenhängen. Als typisches Beispiel für derartige Diskurselemente führt Link die „*Kollektivsymbole*" an, Sinnbilder, die in den unterschiedlichsten Praxisbereichen und von verschiedenen sozialen Trägern verwendet werden. Von „Fairneß" etwa ist heute nicht nur im Sportdiskurs, sondern ebenso im juristischen, politischen, religiösen u.a. Diskursen die Rede (vgl. Link 1983b, 66). War es auf der Grundlage der von Foucault entwickelten Aussagenanalyse zunächst schwierig, den spezifischen Ort und die spezifische Rolle von „Literatur" innerhalb der Vielfalt der Diskurse zu bestimmen, so scheint dies nun möglich: Der *literarische Diskurs* wäre demnach ein „auf spezifische Weise elaborierter Interdiskurs" (Link 1988, 286), der eigenen, nämlich literarischen Regeln gehorchte.

Ein besonders prägnantes Beispiel für Links generatives Analyseverfahren bietet seine Untersuchung zur „Lyrikevolution Brecht – Malkowski" (Link 1983a, 126ff.). Den „*Diskurs*" der *späten Lyrik Brechts,* nach Link ein „komplexes ... strukturiertes Ensemble von literarischen Produktionsregeln" (ibid., 129) wie Reimlosigkeit, epigrammatische Knappheit, prägnant-lakonische Formulierung, dialektische Triade als Prozeßschema usw., markieren Grenzen, durch die „andere mögliche Regeln ausgeschlossen werden" (ibid., 130). Links These besagt nun, daß Rainer Malkowski[8], dessen Gedichte innerhalb der neueren Literaturwissenschaft unter Termini wie „Alltagslyrik" (Schnell 1986, 300) oder „Neue Subjektivität" (Knörrich 1983, 570) gehandelt werden, in denen man aber auch den „Ton" der späten Brecht-Lyrik zu vernehmen meint (vgl. Link 1983a, 126), diese Regelapparatur – vermutlich unbewußt – gleichzeitig benutzt und die Grenzen des Brechtschen Diskurses dennoch auf spezifische Weise überschreitet. Die lyrischen Aussagen Brechts unterliegen nach Link einer *„Situationsregel"*, die – um es in Termini Foucaults auszudrücken – zum einen die Subjektposition, d.h. die Form des lyrischen Ichs, zum anderen die möglichen „Referentiale" lyrischer Aussagen fixiert. Dabei handle es sich um eine alltägliche Situation und um ein „quasi-pragmatisches Ich", das, im Unterschied zu einem „romantische(n) oder postromantische(n) lyrischen Ich", dem Leser eine Identifikation, ein „Verschmelzen in einer absoluten Subjektivität" (ibid., 130) unmöglich mache. Während das romantische „Ich" auf der Oberfläche des Textes durch die zweite oder dritte Person oder durch das Fehlen des Ichs substituiert werden könne, sei dies bei Brecht nicht möglich. Link weist nun nach, daß sich Malkowski einerseits beider Formen des lyrischen Ichs bedient und andererseits – im Unterschied zu Brecht – solche Alltagssituationen beschreibt, die nicht auf kollektive Erfahrungen beziehbar sind, also die „Konnotation von kulturell stereotypen Kollektivsymbolen" ausschließen (ibid., 134).[9] Die Regelüberschreitungen Malkowskis sind danach nicht nur *ästhetische,* sondern stellen eine Reaktivierung der „Ideologeme des Natürlich-Gegebenen, Spontan-Erscheinenden und Anthropologisch-Konstanten" dar, die der Marxist Brecht durch entsprechende *„ideologische Ausschlußregeln"* aus dem Potential des lyrisch „Sagbaren" ausgegrenzt habe (ibid., 136).

5.

Links Analyse wirft eine interessante Frage auf, die es uns ermöglicht, den Faden des 2. Teils wiederaufzunehmen und zu Rolf Dieter Brinkmann und seinem Gedicht „Landschaft" zurückzukehren. Denn wie Malkowski wird Brinkmann von prominenten, allerdings nicht als „diskursanalytisch" ausgewiesenen Darstellungen zeitgenössischer Lyrik als „Alltagslyrik(er)" der siebziger Jahre (vgl. Schnell 1986, 298-301) oder als Vertreter einer „neuen Subjektivität" (vgl. Knörrich 1983, 570-573) eingeordnet. Bestätigt sich diese Zuordnung vor dem Hintergrund der Linkschen Untersuchung? Das lyrische Ich in Brinkmanns „Landschaft" ist in der Tat auf der Textoberfläche als „unpersönliche Nullstufe" (Link 1983a, 137) realisiert, was nach Link bedeuten würde, daß es sich um ein „postromantisches" lyrisches Ich handelt. Während bei Brecht das Ich immer auch auf der Textoberfläche realisiert ist, damit die lyrischen Reden als „fremde Reden eines anderen" durchschaubar bleiben (ibid., 133), heißt es bei Brinkmann schlicht: „ein Ausflug in die Biologie" oder: „1 Erinnerung an / 1 Zenwitz". Läßt sich hieraus noch folgern, Brinkmanns Gedicht setze Subjektivität als unpolitischen und damit auch mit den Brechtschen ideologischen „Ausschlußregeln" nicht vereinbaren esoterischen Fluchtpunkt der „additiven Beliebigkeit" (vgl. Knörrich 1983, 570) der alltäglichen Erfahrungen entgegen,[10] so bleibt im Gegenzug festzuhalten, daß diese „Landschaft" im Unterschied zu den bei Link zitierten Landschaften Malkowskis durchaus auf kollektive Erfahrungen beziehbar ist, Erfahrungen einer zerstörten Umwelt und gestörten Kommunikation, die zwar nicht dem „Denkreservoir des Marxismus" (Link 1983a, 135) entstammen, die aber deutlich die Konnotation des Kollektivsymbols „politisch-soziale Landschaft" ermöglichen.

Diese Überlegungen werfen ein neues Problem auf: Welche Kriterien erlauben es, einen *literarischen Diskurs* als solchen zu individualisieren? Ist jede spezifische Kombination von Regeln ein eigener Diskurs, oder sind Regelabweichungen auch innerhalb eines Diskurses möglich?

Gehört Brinkmanns Gedicht eher zum Brechtschen Diskurs, weil es reimlos ist, eine alltägliche Situation thematisiert und zumindest ein Kollektivsymbol enthält, oder zum Diskurs Malkowskis, weil es das lyrische Ich durch die Nullstufe realisiert? Verläßt Brecht, wenn er sich in einem seiner späten Gedichte wie „Geh ich zeitig in die Leere"[11] des Reims bedient, die Grenzen „seines" Diskurses? Und wenn dies nicht so ist: Welche Kriterien für die Unterscheidung von *diskursinternen* und *diskursexternen* Regelabweichungen gibt es?

Die Frage nach der *Dominanz* bestimmter Regeln innerhalb eines „Regelapparates" scheint Link mit Hilfe des *Ideologiebegriffs* zu beantworten, wenn er das Fazit zieht, Malkowski hebe „die ideologischen Ausschlußregeln" Brechts auf, um andere Ideologeme an ihre Stelle treten zu lassen (ibid., 136). Damit löst er das in der 'Archäologie des Wissens' offengebliebene Problem, wie die diskursiven Vielheiten zu Einheiten werden können (vgl. Kammler 1986, 91-111) im Sinne einer „politizistischen" Option, also im Sinne des Machttheoretikers Foucault, greift dabei aber auf den von diesem selbst als Instrument gesellschaftlicher Globalanalyse abgelehnten Ideologiebegriff (vgl. Kammler/Plumpe 1980, 216f.) zurück.

Scharf kritisiert worden ist das *szientistische* Selbstverständnis des Linkschen Ansatzes, das in der These von der Möglichkeit einer restlosen Beschreibung diskursiver Sinngehalte seinen Ausdruck findet als „systematische Verkennung rätselhafter Strukturen" (Hörisch/Pott 1983, 179), die für poetische Kunst charakteristisch seien, ja als „Identifikation mit dem Aggressor von Dichtung" (ibid., 178). Interessanterweise treffen sich diese Einwände an einem zentralen Punkte mit Foucaults früher Konzeption von Literatur als *„Gegendiskurs"*, wenn die Autoren in der Kritik „okzidentaler Herrschaftslogik" (ibid., 178) die eigentliche Leistung der Kunst sehen und auf deren *„Autonomie"* (ibid., 178) gegenüber der „Zwangsrationalität" (ibid., 179) sozialer Zusammenhänge innerhalb der modernen Industriegesellschaft pochen. Hier zeigt sich einmal mehr der Facettenreichtum aber auch die spezifische Ausbeutbarkeit des Foucaultschen Denkens, das in seiner Gesamtheit auch für die Literaturwissenschaftler eher einen „Markt der Möglichkeiten" als ein konsistentes Theoriegebäude darstellt.

Festzuhalten bleibt, daß es eine genuin Foucaultsche Literaturwissenschaft nicht gibt und nicht geben kann, da es in jedem Falle spezifischer Verfahren zur Analyse *literarischer Diskurse* bedarf. Im Rahmen einer Arbeitsteilung könnte der *historischen Diskursanalyse* allenfalls die Aufgabe zukommen, das Feld der sozialen Konnotationen literarischer Bedeutungsstrukturen zu untersuchen (vgl. Kolkenbrock-Netz 1988, 261-283). Eine vom Primat des politischen Handelns ausgehende Diskurstheorie (vgl. Eagleton 1988, 187-213) hätte dagegen die Aufgabe, die Funktionsweisen diskursiver Praktiken im Blick auf ein gezieltes strategisches Eingreifen in die kulturellen und politischen Auseinandersetzungen der

Gegenwart zu analysieren und die Ergebnisse der Analyse operativ zu nutzen. Eagleton spricht von einer letztlich *„moralische(n) Argumentation"* (ibid., 203), die die Basis einer Beschäftigung mit Literatur darstellen müsse. Will Literaturwissenschaft sich nicht auf das bloße „Ausgraben" toter Gegenstände und historisch ausgedienter „Regeln" beschränken, will sie nicht nur den „Tod" der Literatur diagnostizieren, sondern diese als kritisches und widerständiges Potential innerhalb einer auf zunehmende „Normalisierung" der sozialen und diskursiven Praktiken und somit auch der Subjekte ausgehenden Gesellschaftsordnung (vgl. Foucault 1977b) nutzbar machen, so muß die *„Archäologie"* zur *„Genealogie"* werden. Hier zeichnet sich die Möglichkeit einer *Synthese* zwischen den vermeintlich widersprüchlichen Begriffen von Literatur in Foucaults Werk ab: Erst dadurch, daß man diskursive Regeln zu durchschauen lernt, lernt man sie auch zu benutzen und zu überschreiten. Gegendiskurse wie diskursimmanenter Widerstand werden auf der Grundlage der Diskursanalyse möglich.

Es bleibt aber die Frage, ob sich die „Funktion" von Literatur in ihrer sozialen und politischen Rolle erschöpft. Die Rekonstruktion von „Regelapparaturen" kann jedenfalls nicht die einzig legitime Form des Umgangs mit ihr sein – auch dann nicht, wenn sie sich politisch-operativen Zwecken verschreibt. H.M. Enzensberger hat im Zusammenhang mit der „moderne(n) ... (literaturwissenschaftlichen; C.K.) Methode der Ausgrabung (sic!)" in offensichtlicher Anspielung auf strukturale und diskursanalytische Verfahren von einem zerstörerischen Projekt gesprochen: „Die Lektüre ist ein anarchischer Akt. Die Interpretation, besonders die einzig richtige, ist dazu da, diesen Akt zu vereiteln" (Enzensberger 1984, 190).

Wie alle diskursiven Praktiken so hat auch die Diskursanalyse den möglichen Effekt einer Disziplinierung jener ursprünglichen und anarchischen Realität diskursiven Potentials, von deren Vorstellung Foucault in 'Die Ordnung des Diskurses' ausging. Warum sollte ausgerechnet sie darauf bestehen, daß es keine Rätsel gibt, die sich ihrem analytischen Zugriff entziehen? Gerade der Genealoge Nietzsche, dessen Denken Foucault nach eigener Aussage „mehr verdankt als dem Strukturalismus" (Reif 1973, 25), war sich des perspektivischen Charakters menschlicher Erkenntnis, die bei ihm auch „Interpretation" heißt, bewußt und sein Kommentator Foucault mit ihm:

„Wenn Interpretieren hieße, eine im Ursprung versenkte Bedeutung langsam ans Licht zu bringen, so könnte allein die Metaphysik das Werden der Menschheit interpretieren. Wenn aber Interpretieren heißt, sich eines Systems von Regeln, das in sich keine wesenhafte Bedeutung besitzt, gewaltsam oder listig zu bemächtigen, und ihm eine Richtung aufzuzwingen, es einem neuen Willen gefügig zu machen, es in einem anderen Spiel auftreten zu lassen und es anderen Regeln zu unterwerfen, dann ist das Werden der Menschheit eine Reihe von Interpretationen" (Foucault 1974d, 95).

Warum sollte die *Genealogie,* die Historie der Interpretationen, etwas anderes sein als *Interpretation?*

Anmerkungen

1   Vgl. hierzu die Gesamtdarstellungen Kammler 1986 und Dreyfus/Rabinow 1987.

2   Brinkmann, Rolf Dieter: Landschaft, in: Conrady, Karl Otto (Hg.): Das große deutsche Gedichtbuch, Königstein/Ts. 1978, 1088.

3   Zur Unterscheidung zwischen dem „Apollinischen", dem Sinnbild „maßvoller Begrenzung", und dem „Dionysischen", dem „Rausch", als kulturbildenden Prinzipien vgl. Nietzsche, Friedrich: Die Geburt der Tragödie, in: Nietzsche, Friedrich: Werke in drei Bänden (hrsg. v. Karl Schlechta), Bd. 1, 7-134, München 1966.

4   Dieser Vorwurf wurde Brinkmann von Michael Zeller in der „Zeit" gemacht. Vgl.: In den Haß emigriert, in: Die Zeit Nr. 36 – 28.8.1987, 39.

5   Vgl. die Replik von Ulrich Greiner: Schakal von Metropolis. Rolf Dieter Brinkmann und sein nachgelassenes Tagebuch „Schnitte", in: Die Zeit Nr. 50 – 9.12.1988, 5.

6   Foucault hat sich wiederholt zu einem solchen Nominalismus bekannt, so in „Sexualität und Wahrheit I" im Zusammenhang mit dem Machtbegriff. Vgl.: Foucault 1977a, 114.

7   Vgl. exemplarisch Wegmann 1988; Turk 1988 (beide Beiträge in: Fohrmann/Müller 1988).

8   Malkowski, Rainer: Was für ein Morgen. Gedichte, Frankfurt a.M. 1975.

9   In den Versen „Ginge da ein Wind / Könnte ich ein Segel stellen" aus dem Motto der „Buckower Elegien" soll „Wind" das Kollektivsymbol der „stürmischen Massenbewegung" konnotieren (vgl. Link 1983, 134).

10 Auch hiergegen ließe sich noch einwenden, daß die Unmöglichkeit, die Erinnerung des lyrischen Ichs nachzuvollziehen, eher eine Distanz zwischen diesem und dem Leser schafft.

11 Dies ist nur eins von mehreren Gedichten des „späten" Brecht, in denen der Reim verwendet wird (vgl. Brecht, Bertolt: Gesammelte Werke Bd. 10, Frankfurt a.M. 1967, 1024).

Literatur

1. Schriften von Michel Foucault

Foucault, Michel, 1969: Wahnsinn und Gesellschaft. Eine Geschichte des Wahns im Zeitalter der Vernunft, Frankfurt a.M. (franz. 1961).
–, 1971: Die Ordnung der Dinge. Eine Archäologie der Humanwissenschaften, Frankfurt a.M. (franz. 1966).
–, 1973a: Archäologie des Wissens, Frankfurt a.M. (franz. 1969).
–, 1973b: Die Geburt der Klinik, München (franz. 1964).
–, 1974a: Die Ordnung des Diskurses, München (franz. 1971).
–, 1974b: Dies ist keine Pfeife, München (franz. 1968).
–, 1974c: Schriften zur Literatur, München (franz. 1962-1969).
–, 1974d: Von der Subversion des Wissens, München (franz. 1963-1973).
–, 1976: Mikrophysik der Macht, Berlin (franz. 1972-1976).
–, 1977a: Sexualität und Wahrheit 1. Der Wille zum Wissen, Frankfurt a.M. (franz. 1976).
–, 1977b: Überwachen und Strafen. Die Geburt des Gefängnisses, Frankfurt a.M. 1977 (franz. 1975).
–, 1978: Dispositive der Macht, Berlin (franz. 1976-1977).
–, 1986a: Der Gebrauch der Lüste. Sexualität und Wahrheit 2, Frankfurt a.M. (franz. 1984).
–, 1986b: Die Sorge um sich. Sexualität und Wahrheit 3, Frankfurt a.M. (franz. 1984).
Reif, Adalbert, 1973: Antworten der Strukturalisten. Darin: Michel Foucault, Hamburg, 143-184.

2. Literatur zu Michel Foucault

Blanchot, Maurice, 1987: Michel Foucault, Tübingen (franz. 1984).
Deuleuze, Gilles, 1987: Foucault (franz. 1986).
Dreyfus, Hubert L./Rabinow, Paul, 1987: Michel Foucault. Jenseits von Strukturalismus und Hermeneutik, Frankfurt a.M. (amerik. 1982).
Frank, Manfred, 1983: Was ist Neostrukturalismus?, Frankfurt a.M.

Kammler, Clemens, 1986: Michel Foucault. Eine kritische Analyse seines Werks, Bonn.

–, 1989: Wahrheitsspiele. Michel Foucaults Beitrag zu einer Geschichte des Denkens, in: Philosophie. Anregungen für die Unterrichtspraxis. Hrsg. v. Jürgen Hengelbrock, Frankfurt a.M., 28-37.

Kammler, Clemens/Plumpe, Gerhard, 1980: Wissen ist Macht. Über die theoretische Arbeit Michel Foucaults, in: Philosophische Rundschau, H. 3/4, 27. Jg., Tübingen, 186-194.

–, 1987: Antikes Ethos und postmoderne Lebenskunst. Michel Foucaults Studien zur Geschichte der Sexualität, in: Philosophische Rundschau, H. 3, 34. Jg., Tübingen, 186-194.

Marti, Urs, 1988: Michel Foucault, München.

Seitter, Walter, 1983: Ein Denken im Forschen. Zum Unternehmen einer Analytik bei Michel Foucault, in: ders., Der große Durchblick. Unternehmensanalysen, Berlin, 55-97.

3. Historische Diskursanalyse und Literaturwissenschaft

Bürger, Peter, 1988: Die Wiederkehr der Analogie. Ästhetik als Fluchtpunkt in Foucaults 'Die Ordnung der Dinge', in: Fohrmann/Müller: Diskurstheorien und Literaturwissenschaft, a.a.O., 45-52.

Eagleton, Terry, 1988: Einführung in die Literaturtheorie, Stuttgart.

Fohrmann, Jürgen, 1988: Der Kommentar als diskursive Einheit der Wissenschaft, in: ders./Müller, Diskurstheorien und Literaturwissenschaft, a.a.O., 244-257.

Fohrmann, Jürgen/Müller, Harro (Hg.), 1988: Diskurstheorien und Literaturwissenschaft, Frankfurt a.M.

Japp, Uwe, 1988: Der Ort des Autors in der Ordnung des Diskurses, in: Fohrmann/Müller, Diskurstheorien und Literaturwissenschaft, a.a.O., 223-234.

Forget, Philippe, 1988: Diskursanalyse versus Literaturwissenschaft?, in: Fohrmann/Müller, Diskurstheorien und Literaturwissenschaft, a.a.O., 311-329.

Kittler, Friedrich A., 1985a: Aufschreibesysteme 1800/1900, München.

–, 1985b: Ein Erdbeben in Chili und Preußen, in: Positionen der Literaturwissenschaft. Acht Modellanalysen am Beispiel von Kleists 'Das Erdbeben in Chili'. Hrsg. v. D.E. Wellbery, 24-38, München.

Kolkenbrock-Netz, Jutta, 1988: Diskursanalyse und Narrativik. Voraussetzungen und Konsequenzen einer interdisziplinären Fragestellung, in: Fohrmann/Müller, Diskurstheorien und Literaturwissenschaft, a.a.O., 261-283.

Link, Jürgen, 1983a: Elementare Literatur und generative Diskursanalyse, München.

–, 1983b: Stichwort „Interdiskurs", in: „Kulturrevolution" Nr. 4, 66, Bochum.

–,   1988: Literaturanalyse als Interdiskursanalyse. Am Beispiel des Ur-
       sprungs literarischer Symbolik in der Kollektivsymbolik, in: Fohr-
       mann/Müller, Diskurstheorien und Literaturwissenschaft, a.a.O., 284-
       307.
Müller, Harro, 1988: Einige Notizen zu Diskurstheorie und Werkbegriff,
       in: Fohrmann/ders., Diskurstheorien und Literaturwissenschaft,
       a.a.O., 235-243.
Plumpe, Gerhard, 1981: Diskursive Textstrukturierung, in: Brackert, Hel-
       mut/Stückrath, Jörn, Literaturwissenschaft. Grundkurs 1, Reinbek b.
       Hamburg.
–,   1988: Kunst und juristischer Diskurs. Mit einer Vorbemerkung zum
       Diskursbegriff, in: Fohrmann/Müller, Diskurstheorien und Literatur-
       wissenschaft, a.a.O., 330-345.

4. Sonstige Literatur

Enzensberger, Hans Magnus, 1984: Ein bescheidener Vorschlag zum
       Schutz der Jugend vor den Erzeugnissen der Poesie, in: Lesebuch.
       Deutsche Literatur der siebziger Jahre. Hrsg. v. Ch. Buchwald und K.
       Wagenbach, Berlin, 186-192.
Greimas, Algirdas, 1971: Strukturale Semantik, Braunschweig (franz.
       1966).
Hörisch, Jochen/Pott, Hans-Georg, 1983: Literaturwissenschaft als Ratio-
       nalitätskritik. Antwort an Jürgen Link, in: Link, Jürgen, Elementare
       Literatur und generative Diskursanalyse, München, 175-187.
Knörrich, Otto, 1983: Bundesrepublik Deutschland, in: Geschichte der
       deutschen Lyrik vom Mittelalter bis zur Gegenwart. Hrsg. v. Walter
       Hinderer, Stuttgart, 551-575.
Schnell, Ralf, 1986: Die Literatur der Bundesrepublik. Autoren, Geschich-
       te, Literaturbetrieb, Stuttgart.

II.
Strukturale Psychoanalyse und Literatur (Jacques Lacan)

Hans H. Hiebel

„d'a letter à a litter,
d'une lettre (je traduis)
à une ordure"[1]

Teil I

1. Struktural-poststrukturale Psychoanalyse

In Jacques Lacans Diskurs scheint die Form, das geniale Sprachspiel, den Inhalt, die geniale Psychoanalyse, womöglich in den Schatten zu stellen, vielleicht deshalb, weil für den Praktiker wie den Theoretiker Lacan das „énoncé" (das Ausgesagte) hinter die „énonciation" (den Aussagevorgang) zurücktritt: Der Versprecher verrät die Wahrheit („la verité"), das bewußt Ausgesagte gehört nur dem Bereich des Wissens („le savoir") zu (vgl. Lemaire 1977, 185f.). – Wie dem auch sei, Jacques Lacan hat sich zeitlebens schlicht als Interpret der Schriften Freuds verstanden. Gleichwohl ergeben sich Unterschiede, vor allem im Hinblick auf die Linguistisierung bzw. Strukturalisierung der Psychoanalyse wie auch im Hinblick auf die Einbeziehung der Psychose ins Feld der Analyse.[2] Auch die Skepsis gegenüber der Möglichkeit, Störungen – die ihre Bedingung in einem strukturalen Gefüge haben – durch Erkenntnis beheben zu können, wäre aus der Zahl der Abweichungen hervorzuheben. Das Freudsche Postulat: „Wo Es war, soll Ich werden", wird von Lacan skeptisch umgedeutet (Lacan 1966, 524; 1975a, 50).

Mit Lacan, um das vorwegzunehmen, wird die Psychoanalyse in eine strukturale und – im gleichen Moment – in eine „poststrukturale" oder: neo- bzw. spätstrukturale[3] Disziplin transformiert. Lacan stellt, von Saussure ausgehend, die Sprache ins Zentrum seiner Psychoanalyse, definiert den Menschen als das sprechende, symbolbildende Tier und erklärt: „das Unbewußte ist strukturiert wie eine Sprache" (Lacan 1978, 26); Lacan liest Freuds Werk quasi als semiotisches System. Aber er zertrennt nicht nur – in struktulaler Weise, wie Saussure – die traditionelle Bindung von Symbol und gemeintem Referenten, er trennt – „poststrukturalistisch" – auch Signifikant (Zeichenkörper) und Signifikat (Vorstellungsschema) voneinander:

„Wenn der Strukturalismus das Zeichen von seinem Referenten getrennt hat, so geht diese Denkweise – oft unter dem Namen 'Poststrukturalismus' bekannt – noch einen Schritt weiter: sie trennt den Signifikanten vom Signifikat" (Eagleton 1988, 111).

2. Das Begehren

Lacan, der sich von 1938 an (mit dem Artikel 'La Famille' [1938]) um die strukturale Rekonstruktion der Freudschen Theorie bemüht, erhebt den „Wunsch" explizit zum Zentrum der seelischen Logik und gibt ihm den Namen „Begehren" (désir); er läßt das Begehren, das durch seine Beziehung zur Phantasie definiert ist, jener Kluft zwischen „Bedürfnis" (besoin) und „Verlangen" bzw. „Bitte" (demande) entspringen, die sich im Prozeß der fruchtbarfurchtbaren Separation eröffnet, welche über das narzißtische Spiegelstadium von der dyadischen Mutter-Kind-Totalität zum Ödipus-Komplex als dem Ende der Geburt führt: Indem das Subjekt durch den „Dritten", der die duale Beziehung oder Dyade in Frage stellt – d.h. durch den Vater – in die Ordnung der Familie – die symbolische (sprachliche) Ordnung überhaupt – eingeführt wird, sieht sich die Erfüllung des „Bedürfnisses" fortan auf die Formulierung des „Verlangens" („demande") verwiesen und können Ich und Anderer nurmehr durchs Tor der Sprache zueinander finden (Lacan 1980, 41-100).[4] Mit der Sprache wird zugleich das Unbewußte geboren. Der Eintritt in die sprachliche Ordnung – und somit die soziale Welt – ist der Einschnitt, der den nostalgischen Wunsch, das Begehren, allererst provoziert; das Begehren ist „weder Appetit auf Befriedigung, noch Anspruch auf Liebe, sondern vielmehr die Differenz, die entsteht aus der Substraktion [sic!] des ersten vom zweiten, ja das Phänomen ihrer Spaltung selbst" (Lacan 1975, 127). Das Begehren, der Wunsch (die nichtreale, quasi halluzinatorische Wunscherfüllung, die das Unbewußte und seine „Primärprozesse" bestimmt – im Gegensatz zu den „Sekundärprozessen" des „Realitätsprinzips" sind sie dem „Lustprinzip" zuzurechnen) stellen sich nun erst der Realität entgegen in den Träumen, den Fehlleistungen und Symptomen, regieren als „Sprache des Anderen" („l'inconscient, c'est le discours de l'Autre") (Lacan 1966, 379), was sich dem Zugriff des Ich bzw. des Cogito entzieht. (Vgl. die Artikel 'Wunsch', 'Wunscherfüllung', 'Lustprinzip', 'Realitätsprinzip' bei Laplanche/Pontalis 1973.) Der Begriff des Wunsches oder Begehrens trennt demnach in radikaler Weise einen soziologischen Diskurs, der sich – wie der Marxsche – um die Begriffe des „Bedürfnisses" und des „Verlangens" als der Dimension sozialer Interaktion zentriert, von einem genuin psychoanalytischen.

3. Das Spiegelstadium und das Imaginäre

Den Begriffen Bedürfnis, Anspruch und Begehren entspricht in gewissem Sinn die Trias von „Realem", „Imaginärem" und „Symbolischem". Das Reale als das Materiell-Naturhafte tritt uns nur als die durch das Symbolische strukturierte Wirklichkeit entgegen; innerhalb der symbolischen Ordnung (der Sprachbeziehung als Grund von Intersubjektivität) aber etabliert sich das Feld des Imaginären: der Spiegelungen, Projektionen und Phantasmen (in Bildern und Worten). Es hat seinen Ursprung im sogenannten „Spiegelstadium" (Lacan 1973, 71-171), in welchem das Infans (im Alter von 6-8 Monaten) sich im Spiegel oder in einem anderen Kind (vornehmlich einem ihm ähnlichen, „le semblable") zu erkennen meint und fortan sein Ich („moi") – in einem Akt der Entfremdung und Verkennung – nach diesem Bilde des anderen formt.

Zerstückeltsein, Fragmentarisiertsein – die Erfahrung des „corps morcelé" – haben bis zu diesem Zeitpunkt die Selbstwahrnehmung des Infans charakterisiert; jetzt wird ihm – zusammen mit der Idee der Koordinierbarkeit seiner bislang unkontrollierten Bewegungen – das (illusionäre) Bild einer Einheit seiner selbst vorge„spiegelt": Unser Ich ist demnach modelliert nach der Imago des anderen, ist „imaginär"; das Ich ist ein anderer (Lacan 1980a). Imaginäre Identifikationen, Vermengungen von Ich und anderem,

Projektionen usw. sind das Zeichen dafür, daß sich ein selbständiges Ich noch nicht ausgebildet hat. Und auf dergleichen imaginäre Vorstellungen fällt das Subjekt und besonders derjenige, dessen Einführung in die „symbolische Ordnung" mittels der ödipalen Ereignisse nicht glückt, immer wieder zurück; im Falle der Psychose führt die Regression zurück bis auf die Vorstellung vom zerstückelten Körper.

Die duale Beziehung zwischen Ich und anderem („l'autre", „objet petit a") wird – im Verlauf des ödipalen Dramas – durchbrochen durch den Dritten: den Anderen („l'Autre", „le grand Autre"). Der Vater als symbolischer – d.h. als differenzielles Element eines strukturalen Komplexes bzw. als Repräsentant der Ordnung der Familie, des Inzesttabus, der symbolischen Ordnung – führt zur Separation von Mutter und Kind; dieser „symbolische Vater" fungiert schlicht als Name, als „Name-des-Vaters" (Lacan 1975, 89) (genitivus subiectivus!), als genealogisches Zeichen der Barriere zwischen den Generationen und den Geschlechtern; es geht um einen „puren Signifikanten" (Lacan 1975, 89). „Verbotene Sexualobjekte" kann es nicht geben, „ohne daß es genealogische Rede und d.h. Sprache" gibt (Kittler 1977a, 154). (Die Divergenz von „symbolischem" und „realem" Vater – letzterer ist „stets irgendwie mangelnd, abwesend, erniedrigt, gespalten oder unecht" (Lacan 1980, 77) – führt Lacan zufolge gerade im Zeitalter des „Verfall[s] der Vaterimago" (Lacan 1980, 76f.)[5] zu Pathologien.) Der Name oder das Nein des Vaters („Nom/Non du Père"), die das Inzesttabu als primäres Gesetz verkünden, durchschneiden die Mutter-Kind-Dyade und ermöglichen durch diesen Schnitt der „symbolischen Kastration" (vgl. Safouan 1973, 279ff.)[6] dem Infans, dem Nicht-Sprechenden, den Zugang zur symbolischen Ordnung und damit zur Selbständigkeit des Ich („je"). Der „Name-des-Vaters", ein Sprachzeichen bzw. Signifikant, ist der (Para-)Graph des Gesetzes, der den Eintritt in das Gesetz bzw. die Sprache vor-schreibt, denn Sprache und Gesetz sind eins; aber mit dem Eintritt in die Sprache (und ihre symbolische Ordnung) ist auch schon das Unbewußte gesetzt, denn dieser Eintritt bedeutet zugleich den Ausgang aus dem 'Paradies' der Symbiose und damit jene Urverdrängung, die das Subjekt spaltet (oder durchstreicht: „sujet barré"). Das vom anderen („l'autre") abgespaltene Subjekt ist fortan ein Ich, das durch einen Mangel charakterisiert ist: den Verlust der imaginären Einheit mit der Mutter. Es muß das Begehren nach der verlorenen Einheit verdrängen, oder umgekehrt: die Verdrängung generiert dieses Begehren: „ich denke, wo ich nicht bin, also bin ich, wo ich nicht denke" (Lacan 1975, 43).

4. Der Phallus

Die imaginäre 'Symbiose' zerbricht indessen auch dann, wenn das Kind erkennt, daß die Mutter noch ein anderes Begehren als das nach dem Kinde hegt: das nach dem Dritten. Nur ist dieser Anhaltspunkt lediglich die Kehrseite des „Namens-des-Vaters" bzw. des „Phallus", der seinerseits nichts anderes darstellt als das Zeichen der Kopula(tion) (Lacan 1975, 128), von der sich das Kind nun ausgeschlossen weiß. Der „Phallus" wird zum (imaginären) Zeichen dessen, was das Kind *sein* oder *haben* müßte, um sich das Paradies weiterhin sichern zu können; er ist Symbol eines imaginierten Zauberschlüssels zur Einheit und Ganzheit, er hat nichts (nichts Wesentliches) mit dem biologischen Geschlechtsunterschied zu tun. Damit ist auch der Gegensatz von Phallus-Haben und Kastriert-Sein ein rein symbolischer und kann auf beide biologischen Geschlechter bezogen werden. (Vgl. Teichmann 1983, 140ff.; Müller 1988, 28 [„Zu *haben* ist der Phallus, Symbol des Seins, auch für das männliche Kind nicht."])

Bei diesem anti-biologischen Symbolismus setzt der lacanistische Feminismus[7] ein – auch Roland Barthes' strukturale Analyse der Balzacschen Erzählung 'Sarrasine' hat hier einen ihrer Ankerpunkte (Barthes 1976, 41: „Das symbolische Feld ist also nicht das der biologischen Geschlechter, sondern das der Kastration: des *kastrierend/kastriert* und des *aktiv/passiv*.").

So ergibt sich, daß im Diskurs, vornehmlich im analytischen, zwei Relationen, die imaginäre und die symbolische, zu betrachten sind, wobei die imaginäre vom „Objekt klein a" („a"/„l'autre") zum Ich („moi", „a"') führt und eine andere Relation kreuzt, nämlich den Diskurs des Anderen (Unbewußten), der von der Position des Anderen („A"/„l'Autre") zum Subjekt („S" bzw. „S" durchgestrichen) weist (vgl. das „Schema L" in: Lacan 1975, 81).

5. Metapher und Metonymie

Da das Unbewußte wie eine Sprache strukturiert ist, konstituiert sich der Diskurs des Anderen aus materiellen Signifikanten; nur können diese für alles stehen außer für das, was sie sagen. Man bedient sich der Sprache, „pour signifier *tout autre chose* que ce qu'elle dit" (Lacan 1966, 505); das gilt a fortiori für den Diskurs des Unbewußten. Auch sind die Signifikanten letztlich abgekoppelt von einem Signifikat, dem verlorenen Objekt „a" bzw. dem imaginären „Phallus", der dieses Objekt substituiert. Im Aufsatz 'Das Drängen des Buchstabens' (Lacan 1975) geht Lacan daher von der Vorstellung aus, daß „das Signifizierte unaufhörlich unter dem Signifikanten gleitet" (ibid., 27).

Es ist der Schnitt zwischen Signifikant und Signifikat, der das „poststrukturalistische" Moment an Lacan indiziert und die Verwandtschaft mit Derridas Konzept der „différance" (Derrida 1976; 1972, 320) [→ *Dekonstruktion*], des unaufhebbaren Aufschubs, markiert (vgl. Wright 1985, 44: „Beide bezweifeln die Festigkeit der Verbindung zwischen Signifikant und Signifikat ...".).

Saussure hatte deutlich gemacht, daß es keinen *für sich* bestehenden Signifikanten gibt, daß jeder „Signifikant" die *Spur aller anderen* in sich trage, „Differenzen" zu allen anderen Signifikanten eines gegebenen „*Wert*"- bzw. *Bezugs-Systems* in sich vereine [→ *Semiotische Diskursanalyse*]. Erst der jeweilige *Kontext* weise dem arbiträren Signifikanten ein Signifikat zu. Diese Lockerung des Bandes zwischen *Signifikant und Signifikat* radikalisieren Lacan und der gesamte Spätstrukturalismus: „Der Referenzwert wird abgeschafft und übrig bleibt allein der strukturale Wertzusammenhang."[8]

Lacan dreht Saussures Formel s/S (Signifikat/Signifikant) um und privilegiert den Signifikanten S/(s), wobei er das „s" einklammert, um sein Verschwinden im Unbewußten anzudeuten. Auf dieses „(s)", das mit dem verlorenen Objekt („klein a") bzw. dem imaginären „Phallus" in Beziehung steht, weisen in der „Rhetorik" des Unbewußten – neben Ellipse, Hyperbaton, Katachrese usw. (Lacan 1973, 107) – vor allem *Metapher* und *Metonymie*.

Deren Semiotik wird mit Freuds „Verschiebung" (bewerkstelligt durch eine metonymische Kontiguitätsrelation) und „Verdichtung" (produziert aufgrund einer – von Lacan „metaphorisch" genannten – Überlagerung von Signifikanten) in Verbindung gebracht. Im Traum ist bekanntlich jede feste Zuordnung von Zeichenkörper und Bedeutetem, von Signifikant und Signifikat aufgelöst. Ein Pferd kann – metaphorisch – für den leiblichen Vater stehen (vgl. Freuds Fallbeschreibung des „kleinen Hans"); eine „Bahre" kann, obgleich dies widersinnig scheint, auf metonymischem Weg für das Begehren nach einer bestimmten Person stehen, nur weil der Zufall einmal beides miteinander verband.[9] Ein Traum-Wort wie „Propylen" kann (metaphorisch) auf einen nach *Amyl(en)* riechenden Likör weisen – oder (metonymisch) auf einen Freund, den man in der Nähe der Münchner *Propyläen* getroffen hatte.[10]

Lacan geht in seiner Definition von Metapher und Metonymie mit R. Jakobson auf die zwei Grundfunktionen der Sprache zurück, die *paradigmatische* bzw. *selektive*, die er in Beziehung zur *Metapher* (und zur „Verdichtung") setzt, und die *syntagmatische* bzw. *kombinatorische*, die er mit der *Metonymie* (und der „Verschiebung") in Verbindung bringt.

Die Metonymie sei getragen „von dem *Wort für Wort*" (Lacan 1975, 30) (*„mot à mot"* [Lacan 1966, 506]) einer Verknüpfung, z.B. von Segel und Schiff; an anderen Stellen denkt Lacan eher an die generelle syntagmatische Funktion der Kombination als an den Tropus der Metonymie. – „Ein Wort für ein anderes" (Lacan 1975, 32) („Un mot pour un autre" [Lacan 1966, 507]) ist die Formel für die Metapher:

„Der schöpferische Funke der Metapher entspringt nicht der Vergegenwärtigung zweier Bilder, das heißt zweier gleicherweise aktualisierter Signifikanten. Er entspringt zwischen zwei Signifikanten, deren einer sich dem andern substituiert hat, indem er dessen Stelle in der signifikanten Kette einnahm, wobei der verdeckte Signifikant gegenwärtig bleibt durch seine (metonymische) Verknüpfung mit dem Rest der Kette" (Lacan 1975, 32).

Im Unbewußten ist das Feld der Metapher die „Verdichtung", das der Metonymie die „Verschiebung" (als Mittel der Umgehung der Zensur) (ibid., 36). Nur scheint die Metapher als Überlagerung bzw. Signifikanten-Ersatz offenbar auch den Tropus der Metonymie einzuschließen, d.h. jenen Signifikanten-Ersatz, der nicht auf einer Similaritäts-, sondern auf einer Kontiguitäts-Relation basiert („Propylen" für ein über die „Propyläen" und W. Fließ assoziiertes Sexualhormon); auch wird der metaphorische Ersatz generell oft als entstellende „Verschiebung" begriffen; umgekehrt führt das metonymische „mot à mot" immer zu metaphorischen Ersatzbildungen (vgl. Hiebel 1978; Hagestedt 1988, 66).

Nun ist allerdings von Wichtigkeit, daß für Lacan nicht nur der Traum, das Symptom und die Fehlleistung Ausdrucksformen unbewußter Bedeutungen sind, sondern daß dies ausnahmslos für *jede* menschliche Artikulation gilt; und da die *poetische* hier nicht auszunehmen ist, gilt für viele sich an Lacan orientierende Literaturinterpreten der struktural-psychoanalytische Ansatz nicht als fachfremd und einseitig, sondern als universell und notwendig; diese Interpreten versuchen allerdings auch nicht, Kausalerklärungen zu geben und psychogenetische Pathographien zu erstellen, sondern setzen sich das Ziel, das *Gesetz* eines gegebenen Zeichen-Gefüges zu eruieren.

6. Poe: 'Der entwendete Brief'

Im Artikel 'Lituraterre' bestimmt Lacan die Literatur als 'Letteratur', als *Brief,* d.h. als Zeichen-Botschaft mit Ausradierungen, Auslassungen, Anspielungen, Metonymien und Metaphern, – als doppelten (bewußt-unbewußten) Diskurs, dessen Signifikanten nicht zuletzt wieder auf das verlorene „Objekt klein a" bzw. den „Phallus" als Zeichen des fundamentalen Seins-Mangels weisen (Lacan 1971). An einem letter (lettre) – im Sinne von Literatur/'Letteratur' –, der von einem zirkulierenden letter (lettre), nämlich von einem „purloined letter" (einer „lettre volée", einem „entwendeten Brief") handelt, vermag Lacan seine Theorie der Letter – des „Buchstabens" bzw. „Signifikanten" – wie an keinem andern Beispiel zu illustrieren (Lacan 1973, 7-61 bzw. 1966, 11-61). Gemeint ist Lacans Seminar zu Edgar Allan Poes „The Purloined Letter". Die Literaturexegese und die „Allegorie der Psychoanalyse" (Wright 1985, 41) gehen hier Hand in Hand: Eine Person, nach Lacan die Königin, muß zusehen, wie ihr ein sie kompromittierender Brief, von welchem der König nichts wissen darf, vom Minister D-- entwendet wird. Diese Konstellation wiederholt sich, als der Detektiv Dupin dem Minister den offen daliegenden – und insofern verdeckten, von niemand erkannten – Brief stibitzt und – wie der Minister – eine Art Faksimile hinterlegt. Der Brief als Buchstabe oder der Buchstabe als Brief – Signifikant des Begehrens als des Begehrens des Anderen – erhält seine (für das Unbewußte relevante) Bedeutung nur durch das Begehren des Anderen. Das Begehren („désir"), entsprungen dem Mangel, imaginiert sich das Zeichen einer Allmacht, das Szepter, in der Hand des Andern. Dem jeweiligen Besitzer ist der Brief/letter/Buchstabe Machtmittel und zugleich Gefahr; er allegorisiert Phallus und Kastration, ja er *ist* das eine wie das andere (vgl. Lacan 1971, 4: „ce n'est pas faire métaphore de l'épistole"); sein Zirkulieren symbolisiert das unentwegte Changieren von Phallus und Kastration: Der Signifikant wird, da er „Symbol einer Abwesenheit ist", eines Mangels, „dort wo er ist, wohin er auch immer ginge, sein *und* nicht sein" (Lacan 1973, 23). Er kann nicht entwendet (behalten), sondern nur umgeleitet („purloined") werden, muß indessen immer seinen Bestimmungsort erreichen.

Derrida hat dieses Zirkulieren zu einem endlosen Aufschub („différance"), in dem es keinen zentralen Ankerpunkt gebe, radikalisiert [→ *Dekonstruktion*] und Lacans Poe-Interpretation Phallo- und Logozentrismus bzw. „phallogocentrisme" vorgeworfen (Derrida 1975, 133ff.). Barbara Johnson wiederum spielte den Detektiv Dupin, der Lacan und auch Derrida – quelle „autruicherie" (Lacan 1973, 30)! – die Straußenfedern „aus dem Hintern" (ibid., 14) rupft (Johnson 1985, 110-147). – Die feministische Literaturtheorie beruft sich sehr häufig auf den Phallo(go)zentrismus-Vorwurf und den „différance"-Begriff, um das weibliche Schreiben zu definieren oder zu konstituieren: als „semiotisches", das in der „chora" durch reine Rhythmen dem Symbolischen opponiert (Julia Kristeva) bzw. als differenziell-bisexuelles, das die binäre Logik des patriarchalisch-männlichen Denkens unterminiert (Hélène Cixous) (Kristeva 1974; Cixous 1974; vgl. Moi 1985). Andererseits sind aber auch Lacans antibiologistische, symbolische Bestimmung der Geschlechter (des „Phallus") sowie seine Erörterung des trans-phallischen Lusterlebens der Frau (Lacan 1986, 79ff.) – 1976 erschien eine deutsche Teilübersetzung aus 'Encore' im Kontext der Frauenbewegung (Lacan 1976, 160-164) – von Einfluß auf die feministische Theorie gewesen.

Der nahezu unzulässig verkürzten Darstellung der Lacanschen Lehre folgt nun eine verknappte und exemplarisch sowie deskriptiv verfahrende Darstellung ihrer Applikationen auf dem Feld der Literaturtheorie und -interpretation.

Teil II

Während der (linguistische) Strukturalismus in gewissem Sinn direkt auf die Literaturwissenschaft übertragen worden ist und werden konnte (Jakobson; Barthes; Todorov), gilt dies für den Spätstrukturalismus nicht. Ein Grund dafür mag darin liegen, daß er sich in *sprach-fernen* und sehr *unterschiedlichen* Disziplinen – der Psychoanalyse (Lacan), der Philosophie (Derrida), der Wissenssoziologie und Geschichtswissenschaft (Foucault), dem Marxismus (Althusser), der Ethnologie und Kulturtheorie (Sperber, Deleuze/Guattari) – entwickelte. So geschieht die Applikation von Lacan – und anderen Spätstrukturalisten – auf die Literatur nicht in der Weise, daß man – wie in der strukturalistischen Literaturanalyse – eine fundamentale *Grammatik der Poesie* zu etablieren versucht, sondern dadurch, daß man 1. verschiedene Aspekte literarischer Texte aufzuhellen trachtet – und zwar oft mit Hilfe einer Kombination verschiedener „poststrukturalistischer" Theoreme – und 2. die Struktur des Subjekts – wie sie Lacan als universelle skizzierte – in der Poesie (wie in anderen Formen der „chaine signifiante") zu finden bzw. aus ihr herauszudestillieren sich bemüht.

1. Eine Methodenreflexion

Eine methodische Reflexion – ohne konkrete Literaturinterpretationen – stellt die Studie von Jens Hagestedt (1988) dar, die Lacans diffizile Theoreme in den Grundzügen rekonstruiert[11] und sodann einer Anzahl Lacanscher Literaturanalysen (G. Deleuze/F. Guattari; H. Gallas; P. Henninger; H.H. Hiebel; F.A. Kittler; W. Kittler) von subjektiven Projektionen geleitete Textvergewaltigungen bescheinigt. Hagestedt möchte die angeblich voreiligen Thesen von der Subversion des Subjekts, der Auflösung der Autorinstanz und Autorintention bzw. individuellen Sinngebung, der Autonomie der (von der Autorinstanz abgelösten) Sprache, der Aufhebung fester Bezüge zwischen Signifikant und Signifikat, der Infragestellung der Hermeneutik usw. richtigstellen, kritisiert dann jedoch – gegen alle hermeneutischen Gebote verstoßend – aus dem Kontext gerissene Pointierungen der an Lacan orientierten Literaturanalysen (obgleich zuzugeben ist, daß es in ihnen immer wieder zu hyperbolischen und mißverständlichen Formulierungen kommt).

Auf Marianne Wünsch (1977) zurückgehend, schlägt er die Unterscheidung einer „nomenklatorischen" und einer „explanatorischen" Verwendung der Psychoanalyse vor, d.h. eines parasprachlich parallelisierenden Kommentierens dessen, was im literarischen Text – immanent, textintern – gefunden werden kann, und eines Verfahrens, das im Text gegebene Daten nur als Symptom für etwas nimmt, das textintern nicht erschließbar ist und nur durch Zuhilfenahme textexterner Prämissen gefolgert werden kann (Hagestedt 1988, 79).

Doch im Hinblick auf Lacan, der die Gesetze der metonymischen Verschiebung und metaphorischen Verdichtung in jeder Signifikantenkette entdeckt, ist Hagestedts These von der Grenze zwischen dem Textinternen und Textexternen fragwürdig; gerade der strukturalen Analyse, die die *im* Text sich zeigende, *hinter* dem Text stehende Subjektstruktur eruiert, ist die Unterscheidung von nomenklatorischem und explanatorischem oder von verstehendem und erklärendem Verfahren nicht angemessen (vgl. Kittler 1977a, 144f.; Gallas 1981, 97ff.).

Auf dem sehr uneinheitlichen Feld Lacanscher Literaturinterpretation kann man Analysen ausmachen, die den Autor (eines literarischen Werks) besser zu verstehen versuchen, als er sich selbst verstand, bzw. Versuche, den Autor auf der Basis von Fehlleistungen gegen den Strich seiner Intention zu lesen; im Verein mit diesen Versuchen Pathographien bzw. Psychobiographien, die die Entwicklung eines Autors und seines Werkes – erklärend/explanatorisch – rekonstruieren;[12] daneben Analysen, die als genuin strukturale das fundamentale Gesetz einer literarischen Signifikantenkette aufzufinden trachten (Gallas 1981) und dieses auch zu historisieren versuchen (Kittler 1977a; Meyer-Kalkus 1977); sowie Interpretationen im Sinne von parasprachlichen Kommentaren, d.h. Parallelisierungen von Interpretationsbefunden und textexternen Theoremen (Hiebel 1983, 1984).

2. Friedrich A. Kittler

Im programmatischen Vorwort zu dem Band 'Urszenen' proklamieren F.A. Kittler und H. Turk die „Diskursanalyse": Den genealogischen Ursprüngen von Diskursverboten und Diskursivierungen neuer Diskurs-Ordnungen – resultierend aus veränderten Macht-,

Begehrens- und Wissens-Konstellationen – gelte es auch auf dem Gebiete der Literaturgeschichte nachzuspüren. In dem Aufsatz '„Das Phantom unseres Ichs"' (Kittler 1977a) zu E.T.A. Hoffmanns 'Der Sandmann' und in anderen Arbeiten (zu Lessings Dramen, zum 'Wilhelm Meister', zum 'Heinrich von Ofterdingen', zum 'Blonden Eckbert' und zum 'Fräulein von Scuderi') versucht Kittler, die Foucaultsche Diskurstheorie [→ *Historische Diskursanalyse*] mit der – historisierten – Theorie Lacans zu verbinden.[13]

Kittler handelt in diesen Studien von der Konstituierung und der Veränderung der Struktur der modernen Familie sowie von deren Korrelaten in der Psyche wie im Diskurs von der Psyche:

„Das Mittelalter hatte etwas, das Sippe hieß. Seit dem 18. Jahrhundert heißt der Verwandtschaftscode Familie. Die Sippen unterstanden dem Gesetz der Exogamie, das sie verknüpfte, und schrieben ihre Nachkommen den Achsen der Generationen und der Geschlechter ein. Die Familie introjiziert ihren Kindern Normen und Imagines, die die binäre Geschlechtsdifferenz unterlaufen, und produziert Seelen, die der Inzestwunsch sexualisiert" (Kittler 1978a, 102). –

„Politische, juristische, ökonomische Macht und Verwandtschaft fallen [nun] auseinander. Aus dem Haushalt wird eine Familie, der allein die Primärsozialisation der wenigen und geplanten Kinder, sie aber der Familie allein zufällt. Der reale Vater verliert unter seiner Last, zugleich symbolischer sein zu müssen, den Primat an die Mutter, die als neue Familienmitte die einstigen Ammen ersetzt wie, paradoxerweise, ein Ursprung einen Ersatz. Intimität und Erziehung binden die wenigen Kinder an Elternimagines und überlagern eine Liebe, die Freud als inzestuöse Übertragungsliebe entzifferte, dem Exogamiegesetz: Wenn sie Mütter oder Väter werden können oder möchten, träumen Lessings Jungfrauen von *einem* Vater und Goethes Jünglinge von *einer* Mutter. Das Phantasma einer singulären Familie verdunkelt den Tausch zwischen vielen Familien, der Familie kulturalisiert" (ibid., 102f.).

Zwei Stufen des Paradigmawechsels setzt Kittler an: jene mit Lessing gegebene der symbolischen Vaterschaft, in welcher die symbolische und die reale Funktion des Vaters noch zusammenfallen, sowie jene am Ende des 18. Jahrhunderts einsetzende Konstellation, in welcher es zu einer Trennung von symbolischem und realem (schwachem, degradiertem) Vater komme und das Begehren des Kindes fortan von den Müttern codiert werde.

Im Lessing-Aufsatz geht Kittler von der These aus, daß die bürgerliche Familie durch die „Diskursivierung" des quasi inzestuösen Intimitäts-Ideals gebildet worden sei. Die ökonomische

Funktion des Vaters werde abgelöst durch seine pädagogische, die eben darin bestehe, neue *Familien*mitglieder heranzubilden; es kommt zur „Familiarisierung der makrosozialen Ordnungen" (Kittler 1977, 125). Darin, daß Lessing immer wieder Adoptiv-Väter an die Stelle leiblicher Väter stelle, werde deutlich, daß die Funktion des Vaters nun als *symbolische* verstanden sei. Mit Lacan folgert Kittler: „Der 'Vater' ist schlicht ein 'Name'", die „Vaterschaft" werde durch einen puren „Signifikanten" repräsentiert (ibid., 120).

Die „Primärsozialisation" in der Kleinfamilie verdränge die ökonomische Aufgabe des „großen Hauses" (ibid., 125), sie sei zwar noch vom Vater und noch nicht von der Mutter verantwortet, führe aber gleichwohl bereits zur *Einschreibung von Symbolen und Imagines* in die Seele des Kindes, die damit allererst (gewissermaßen im Sinne von 'Psychizität') zu existieren beginnt, die Geburt der (Erfahrungs-)Seelenkunde nach sich ziehend. Am Ende des 18. Jahrhunderts kommt es zu einer zweiten Phase des Paradigmawechsels von der „jurido-politischen Kultur zu Familiarität, Sexualität und Produktivität" (Kittler 1978a, 108). Die Bildung des Subjekts werde nun von den Müttern übernommen, deren Gaben Begabungen, deren Märchen Begehren und deren Einflüsterungen Produktivität zu wecken haben (Kittler 1978, 75 und passim).

Die Verstärkung inzestuöser Bande und imaginärer Beziehungen (über die Introjektion der Mutter-Imago) ist das Resultat. Die andere Seite jenes 'Matriarchat'-Komplexes ist die allmähliche Degradierung der Position des Vaters, der Verfall der Vater-Imago, den Kittler mit Lacan (Lacan 1980, 76ff.) diagnostiziert. So komme es zu einer Konfundierung von Symbolischem und Realem bzw. zu einer (imaginären) Spaltung in einen „schwachen und guten Vater" und „einen allmächtigen und bösen Vater, der nicht nur die Mutter, sondern jedes Begehren untersagt" (Kittler 1977a, 160), was nach Kittler an E.T.A. Hoffmanns 'Der Sandmann' abzulesen ist.

3. 'Der Sandmann' – 'Das Phantom unseres Ichs'

In seinem Aufsatz ',„Das Phantom unseres Ichs" und die Literaturpsychologie: E.T.A. Hoffmann – Freud – Lacan' in dem Band 'Urszenen' (Kittler 1977a, 139-166) – es handelt sich um die wohl komprimierteste und programmatischeste aller Lacan-Applikationen – erhärtet Kittler dieses Theorem.

Kittler macht von Anfang an deutlich, daß die Psychoanalyse literarischer Texte – bei Freud wie Lacan – nicht auf den empirischen Autor und seine vermeintlichen Pathologien abhob; sie habe niemals – besonders nicht in ihrer strukturalen Form – „Psychobiographie" (Lacan 1971, 4) oder „Pathographie"[14] sein wollen (Kittler 1977a, 144). Daß die Literatur sich durch die Abwesenheit eines Referenten definiere, habe Psychoanalyse nicht durch einen Rekurs auf Ursachen, Referenten, Lebensgeschichten auszugleichen; vielmehr gehe es um die Rückführung von *Willkür* auf *Gesetz* (und nicht von Fiktionen auf Fakten) (ibid., 144f.). Ein solcher Versuch einer Rekonstruktion der (psychischen) Gesetzmäßigkeit bzw. Struktur eines Textes ist weder dem „explanatorischen" Erklärungsversuch (z.B. pathographischer Art) noch der „nomenklatorischen" Paraphrase bzw. Parallelisierung gleichzusetzen. So ist Kittler zufolge im 'Sandmann' – Freud habe das jedoch im Prinzip schon geleistet – die Verdoppelung bzw. Spaltung der Vaterfigur (Vater Nathanaels/Coppelius und Spalanzani/Coppola) aufzuweisen, die symbolische Qualität der Augen wie die Substituierbarkeit derselben (Kastrationsmetaphorik) zu entdecken, die narzißtisch-imaginäre Spiegel-Beziehung Nathanaels zur Puppe Olimpia zu realisieren sowie die Parallelität der verschiedenen Zerstückelungsphantasien (Nathanael/Olimpia) usw. herauszuarbeiten.

Kittler wiederholt den Versuch, Struktur und Gesetz der Erzählung zu rekonstruieren, wobei er sich von Freud und vor allem Lacan leiten läßt und parasprachlich-begleitend Parallelen aus Lacans Theorie anfügt. Mit Lacans Hilfe gelingt die Erhellung des *psychotischen* Aspekts (ibid., 150) der erzählten Ereignisse und auch die *Historisierung* der Erziehungspraktiken, die zu Nathanaels Wahnvorstellungen führten, bzw. die Historisierung von Psychopathologien im allgemeinen und die Historisierung des psychoanalytischen Diskurses selbst (ibid., 159ff.).

Freuds Verknüpfung von Augen-Angst und Kastrations-Angst – d.h. seine Idee der generellen Möglichkeit von „Ersatzbeziehungen" – verbindet Kittler mit dem Lacanschen Theorem des Gleitens des Signifizierten unter dem Signifikanten. Denn Signifikanten können für alles stehen, was in ihnen nicht (direkt) gesagt ist (Lacan 1966, 505). In diesem Sinne werden Augen, Puppe, Sandmann usw. als Elemente eines (literarischen) Zeichensystems gelesen.

Das „Phantom unseres Ichs" erscheint als phantasmatisches Produkt des Spiegelstadiums, das bekanntlich „auf imaginäre und spiegelverkehrende Weise eine reale Zerrissenheit" (Kittler 1977a, 152) tilgt, denn über die Imago der Ganzheit des Körpers gelangt das Kind „zur scheinbaren Einheitsfunktion des Ich" (ibid., 151). Die von Nathanael in narzißtischer Weise begehrte Automatenpuppe Olimpia ist eine Entsprechung dieses phantasmatischen Ich; kein Wunder, daß sie in der psychotischen Krise zerfällt und auf die sozusagen prä-ödipalen, ja prä-imaginären Zerstückelungsphantasien Nathanaels zurückweist. Das Bild der Automatenpuppe ist also ein Korrelat der – nach Lacan immer vom Zerfall bedrohten – Imago des Ich, das nicht Herr der Bilder, sondern aus Bildern zusammengeleimt ist.

Das von der Zerstörung bedrohte Auge – Element der imaginären Beziehung zwischen Nathanael und Olimpia bzw. zwischen Kind und Mutter – wird nun, so Kittler, in der Erzählung wie in der Theorie Lacans, durch den Auftritt des Dritten (des Vaters bzw. Coppelius') zu einem Symbol des „Phallos, der seinerseits die Metapher der Vaterschaft wird" (ibid., 155). Da aber die Einführung in das Gesetz (der Familie, des Begehrens) im Namen-des-Vaters nicht gelinge – wegen des pathogenen „Lugs und Trugs" (ibid., 156), der Nathanaels Vorstellungen in bezug auf die wahre (nämlich begehrliche) Beziehung zwischen Mutter und Vater (bzw. Coppelius) mystifiziere –, befinde sich dieser fortan in der Gefahr des psychotischen Rückfalls in den imaginären und prä-imaginären Zustand, kehre der Schrecken der ursprünglichen Zerstückelung wieder.

Im Rückgriff auf Lacans Thesen in 'La Famille' (Lacan 1938, 72-77) weist nun Kittler einer solchen Pathologie und einer solchen Erzählung – als Phänomenen, die einer bestimmten Primärsozialisation entspringen – ihren historischen Ort zu: eben den der Konfundierung des realen mit dem symbolischen Vater in der Epoche des Verfalls der Vater-Imago: Damit ist aber auch der Psychoanalyse selbst ihr historischer Ort zugewiesen (Kittler 1977a, 159ff.): „Die Psychoanalyse verbleibt in jenem Diskursraum, der die Macht von Primärsozialisation erfunden und praktiziert hat" (Kittler 1978a, 112).

Der 'Sandmann'-Analyse Kittlers verwandt ist die 'Werther'-

Interpretation von Meyer-Kalkus (aus den 'Urszenen') (Meyer-Kalkus 1977); in ihr werden die psychotische bzw. narzißtische Existenz Werthers, seine Spiegelwelten und Allmachtsphantasien als Produkt einer *Verwerfung* (Lacans „forclusion") des Namens-des-Vaters begriffen, welche wiederum als ein (mögliches) Resultat der Urgeschichte bürgerlicher Subjektivität verstanden wird. Der durch die Verwerfung angezeigte Komplex gilt als Effekt einer „matriarchalischen Codierung des Begehrens unter den Bedingungen eines paternalistischen Regimes", welches sich indessen zunehmend durch die „Schwächung der väterlichen Rolle" auszeichne (ibid., 123). Des ewigen Jünglings Weigerung, in die symbolische Ordnung einzutreten bzw. das Gesetz der Vaterschaft zu akzeptieren, liefere diesen unweigerlich der Imago der Mutter – dem Imaginären – aus (ibid., 121), binde ihn an die mütterliche Lotte und überantworte ihn schließlich dem Todestrieb (ibid., 105), welchen Lacan mit der Sehnsucht nach der Mutter-Imago verknüpft habe (Lacan 1980, 52f.).

4. Helga Gallas

Eine rein an Lacan orientierte Textanalyse stellt Helga Gallas' Studie zu Kleists 'Michael Kohlhaas' dar (Gallas 1981). Gallas segmentiert zunächst das narrative Syntagma dieser Erzählung im Sinne des frühen Strukturalismus. Die Ausgangssituation ist die der scheinbar intakten Welt, in der Kohlhaas noch über das zu verfügen scheint, was er mit sich führt: die Pferde.

1. In der ersten Handlungs-Sequenz tritt Kohlhaas ein überlegener „Herausforderer", der Junker Wenzel von Tronka, entgegen, beraubt ihn der Pferde und erniedrigt ihn zum „Gedemütigten". Der Versuch einer Wiederherstellung der entwendeten bzw. ruinierten Pferde scheitert an der Verschwägerung des Junkers mit den Verantwortlichen im brandenburgischen und sächsischen Staatsapparat.

2. Die zweite Sequenz führt zu einer Umkehrung der Machtverhältnisse. Der Junker schmachtet im Stadtgefängnis zu Wittenberg und muß sich in Dresden dem Landgericht stellen. Seine Verwandten Hinz und Kunz nennen ihn einen „Nichtswürdigen". Nun ist er der „Gedemütigte", Kohlhaas indessen hat sich mit Hilfe seines Kriegshaufens selbst zum Machthaber ernannt.

3. Es kommt zu einer Wiederholung dieser zwei Sequenz-Typen. Die dritte Folge nämlich wirft Kohlhaas, der auf den Vermittlungsversuch Luthers eingeht und – dem Kurfürsten von Sachsen vertrauend – seinen Kriegshaufen auflöst, auf die Position des „Gedemütigten" zurück. Kohlhaas' Gegenspieler ist nun nicht mehr der Junker, sondern der Kurfürst selbst. Dieser tritt an die Stelle des ehemaligen „Herausforderers".

4. In Dahme – auf dem Weg nach Berlin, wo später der Kurfürst von Brandenburg das Todesurteil aussprechen wird – schlägt die Handlung ein drittes Mal um: die vierte Sequenz beginnt. Der Kurfürst von Sachsen erblickt die Kapsel am Hals des Kohlhaas, in der sich die Weissagung der Zigeunerin befindet; fortan ist er abhängig von Kohlhaas. Er erkrankt, siecht dahin. Sein letzter Versuch, die Weissagung zu erlangen, mißlingt, als Kohlhaas den Zettel mit der Prophezeiung vor seinen Augen verschlingt. Der Kurfürst fällt in Ohnmacht. Jetzt ist er in der Position des „Gedemütigten"; Kohlhaas, dessen beide Söhne nun ihr Erbe antreten werden, befindet sich H. Gallas zufolge in der Position des Überlegenen, auch wenn er mit dem Tode bezahlt.

H. Gallas meint nun über die Skelettierung des Erzählgerüstes hinausgehen zu können und behauptet, die vier Handlungs-Sequenzen seien Transformationen ein und derselben Struktur; die Elemente bzw. Positionen dieser Struktur (Personen, Pferde, Kapsel) seien nicht in ihrer realen, sondern nur in ihrer symbolischen Bedeutung zu verstehen, denn die Pferde z.B. seien durch die vom Kurfürst so begehrte Kapsel substituierbar, Kohlhaasens Ehefrau erscheine in der Zigeunerin (mit dem an die Ehefrau erinnernden Mal) wieder und der Junker Wenzel werde durch den sächsischen Kurfürsten ersetzt, ja, die Position des „Gedemütigten" könne mit der des „Herausforderers" wechseln.

Diese Substituierbarkeit wird auch begründet: Um die Pferde als reale und bestimmte Objekte scheint es Kohlhaas letztlich nicht zu gehen, denn spätestens zu dem Zeitpunkt, als er in den Besitz der Kapsel mit der Weissagung kommt, die er als Mittel der Rache gebraucht, verlieren sie an Bedeutung. – Auch um das Recht-Haben und Recht-Bekommen geht es am Ende nicht mehr, sondern nur noch um das sadistische „Quälen-Wollen" (ibid., 69).[15] Auch verlagert sich Kohlhaas' Haß vom Junker von Tronka auf den Kurfürsten von Sachsen, wodurch deutlich wird, daß beide Personen – quasi als metaphorische Signifikanten – auf etwas *jenseits* ihrer selbst verweisen, d.h. als Repräsentanten des Namens-des-Vaters in Erscheinung treten. Daß die Positionen des „Herausforderers" und des „Gedemütigten" wechseln können, macht deutlich, daß es weniger um reale Macht als vielmehr um eine Zirkulation von Symbolen der Macht (des „Phallus") geht.

Man kann also davon ausgehen, daß das Objekt des Begehrens – repräsentiert durch die Pferde und schließlich die Kapsel – wechselt, daß mithin auch diese Objekte als reale auf ein hinter ihnen sich verbergendes, sich entziehendes imaginäres Objekt des Begehrens verweisen – das verlorene „Objekt a", den „Phallus" als Symbol einer imaginären Einheit.[16] Sie fungieren als „Signifikanten des Begehrens, sofern sie es als bedrohtes, beschädigtes, verlorenes bezeichnen" (ibid., 80). So ist ihr eigentliches Objekt oder Signifikat nur in einer „Kette von Metaphern" gegeben, „die es vertreten bzw. verdecken" (ibid., 87).

Die Struktur (das Paradigma) des Erzähl-Syntagmas kann nun auf die ödipale Dreieckskonstellation bezogen werden, in der Kohlhaas die „Position des Sohnes einnimmt, der Landesvater die Position des Vaters und die Zigeunerin die zwischen ihnen vermittelnde mütterliche Instanz" (ibid., 73).

„Diese Mutter nun hat etwas, was dem Vater zugehört, diesem aber fehlt, (der Zettel), sie verehrt es dem Sohn, der damit das ersetzt, was ihm fehlt und was ihm der Vater geraubt hat (die Pferde)" (ibid., 73).

Es geht also um das Zirkulieren eines Signifikanten, der jeden Moment verloren gehen kann: „er ist nicht an seinem Platz, sondern fehlt dort, er taucht da auf, wo man ihn nicht vermutet[,] und wird nicht dort gefunden, wo man ihn sucht" (ibid., 74), sagt H. Gallas (mit deutlichem Anklang an Lacans Seminar zum 'entwendeten Brief' [Lacan 1973, 23 und passim]).

Der Signifikant wird lebendig, wenn das Begehren des Anderen ins Spiel kommt: Die Weissagung wird nur deshalb für Kohlhaas zum begehrten Objekt und zum Machtmittel, „weil dieser Zettel das Objekt des Begehrens eines anderen ist" (Gallas 1981, 71). Da das Begehren nach Lacan das Begehren des Anderen (nicht genitivus obiectivus, sondern partitivus) ist, entscheidet der Andere auch über Haben und Nicht-Haben, Phallus und Kastration (als ständig wechselnde Positionen). Der Signifikant bzw. Brief wird, so Lacan, wohin er auch geht, am entsprechenden Orte immer „sein *und* nicht sein" (Lacan 1973, 25).

Nicht nur *durch den Anderen* sind das Objekt des Begehrens

und der Signifikant gesetzt und bestimmt, das Objekt bzw. der Signifikant werden ununterbrochen zum *Anderen, sie ändern* sich. Denn das Gesetz des Signifikanten besteht darin,

„daß der Signifikant immer auf einen anderen verweist oder einen anderen substituiert. Das Kind muß etwas anderes begehren – daher die Definition des Wunsches, des Begehrens als Metonymie – und jedes neue Objekt des Begehrens ist ein Substitut, eine Metapher für das primäre, untersagte (verbotene) Objekt" (Gallas 1981, 77).

Denn das Subjekt ist ja „gezwungen, etwas anderes zu begehren als das, was es ursprünglich begehrte" (ibid., 87).

H. Gallas bezieht also die Struktur der Erzählung auf die Ursprünge des Begehrens: die Trennung von Kind und erstem Liebesobjekt, von Signifikant und fortan unerreichbarem Signifikat; sie bezieht sie auf die Ursprünge der Substituierbarkeit von Vater- und Mutterimagines, von Autoritäts- und Wunsch-Bildern. Metaphorische Substitution und metonymische Verschiebung sind unabänderliches Gesetz der „symbolischen Ordnung". – Und da dieses Gesetz vor der literarischen Fiktion nicht haltmacht, meint H. Gallas mit Lacans Hilfe nicht nur eine partikulare (psychologische) Schicht der Erzählung freigelegt, sondern am Text – als einem sprachlichen – die (spezifische) Artikulation eines *universellen* Gesetzes demonstriert zu haben: d.h. die (spezifischen) Formen des doppelten (bewußt-unbewußten) Diskurses des gespaltenen, durchgestrichenen Subjekts. – Daher eröffnet für sie Lacan ein Verfahren, das über die vordergründige Eigentlichkeit literarischer Texte hinauszugehen gestatte, das Wörtlich-Reale, das bewußt Symbolisierte, das Philosophische oder das Soziale des Textes zu überschreiten erlaube.

H. Gallas hat in einem weiteren Essay Kleists' 'Penthesilea' auf Lacans Theorie des hysterischen Diskurses (Lacan 1969/70) zu beziehen versucht (Gallas 1986). Das ausweichende und schließlich wahnhaft-aggressive Verhalten Penthesileas setzt sie parallel zu Lacans Hysterie-Theorie: „Das Begehren wird durch die dauernde Verhinderung der Befriedigung aufrechterhalten; es ist das Begehren, ein unbefriedigtes Begehren zu haben" (ibid., 204). Sie wünscht Kaviar, will aber keinen – so Lacans Formel für das Begehren der Hysterikerin (Lacan 1973, 211f.). Penthesilea wird H. Gallas zufolge zum Opfer einer solchen Paradoxie.

5. Kafka und die Moderne

Barthes hat als Charakteristikum des modernen Textes die ungerichtet-reversible Vielfalt seiner semischen und symbolischen Verweise – sein „Plurales" – angegeben (1976, 34f.). Dieses „Plurale" entdeckten G. Deleuze und F. Guattari in Kafkas Texten (1975). Einen labyrinthischen Bau, ein Gestrüpp, ein „Rhizom" (1976, 7), das keine Festlegung auf ein Signifikat erlaube, glauben sie in Kafkas Werk erkennen zu müssen: „Bewußt zerstört Kafka alle Metaphern, alle Symbolismen, jede Bedeutung und jede Designation" (ibid., 32). Diese (logisch unhaltbare) These eines sozusagen absoluten Anti-Logozentrismus stellt eine Radikalisierung des Lacanschen Theorems vom „[Gleiten des Signifizierten] unter dem Signifikanten" (Lacan 1975, 27) dar. Dem Anti-Logozentrismus verbindet sich der Anti-Phallozentrismus: Kafkas Texten wird auch eine subversive, anti-ödipale, anti-familiale Intention, eine „deterritorialisierende" Kraft, zugesprochen. Dieser Gedanke stellt eine – gegen Phallo- und Ödipus-Zentrismus gerichtete – Radikalisierung der Lacanschen Historisierung (Lacan 1938) des Ödipus-Komplexes dar: Der Ödipus-Komplex, die Doppelheit von „Phallus" und „Kastration" usw. werden als historische (also vergängliche) Resultate der bürgerlich-kapitalistischen Fixierung an die Familienstruktur begriffen. – Kafka habe durch schizoide Übertreibung und Verzerrung die paranoide Beschränkung des Begehrens auf die Familie und das ödipale Dreieck satirisch ad absurdum geführt.

Meine eigenen Studien zu Kafka (Hiebel 1983; 1984) gehen an verschiedenen Stellen auf Lacan zurück; die Methode ist als die des parasprachlichen Kommentars zu verstehen, der kongeniale Parallelen zwischen werkimmanenten Textbefunden und Lacanschen Theoremen (des Imaginären, des Namens-des-Vaters, der symbolischen Kastration) aufzuweisen versucht. In den 'Zeichen des Gesetzes' werden aus den Kafkaschen Fragmenten, dem 'Urteil', der 'Strafkolonie' und dem 'Prozeß' Strukturen des Imaginären (Spiegelungen, Narzißmen), Zeichen des abwesenden „Symbolischen Vaters" bzw. „Toten Vaters" (Lacan 1975, 89) und Bilder der „symbolischen Kastration" (dem Korrelat der Selbstbestrafungs- und Schuld-Neurose) herausgehoben.

Die Studie zu Kafkas Erzählung 'Ein Landarzt' (Hiebel 1984), die nicht als „Traum"-Text im Sinne der Semiotik symptomati-

scher Primärprozesse, sondern als *Simulation* der Semiose des Unbewußten verstanden wird, illustriert im „Kommentar" die bei
Kafka in Szene gesetzte endlose Verschiebung des Signifikats, das
immer wieder in die Position des Signifikanten rutscht. Zentrum
der Analyse ist die metonymische wie metaphorische Relation
zwischen „Rosa", dem Dienstmädchen des Ich-Erzählers, und der
Beschreibung der Wunde seines männlichen Patienten: „Rosa, in
vielen Schattierungen ..." (zit. in: Hiebel 1984, 36ff.). Es etabliert
sich eine (kreisförmige) Kette von metaphorischen Substitutionen,
ein Metaphern-Zirkel: „Rosa", die rosa „Wunde" (eine Metonymie
macht deutlich, wofür sie als Metapher steht: „in der Hüften-
gegend" befindet sie sich), die „rot eingedrückten Zahnreihen",
herrührend vom Biß des Knechts, ein „blutiges Handtuch", der
„Schweinestall" usw. formieren die (zirkuläre) Kette der einander
(wechselseitig!) ersetzenden Signifikanten. Da jedes Element
dieser Kette sowohl in der Position des Signifikanten als auch –
für einen Moment – in der Position des Signifikates stehen kann –
steht Rosa für die Wunde? Oder die Wunde für Rosa? –, wird die
Fixierung eines letzten Signifikates verhindert bzw. hinausgescho-
ben: Das Signifikat entzieht sich wie/als das Objekt des Begehrens
(sei es der „Phallus" oder das „Objekt klein a"). Der zirkelhafte
bzw. reversibel angelegte Text – eine strukturale Partitur – inszeniert das Changieren zwischen „Phallus" und „Kastration", Haben
und Nicht-Haben.

Auf die Unfaßbarkeit des sich entziehenden Signifikats (des
Begehrten und Verlorenen) weist Kafka häufig genug hin: Seine
eigene Lungenwunde, die er im 'Landarzt' voraussagte,[17] ist ihm
nur „ein Sinnbild", „Sinnbild der Wunde, deren Entzündung F.
[Felice Bauer] und deren Tiefe Rechtfertigung"[18] heiße. Das Subjekt ist gespalten, es verfügt nicht über den von und in ihm abge-
spaltenen, ausgesperrten Teil.

So zeigt sich am 'Landarzt', daß das Subjekt des Textes nur in
einer permanenten Aufschubbewegung („différance") faßbar ist,
und daß es – um mit einem letzten Hinweis auf Lacan abzuschlie-
ßen – in verschiedene, imaginäre Bilder oder Spiegelungen zerfällt: Arzt, Patient, Knecht und sogar Magd sind Imagines ein und
derselben Person: „Das Ich gleicht verschiedenen übereinander an-
gezogenen Mänteln, die dem entliehen sind, was ich den Plunder
seines Zubehörladens nennen würde" (Lacan 1980a, 220).

Anmerkungen

1 Lacan 1971, 3: „Von 'a letter' zu 'a litter', von einem Brief – übersetze ich – zu einem Stück Dreck".
Mit einem Wortspiel, das von dem im Motto zitierten Sprachspiel James Joyces' ausgeht, versucht Lacan den Status von Literatur als den eines „Briefes" und eines Stück „Drecks" oder „Abfalls" zu bestimmen: Das Spiel führt von letter/litter zu: litura, liturarius, rature, terre, littoral, littéral usw.: „Rature d'aucune trace qui soit d'avant, c'est qui fait terre du littoral. *Litura* pure, c'est le littéral" (ebd., 7).

2 Lacans Thèse/Dissertation stellt die Analyse einer psychotischen Frau dar: Jacques Lacan: De la psychose paranoiaque dans ses rapports avec la personnalité, Paris 1932.

3 Bedauerlicherweise hat sich der un- oder 'post'-geschichtliche Terminus „Poststrukturalismus" gegenüber dem des „Neostrukturalismus" – wie er z.b. verwendet wird in: Manfred Frank, Was ist Neostrukturalismus?, Frankfurt a.M. 1985 – nicht durchgesetzt. Auch „Spätstrukturalismus" schiene angebracht, da für den Neostrukturalismus in allen Fällen – trotz radikaler Innovationen und tatsächlicher Umkehrungen – der „Strukturalismus" gleichwohl immer die Ausgangs-Basis darstellt.

4 Die relativ festen Termini *désir* (Begehren, zuweilen als „Verlangen", „Begierde" übersetzt), *demande* (Bitte, Anspruch, Verlangen; die Übersetzung mit „Verlangen" kann zu Verwirrung führen, da auch *désir* bisweilen mit dieser Vokabel wiedergegeben wird), *besoin* (Bedürfnis) hat Lacan jedoch erst nach 1938 herausgebildet. Vgl. Die Bedeutung des Phallus (1958), in: Lacan 1975, 119-132, bes. 126f.

5 An dieser Stelle artikuliert Lacan den Gedanken der *Historizität* psychischer Strukturen und psychologischer Diskurse.

6 Mit „symbolischer Kastration" ist weniger eine reale Kastrations-Drohung bzw. -Angst als vielmehr – in allgemeiner und symbolischer Weise – die Separation von Mutter und Kind überhaupt gemeint.

7 Vgl. Moi 1985, 109f. und passim (bes. zu Hélène Cixous, Luce Irigaray, Julia Kristeva).

8 Jean Baudrillard, Der symbolische Tausch und der Tod, München 1982, 17.

9 Vgl. Sigmund Freud, Über Träume und Traumdeutungen, Frankfurt a.M. 1971 (= Fischer TB 6073), 43.

10 Vgl. Sigmund Freud, Die Traumdeutung, Studienausgabe Bd. II, Frankfurt a.M. 1972, 126ff. („Irmas Injektion"). Vgl. dazu Hiebel 1978.

11 Allgemeine, nicht speziell auf Poesie/Literatur bezogene Rekonstruktionen der Theorie Lacans unternahmen: A. Lemaire, H. Lang, S. Weber und G. Teichmann.

12 Vgl. z.B. Henninger 1981; daß in Musils ' Tonka' sich in die intendierte Erzählung der Reinheit auch ein Diskurs der Unreinheit ein-
   mischt, verknüpft Henninger am Ende mit der Lues-Infektion Musils
   und dem Abortus von dessen Freundin Herma Dietz; Henninger
   1981, 419 und passim.

13 Kittler 1977; 1977a; 1978; 1978a; 1981; Friedrich A. Kittler, Das
   Fräulein von Scuderi (Ms. eines Vortrags; erscheint demnächst in ei-
   nem Sammelband der Aufsätze von F.A. Kittler: Dichter – Mutter –
   Kind, München 1990).

14 Vgl. Alexander Mitscherlich (Hg.), Psycho-Pathographien I. Schriftsteller und Psychoanalyse, Frankfurt a.M. 1972.

15 Kohlhaas möchte dem Kurfürsten sagen: „du kannst mich auf das
   Schafott bringen, ich aber kann dir weh tun, und ich wills!" Heinrich
   von Kleist, Sämtliche Werke, hrsg. von Helmut Sembdner, 2 Bde.,
   München ⁶1977, Bd. 2, 86.

16 Ich übergehe hier die biologistisch-realen, von Lacans Symbolismus
   abweichenden Deskriptionen bei H. Gallas (z.B. Gallas 1981, 74f.).

17 Vgl. Hiebel 1984, 88.

18 Zit. ibid., 90. Kafka kommt Lacan nahe, wenn er sagt: „Ich nenne es
   nicht Krankheit und sehe in dem therapeutischen Teil der Psychoanalyse einen hilflosen Irrtum" zit. ibid., 94.

Literatur

1. Schriften von Jacques Lacan

Lacan, Jacques, 1938: La Famille, in: Encyclopédie française, Bd. 8, hrsg.
   v. Henri Wallon, Paris, 8.40-3 – 8.40-16 und 8.42-1 – 8.42-8.
–, 1966: Écrits, Paris.
–, 1969/70: L'envers de la psychanalyse, Paris (= Ms. einer Nachschrift
   des Seminars XVII).
–, 1971: Lituraterre, in: Littérature, Nr. 3 (Oktober 1971), 3-10.
–, 1973: Schriften I, hrsg. v. N. Haas, Olten (und – seitenidentisch –
   Frankfurt a.M. 1975).
–, 1975: Schriften II, hrsg. v. N. Haas, Olten und Freiburg i.Br.
–, 1976: La femme n'existe pas, in: Das Lächeln der Medusa. Texte von
   Hélène Cixous, Cathérine Clément, Luce Irigaray, Jacques Lacan,
   Julia Kristeva u.a., = alternative 108/109 (1976), 160-164 (= Übersetz-
   zung eines Kapitels aus 'Encore').
–, 1978: Die vier Grundbegriffe der Psychoanalyse. Das Seminar XI
   (1964), Olten/Freiburg i.Br.
–, 1978a: Freuds technische Schriften. Das Seminar I (1953-54), Olten/
   Freiburg i.Br.

—, 1980: Schriften III, Olten und Freiburg i.Br.
—, 1980a: Das Ich in der Theorie Freuds und in der Technik der Psychoanalyse. Das Seminar II (1954-55), Olten/Freiburg i.Br.
—, 1986: Encore. Das Seminar XX (1972/73), Berlin.

Wichtige Titel aus den genannten Bänden:

—, Die Familie, in: Schriften III, Olten und Freiburg i.Br. 1980, 39-100.
—, Das Seminar über E.A. Poes 'Der entwendete Brief ' ['La Lettre vo-
lée'], in: Schriften I, Olten 1973, 7-61.
—, Das Spiegelstadium als Bildner der Ichfunktion, wie sie uns in der
psychoanalytischen Erfahrung erscheint, in: Schriften I, Olten 1973,
61-70.
—, Funktion und Feld des Sprechens und der Sprache in der Psychoana-
lyse, in: Schriften I, Olten 1973, 71-169.
—, Das Drängen des Buchstabens im Unbewußten oder die Vernunft seit
Freud, in: Schriften II, Olten und Freiburg i.Br. 1975, 15-59.

2. Schriften zu Jacques Lacan

Deleuze, Gilles/Guattari, Félix, 1974: Anti-Ödipus. Kapitalismus und
Schizophrenie I, Frankfurt a.M.
Derrida, Jacques, 1972: Freud und der Schauplatz der Schrift, in: Die
Schrift und die Differenz, Frankfurt a.M., 302-350.
—, 1976: Randgänge der Philosophie: Die différance. Ousia und
gramme, Fines hominis, Signatur-Ereignis-Kontext, Frankfurt a.M./
Berlin/Wien.
Lang, Hermann, 1973: Die Sprache und das Unbewußte. Jacques Lacans
Grundlegung der Psychoanalyse, Frankfurt a.M.
Laplanche, J./Pontalis, J.B., 1973: Das Vokabular der Psychoanalyse, 2
Bde., Frankfurt a.M.
Lemaire, Anika, 1977: Jacques Lacan, Brüssel.
Müller, Marlene, 1988: „Wir müssen uns erinnern, sonst wird sich alles
wiederholen" – Anregungen zum Nachdenken über das Geschlechts-
verhältnis, angeleitet von Jacques Lacan, in: Frauen – Literatur – Po-
litik, Hamburg (= Argument-Sonderband AS 172/173), 23-30.
Safouan, Moustafa, 1973: Die Struktur in der Psychoanalyse. Beitrag zu
einer Theorie des Mangels, in: Wahl, François (Hg.): Einführung in
den Strukturalismus, Frankfurt a.M., 259-321.
—, 1974: Études sur l'Oedipe. Introduction à une théorie du sujet, Paris.
Seifert, Edith, 1987: 'Was will das Weib?' Zu Begehren und Lust bei
Freud und Lacan, Berlin.
Teichmann, Gottfried, 1983: Psychoanalyse und Sprache. Von Saussure
zu Lacan, Würzburg.
Weber, Samuel M., 1978: Rückkehr zu Freud. Jacques Lacans Ent-stel-
lung der Psychoanalyse, Frankfurt a.M./Berlin/Wien.

Appelt, Hedwig, 1988: Die leibhaftige Literatur. Das Phantasma und die Präsenz der Frau in der Schrift, Berlin.

Barthes, Roland, 1976: S/Z, Frankfurt a.M.

Cixous, Hélène, 1974: Prénoms de personne, Paris.

Deleuze, Gilles/Guattari, Félix, 1975: Kafka. Pour une littérature mineure, Paris.

–, 1976: Kafka. Für eine kleine Literatur, Frankfurt a.M.

Derrida, Jacques, 1975: Le facteur de la verité, in: Poétiques 21 (1975), 96-147. (Über Lacans Seminar zu Poes 'The Purloined Letter' / 'La Lettre volée').

Eagleton, Terry, 1988: Einführung in die Literaturtheorie, Stuttgart.

Gallas, Helga, 1981: Das Textbegehren des 'Michael Kohlhaas'. Die Sprache des Unbewußten und der Sinn der Literatur, Reinbek.

–, 1986: Kleists 'Penthesilea' und Lacans vier Diskurse, in: Stephan, Inge und Pietzcker, Carl (Hg.): Frauensprache – Frauenliteratur? – Für und Wider einer Psychoanalyse literarischer Werke, Tübingen (= Schöne, Albrecht [Hg.], Akten des VII. Internationalen Germanisten-Kongresses. Kontroversen, alte und neue, Göttingen 1985, Bd. 6), 203-213.

Hagestedt, Jens, 1988: Die Entzifferung des Unbewußten. Zur Hermeneutik psychoanalytischer Textinterpretation, Frankfurt a.M./New York/Paris.

Henninger, Peter, 1980: Der Buchstabe und der Geist. Unbewußte Determinierungen im Schreiben Robert Musils, Frankfurt a.M.

–, 1981: Der Text als Kompromiß. Versuch einer psychoanalytischen Textanalyse von Musils Erzählung 'Tonka' mit Rücksicht auf Jacques Lacan, in: Urban, Bernd/Kudszus, Winfried (Hg.): Psychoanalytische und psychopathologische Literaturinterpretation, Darmstadt 1981, 398-420.

Hiebel, Hans H., 1978: Witz und Metapher in der psychoanalytischen Wirkungsästhetik, in: GRM 28 (1978), 129-154.

–, 1983: Die Zeichen des Gesetzes. Recht und Macht bei Franz Kafka, München.

–, 1984: Franz Kafka – 'Ein Landarzt', München (= UTB 1289).

Johnson, Barbara, 1985: The Critical Difference. Essays in the Contemporary Reading, Baltimore/London (1. Aufl. 1980) (Zu Lacans 'La Lettre volée', 110-147).

Kittler, Friedrich A./Turk, Horst (Hg.), 1977a: Urszenen. Literaturwissenschaft als Diskursanalyse und Diskurskritik, Frankfurt a.M.

–, 1977: „Erziehung ist Offenbarung". Zur Struktur der Familie in Lessings Dramen, in: Jahrbuch d. Dt. Schillergesellschaft 21 (1977), 111-137.

—, „Das Phantom unseres Ichs" und die Literaturpsychologie: E.T.A. Hoffmann – Freud – Lacan, in: Kittler, Friedrich A./Turk, Horst (Hg.): Urszenen, Frankfurt a.M. 1977, 139-166.

—, 1978: Über die Sozialisation Wilhelm Meisters, in: Kaiser, Gerhard/ Kittler, Friedrich: Dichtung als Sozialisationsspiel, Göttingen, 13-124.

—, 1978a: Der Dichter, die Mutter, das Kind. Zur romantischen Erfindung der Sexualität, in: Brinkmann, R. (Hg.): Romantik in Deutschland, Stuttgart (= DVjS Sonderband), 102-114.

—, 1981: Die Irrwege des Eros und die „absolute Familie". Psychoanalytischer und diskursanalytischer Kommentar zu Klingsohrs Märchen in Novalis' 'Heinrich von Ofterdingen', in: Urban, Bernd/Kudszus, Winfried (Hg.): Psychoanalytische und psychopathologische Literaturinterpretation, Darmstadt, 421-470.

Kittler, Wolf, 1984: Brief oder Blick. Die Schreibsituation der frühen Texte von Franz Kafka, in: Kurz, Gerhard (Hg.): Der junge Kafka, Frankfurt a.M., 40-67.

—, 1985: Der Turmbau zu Babel, das Schweigen der Sirenen und das tierische Pfeifen. Über das Reden, das Schweigen, die Stimme und die Schrift in vier Texten von Franz Kafka, Erlangen (Diss. Erlangen 1978).

Kristeva, Julia, 1974: La Révolution du langage poétique, Paris.

Meyer-Kalkus, Reinhart, 1977: Werthers Krankheit zum Tode. Pathologie und Familie in der Empfindsamkeit, in: Kittler, Friedrich A./Turk, Horst (Hg.): Urszenen, Frankfurt a.M. 1977, 76-139.

Moi, Toril, 1985: Sexual/textual Politics. Feminist Literary Theory, London/New York.

Wright, Elizabeth, 1984: Psychoanalytic Criticism, London (zu Lacan: 107-133).

—, 1985: Klassische und strukturalistische Ansätze der psychoanalytischen Literaturforschung, in: Hörisch, Jochen/Tholen, Georg Christoph (Hg.): Eingebildete Texte. Affairen zwischen Psychoanalyse und Literaturwissenschaft, München, 26-48.

—, 1986: Lacan und Literaturanalyse, in: Stephan, Inge und Pietzcker, Carl (Hg.): Frauensprache – Frauenliteratur? – Für und Wider einer Psychoanalyse literarischer Werke, Tübingen (= Schöne, Albrecht [Hg.], Akten des VII. Internationalen Germanisten-Kongresses. Kontroversen, alte und neue, Göttingen 1985, Bd. 6), 213-220.

Wünsch, Marianne, 1977: Zur Kritik der psychoanalytischen Textanalyse, in: Klein, Wolfgang (Hg.): Methoden der Textanalyse. Heidelberg, 45-60.

Symptomatische Lektüre und historische Funktionsanalyse (Louis Althusser)

Klaus-Michael Bogdal

> „Was bleibt. Einsame Texte, die auf Geschichte warten."

1.

In einem Gespräch mit der Zeitschrift 'alternative' bemerkt Heiner Müller, daß die Texte von Althusser für ihn keinerlei Materialwert besäßen, da sie Fragen stellten, die er „nicht mehr relevant finde" (H. Müller, „Mich interessiert der Fall Althusser...", Althusser 1981, 71). Bei Althusser sei ein Punkt erreicht, „wo Begriffe nichts mehr greifen. ... Das greift überhaupt nichts mehr, keine Realität mehr" (ibid., 72). Das erinnert nicht nur an Müllers eigene Stücke aus den letzten Jahren, sondern auch an die vorangegangene 'Absage' an Brecht, in der er äußert, daß eine „Theorie ohne Basis" nicht sein Metier sei.[1] Es ist die Absage an eine marxistische Denktradition, deren Bezugspunkt, der Klassenkampf der unterdrückten Massen, in den Schrecknissen der Geschichte und den globalen Bedrohungen der Gegenwart verlorengegangen scheint. Doch Heiner Müller übersieht, daß es gerade der Philosoph Althusser war, der in einem dekonstruktiven Prozeß den Marxismus bis zum Nullpunkt hin durchdacht (vgl. 'Über die Krise des Marxismus' 1978) und damit für die gegenwärtige Realität offengehalten hat. Warum sollte für Althussers Werk nicht gelten, was Müller für seine früheren Stücke erhofft: „Einsame Texte, die auf Geschichte warten."[2]

Es sollte jetzt schon klar geworden sein, was wir hier nicht leisten können – eine homogene Darstellung des theoretischen Gebäudes des neben Lukács und Bloch bedeutendsten marxistischen Philosophen des 20. Jahrhunderts. Die größte Schwierigkeit bei

der Einführung in zentrale Motive seines Denkens, und darum soll
es uns einzig gehen, finden wir im Grundprinzip seines Philoso-
phierens selbst, das E. Balibar in einem in mehrerer Hinsicht be-
merkenswerten Aufsatz aufgezeigt hat. ('Schweig weiter, Althusser!', in: Hahn/Schöttler 1988, 6-12.)

Althussers Denken ist bei aller generalisierenden Schematik
und definitorischen Strenge immer auch selbstkritisch (vgl. 1975),
eigensinnig und gegen-sinnig, advokatorisch und subversiv zugleich, es *verwirklicht,* so Balibar,

„was Heidegger und Derrida theoretisch beschrieben haben: die ungleich-
zeitige Einheit von Worten und ihrer 'Durchstreichung'. Aber ein Durch-
streichen, das die Worte sichtbar läßt, um ihre Nichtwahrheit zu sagen –
der einzig vorhandene Zugang zur Wahrheit, die sie enthalten" (in: Hahn/
Schöttler 1988, 8) [→ *Dekonstruktion*].

Deshalb darf unsere Darstellung nicht 'historizistisch', um einen
Begriff Althussers aufzugreifen, auf eine Genese der selbstkriti-
schen Bewegung hinauslaufen. Späteres muß nicht 'wahrer' sein
als Früheres, wenn der Darzustellende selbst Philosophie als geschlossenen Ort des Wahren verlassen hat, um sich auf dem „Kon-
tinent der Geschichte" (vgl. 1972) im Offenen zu bewegen. Wir
werden also einige Durchstreichungen wegradieren müssen, um
die Worte besser entziffern zu können.

Vielleicht ist es heute notwendig hinzuzufügen, daß man nicht
'Marxist' sein muß, um Althusser zu lesen. Seine Arbeiten markieren wie die von Foucault [→ *Historische Diskursanalyse*] und
Derrida [→ *Dekonstruktion*] ein Denken jenseits von Phänomenologie, Existentialphilosophie, Kritischer Theorie und von Kriti-
schem Rationalismus, Positivismus und Strukturalismus, die seit
den sechziger Jahren die Theorie, Methode und Forschung der
Geistes- und Gesellschaftswissenschaften nachhaltig beeinflußt
haben.

Ein oberflächlicher Zugang zum Werk Althussers ist sicher
über seine Beziehungen zum Strukturalismus und zur französischen Epistemologie möglich, denen er im Montageverfahren
einen Teil seines methodischen Instrumentariums entleiht. Es gibt
jedoch Momente, die auf eine grundlegende und tiefere Beziehung
zur Tradition neuzeitlicher politischer Philosophie seit Machiavelli
weisen (1987), in der es um das Problem geht, trotz der Widersprüche, Brüche und Differenzen zwischen Natur und Gesellschaft, im Leben der Individuen, in den ökonomischen, sozialen,

kulturellen und politischen Systemen und schließlich in der Geschichte eine nichtpragmatische oder -zynische[3] *Position* zu gewinnen, die ein aktuelles und historisches Wissen nicht primär über 'die Dinge', sondern über ihr 'Funktionieren' ermöglicht. Und das in Abgrenzung zu einer metaphysischen Tradition der Philosophie, als Lösung eine anthropologische, ontologische oder transzendentale Einheit zu denken – und zu deren 'nihilistischer' Negation, das „Chaos zu schreiben".[4]

Althusser nimmt unausgesprochen in säkularisierter Form das am Beginn des neuzeitlichen Denkens stehende rationalistische Projekt Pascals auf, das Endliche im Unendlichen zu denken. Es geht um eine Position, die eine Verortung und Legitimierung der eigenen philosophischen Praxis 'vor der Geschichte' erlaubt und Sinnstrukturen (nicht substantialistische Sinngebung) zu ergreifen vermag, um eingreifendes Handeln *(Interventionen)* zu ermöglichen.

Konkret präsentieren die Arbeiten Althussers eine philosophische Radikalisierung des marxistischen Postulats der „Einheit von Theorie und Praxis". Das ist sicherlich „ein Denken an den Grenzen" (Hahn/Schöttler 1988), das die Identität des Marxismus – als transparentes Wissen von sich selbst – auflöst und im übrigen die Faszination, die Freuds Theorie des Unbewußten auf Althusser ausübt (1970; 1977), erklärt.

Gemäß der Anleihe bei der Psychoanalyse stellt sich die Auseinandersetzung mit den konstituierenden Elementen des Marxismus (und damit der modernen Gesellschaftswissenschaften) als *Dezentrierung* dar. Sie werden nach Spinozas Prinzip „determinatio est negatio" ihrer evidenten, 'ideologischen' Funktion entkleidet und als *Thesen* an den Rändern des Denkens sistiert. Dabei geht es Althusser seit seinem ersten Buch 'Für Marx' (1968) nicht um eine *Interpretation* des durch Erfahrung, Sprache und Institutionalisierungen Sichtbaren, sondern darum, das Ungedachte, die 'Tiefenstrukturen' von Individuen, Gesellschaft und Geschichte, deren 'Sprache' zu dekodieren (wie Freud die 'Sprache' des Unbewußten zu entschlüsseln suchte).

Die beiden ersten Bücher 'Für Marx' und 'Das Kapital lesen' (1972) sind als Versuch zu verstehen, die stalinistischen Verfestigungen des Marxismus in Gestalt der unglückseligen „gesetzmäßigen Einheit von Dialektischem und Historischem Materialismus" aufzusprengen und der Philosophie ihre Produktivität wiederzu-

geben. „*Der Marxismus ist keine (neue) Philosophie der Praxis,
sondern eine (neue) Praxis der Philosophie*" (1974, 44).

In seinem Aufsatz 'Über die materialistische Dialektik' (1968)
und in der Vorlesung 'Philosophie und spontane Philosophie der
Wissenschaftler' (1985) dekonstruiert Althusser das Phantasma einer Lehre von den „allgemeinen Gesetzmäßigkeiten der Natur, der
Gesellschaft und des Denkens" und weist den normativen Geltungsanspruch gegenüber den Wissenschaften zurück, deren Erkenntnisse nach dem 'Dialektischen Materialismus' einzig als Abbildungen präexistenter dialektischer Gesetze Wahrheitscharakter
hätten. In 'Das Kapital lesen' und 'Lenin und die Philosophie'
(1974) dekonstruiert er den 'Historischen Materialismus' als Lehre
von den „allgemeinen Bewegungs- und Entwicklungsgesetzen der
menschlichen Gesellschaft", indem er vermittels der Re-Lektüre
von Marx und Lenin die konstituierenden Begriffe der marxistischen Geschichtsphilosophie einer epistemologischen Prüfung
unterzieht.

Schließlich kommt mit der fragmentarischen Skizze 'Ideologie
und ideologische Staatsapparate' (1973; 1977) ein primär kon-
struktives Element hinzu, die prekäre Frage nach der Seinsweise
und der Funktion des 'Subjekts' bei der Reproduktion der gesellschaftlichen Verhältnisse. Indem Althusser die Philosophie als Ga-
rantien der *Politik in der Theorie* und der *Theorie in der Politik*
beschwört, überschreitet er bei all seinen riskanten theoretischen
Unternehmungen dennoch die Grenze einer marxistischen *politischen* Philosophie nicht. Adressat bleibt von der ersten bis zur
letzten Zeile ein imaginäres oder reales Proletariat. Diese Blick-
richtung hat, solange die Geschichte 'noch stimmte', wesentliche
Erkenntnisse befördert, jedoch mit dem Verschwinden des bisherigen Dialogpartners zum (vorläufigen) Stillstand geführt.

2.

Althusser gehört zu den wenigen Denkern der Gegenwart, die die
alte philosophische Tugend des 'Schweigens' beherrschen, genauer, die sich zu theoretischen Evidenzen nicht äußern oder sie
durch Kommentare vervielfältigen, sondern ihre Arbeiten auf stra-
tegische *Einsätze* beschränken. Wir wollen dem bei der Darstellung folgen und uns auf die produktiven und innovativen Elemente

beschränken, ohne allerdings deren Schwächen zu verschweigen. Es sind drei erkennbare 'Einsatzorte', an denen er seine Thesen entwickelt:

- das Feld der *wissenschaftlichen Praxis* selbst,
- das Denken von *Geschichte,*
- der Raum der *Ideologie* und der Ort des *Subjekts.*

Was die Einsätze an allen 'Orten' des Denkens verbindet, ist eine dialektische „Philosophie der Undurchsichtigkeit des Unmittelbaren" (1972, 16). Deshalb reflektiert Althusser in seinen ersten Arbeiten immer wieder die wissenschaftliche Praxis im Blick auf die *Bedingungen,* die sie in Abgrenzung zur *Ideologie* als solche konstituiert. Er stellt ihre diskursive Einheit in Frage und versucht durch die Beschreibung ihrer ideologischen *Effekte* eine (historische) wissenschaftliche Homogenität zu rekonstruieren, die er als *Problematik* (problématique) einer Wissenschaft bezeichnet. Ein Begriff, ein Problem oder eine Definition sind danach nicht der transparente Ausdruck einer Weltanschauung, sondern nur „auf dem Terrain und vor dem Horizont einer bestimmten theoretischen Struktur" (1972, 28), d.h. innerhalb eines Systems differentieller Verweisungen zu verstehen. Statt also den Text (oder die Geschichte) als einen an der Oberfläche befindenden Ausdruck einer inneren Bedeutung zu 'nehmen', der einer verstehenden *Interpretation* bedarf, geht Althusser von einer Fremdheit und Unerschöpflichkeit des Objekts aus, die nur partiell durch den produktiven Akt der *Erkenntnisproduktion* (production d'une connaissance) (vgl. 1968, 124-137) bzw. durch eine *symptomatische Lektüre* (lecture symptomale) überwunden werden können.

Ziel der symptomatischen Lektüre ist weder eine wissenssoziologische Analyse der Genese der wissenschaftlichen Aussagen noch die ideologiekritische Suche nach dem Unterdrückten und auch nicht die Rekonstruktion der eigentlichen Wahrheit, sondern die Produktion *neuen* Wissens, das in der Sprache des Textes (oder in den Ereignissen der Geschichte) verborgen ist – in strukturalistischer Terminologie: die Realität des (strukturell) Unsichtbaren.

Dieses Ziel ist nur durch die Verabschiedung zweier traditioneller hermeneutischer Prämissen erreichbar:

- der These von der Vollständigkeit des Werks und seiner Präsenz in der Geschichte

- der These vom Autor als 'Herr' des Sinns seines Werks, d.h. als Abschied vom „Mythos von der Wahrheit, die in der Schrift wohnt" (1972, 17).

Für Althusser ist der Text (die Geschichte) „das unhörbare und unlesbare Sichbemerkbarmachen der Auswirkungen einer Struktur der Strukturen" (1972, 17). Die symptomatische Lektüre nun soll das Schweigen des Textes (der Geschichte) zum Reden bringen, indem sie die Leerstellen sichtbar macht, die konstituierenden Begriffe in paradigmatische und syntagmatische Beziehungen [→ *Semiotische Diskursanalyse*] zueinander setzt und *Verschiebungen* und *Verdichtungen* [→ *Dekonstruktion*] aufdeckt. Sie negiert die Evidenzen des gegebenen Objekts und sucht es als Teil eines (neuen) *Erkenntnisobjekts* zu konstituieren. Der Blick richtet sich

„auf eine notwendige aber unsichtbare Relation zwischen dem Feld des Sichtbaren und dem Feld des Unsichtbaren, eine – Relation, welche die Notwendigkeit des dem Unsichtbaren eigenen Feld als einen notwendigen Effekt der Struktur des sichtbaren Feldes bestimmt" (1972, 21).

An dieser Stelle ist es zur Veranschaulichung angebracht, auf den Freudschen Terminus *Symptom,* das sichtbare 'andere' des nur durch seine Wirkungen wahrnehmbaren *Unbewußten,* hinzuweisen. Auch bei Freud ('Die Verdrängung', 1915) ist das Symptom im Rahmen der Neurosenlehre nicht einfach Zeichen einer Verdrängung, sondern das von diesem Vorgang unabhängige Ergebnis einer psychischen Bearbeitung, der „Wiederkehr des Verdrängten" durch Verschiebung, Verdichtung usw. Insofern ist das Symptom nicht ein Element der (sichtbaren) Ich-Struktur, sondern Element einer 'anderen' Ordnung (des Unbewußten). Wie dem Ich das Symptom nur im aktuellen Lebenskontext zugänglich ist, so sind nach Althusser für den Wissenschaftler zunächst nur jene Objekte sichtbar, die auf dem von der vorgegebenen theoretischen Problematik strukturierten Feld situiert sind.[5] Bei einer nicht-symptomatischen Lesart verdoppelt der Betrachter gewissermaßen das Phänomen, daß sich das Feld „in den Objekten und Problemen, die es bestimmt" (1972, 28), selbst sieht. Die die Problematik überschreitenden Objekte und Probleme bleiben unsichtbar. Nur der nicht länger in der vorgegebenen Problematik verfangene Blick vermag in den Abwesenheiten, im Mangel oder in den Symptomen das 'andere' zu erkennen.

Die symptomatische Lektüre vervielfältigt den Text, indem sie, ohne zunächst auf ein Außen zurückzugreifen, die *textuellen* Mechanismen, die das Sehen und die Blindheit produzieren, analysiert. Sie ist 'symptomatisch', weil

„sie *in einem einzigen Prozeß* das Verborgene in dem gelesenen Text enthüllt und auf einen anderen Text bezieht, der – in notwendiger Abwesenheit – in dem ersten Text präsent ist" (1972, 32).

Althusser hat die Erkenntnisproduktion vermittels symptomatischer Lektüre zunächst mit der Konzeption des *epistemologischen Bruchs* (coupure epistémologique) verbunden, der die Trennung von *Ideologie* und *Wissenschaft* innerhalb des Erkenntnisprozesses bezeichnen soll. Die Entdeckung symptomatischer Abwesenheiten soll den Bruch zwischen der ideologischen Problematik anzeigen, die „es mit dem Tatsächlichen zu tun zu haben glaubt" (1968, 137), und ein neues, wissenschaftliches Feld der Analyse begründen. Dies aufklärerische Projekt der Zurückweisung 'bedrängender' Ideologien hat Althusser später wiederholt kritisiert (zuletzt 1975), mit der Selbstkritik aber leider auch die noch vage Skizze einer symptomatischen Lektüre nicht wieder aufgenommen, insbesondere nicht die offen gebliebenen Fragen nach den Regeln, die das Verhältnis von Sichtbarem und Unsichtbarem bestimmen, und nach der gesellschaftlichen Macht, die dieser Struktur eingeschrieben ist.

Das umfassendere Konzept einer nicht-hermeneutischen Analyse von Bedeutungssystemen hat ein Jahr nach 'Das Kapital lesen' Foucault [→ *Historische Diskursanalyse*] mit der für die Geisteswissenschaften folgenreichen Neufassung des *Diskurs*begriffs in seiner 'Archäologie des Wissens'[6] vorgelegt, die sicherlich, auch wenn sie den Ideologiebegriff kategorisch verabschiedet, als methodische Fortschreibung der Versuche Althussers gelesen werden kann.[7]

Die symptomatische Lektüre marxistischer 'Klassiker' dient bei Althusser dem Versuch, Marx' wissenschaftliche Entdeckung des „Kontinents der Geschichte" von humanistischen und historizistischen Ideologien freizulegen. Die Lektüre von 'Das Kapital' nimmt die unvollständigen Äußerungen zur Geschichte (in der Tradition Hegels bei Marx und des naturwissenschaftlichen Evolutionismus bei Engels) nicht als Kern einer impliziten Geschichtsphilosophie, sondern als *Symptome* eines *Abwesenden,* Nicht-Gedachten, das zugleich in einem anderen Diskurs, den Kategorien, Methoden und Ergebnisses der Kritik der politischen Ökonomie bei Marx, *prä-*

sent ist. Die *Differenz,* die Marx von der Politischen Ökonomie trennt, markiert zugleich auch den Abstand zwischen der ideologischen Vorstellung einer raum-zeitlich homogenen und kontinuierlichen Geschichte der Natur und des Menschen und der konkreten Geschichte als „Prozeß ohne Subjekt ohne Ziel" (1973, 89-94). In seiner Kritik des „Historizismus" (1972, 157-193) weist Althusser den Begriff historischer *Totalität* zurück, der die Linearität, Homogenität und Kontinuität[8] *eines* allumfassenden geschichtlichen Prozesses und dessen einheitsstiftendes Subjekt voraussetzt.[9] Statt dessen geht er von der Annahme aus, daß sich auf dem offenen Feld der Geschichte eine Vielzahl von Praxisformen kreuzen, die eine spezifische *Zeit* (Temporalität) besitzen, statische oder dynamische *Tendenzen* zeigen und differente *Wirkungen* zeitigen.

Es ist deutlich geworden, daß diese Thesen zum Begriff der Geschichte zwei Kernbereiche der marxistischen Tradition unterminieren:

- das *Basis-Überbau-Modell*
- und die Lehre von der gesetzmäßigen Abfolge der *Gesellschaftsformationen* von der Urgesellschaft bis zum Kommunismus.

Zum besseren Verständnis des philosophischen Grenzgangs Althussers sei daran erinnert, daß die These des durch die ökonomische Basis determinierten Überbaus ein zentrales Element des *Materialismus* im Marxismus darstellt und als solches einen Raum für konkrete Analysen gesellschaftlicher Teilbereiche (Politik, soziales Leben, Recht, Kunst usw.) geöffnet hat. Im Marxismus der II. Internationale (von Kautsky über Mehring bis zu R. Luxemburg und Lenin) herrscht die Vorstellung vom Primat der ökonomischen Basis (, die als Ergebnis des Grundwiderspruchs von Produktivkräften und Produktionsverhältnissen gedacht wird,) vor, deren jeweiliger historischer Stand sich in den Überbauten „getreulich widerspiegelt", wie es noch bei Mehring heißt. Dieses schon von Engels kritisierte Modell *linearer Kausalität* wird seit Georg Lukács' einflußreichem Werk 'Geschichte und Klassenbewußtsein' (1923) durch ein differenzierteres Modell *expressiver Kausalität* abgelöst, das „die gesellschaftliche 'Totalität' als die historisch-dialektische Entfaltung der Kategorie der Ware" begreift, „die gleichsam an sich selbst den totalen Schein der 'Verdinglichung' erzeugt" (Kolkenbrock-Netz/Schöttler, in: Sandkühler 1977, 59). Hier sind die

'Überbauten' notwendig 'fremde' Emanationen (Objektwerdungen), derer sich das Proletariat als Subjekt der Geschichte in einem Prozeß der Bewußtwerdung seiner selbst einst wieder bemächtigen wird. Althusser liest aus dem 'Kapital' von Marx einen neuen Beziehungstypus von 'Basis' und 'Überbau' heraus, den er (vorläufig) als *strukturelle Kausalität* bezeichnet. Marx beschreibe die kapitalistische *Produktionsweise*, wie später Freud das Unbewußte, mit Hilfe eines *topischen Modells* als *komplexes, gegliedertes Widerspruchssystem* (structure toujours-déjà-donnée) spezifizierbarer gesellschaftlicher *Instanzen* (ein metaphorischer Begriff mit hierarchischen Konnotationen). Die gesellschaftlichen Instanzen 'wirken' in einem widersprüchlichen Prozeß aufeinander, der als *Struktur* beschreibbar ist, die eine jeweilige *Dominante* (bestimmende Instanz) herausbildet. Althusser bleibt insofern der *materialistischen* Tradition des Marxismus verpflichtet, als es für ihn die ökonomische Basis ist, die „in letzter Instanz" bestimmt, welche Instanz die *dominante* in einer Gesellschaftsformation ist.

Das heißt aber nicht, daß die Ökonomie (als Produktion und Reproduktion gesellschaftlichen Lebens) letztlich das wahre Wesen des Gesellschaftlichen ausmache, sondern nur, daß sie eine historisch erkennbare, besondere Funktion erfüllt, die sich jedoch

„nie in reinem Zustand geltend macht, daß man in der Geschichte nie sieht, daß diese Instanzen, die Überbauten etc., sich respektvoll zurückziehen, wenn sie ihr Werk vollbracht haben oder sich auflösen wie ihre reine Erscheinung, um auf dem königlichen Weg der Dialektik ihre Majestät die Ökonomie voranschreiten zu lassen, weil die Zeit gekommen wäre. Die einsame Stunde der 'letzten Instanz' schlägt nie, weder im ersten noch im letzten Augenblick" (1968, 81).

Althusser schlägt zur Kennzeichnung der mehrfachen und ungleichzeitigen Widersprüche und ihrer Wirkungen den Begriff *Überdeterminierung* (surdétermination) vor (1968, 66, 152-156; 1972, 253ff.). Der der Psychoanalyse entlehnte Terminus meint bei Freud, daß ein Element des Unbewußten (Symptom, Traum, Versprecher usw.) gleichzeitig durch eine Anzahl/Vielzahl determinierender Elemente bestimmt ist, die jeweils eine eigene Bedeutungsreihe konstituieren (Freud: Die Traumdeutung, 1900).[11]

Althusser verwendet diesen Begriff, um die im Marxismus „*bisher nicht gedachte* Realität zu erfassen" (1972, 254), d.h. um die Tiefenstrukturen gesellschaftlicher Produktion und Reproduktion und der historischen Prozesse zu denken. Dabei geht es ihm primär um den funktionalen und zugleich anti-empiristischen Aspekt, „das *Vorhandensein der Struktur in ihren Wirkungen*" (ibid.) zu charakterisieren und die diskurstheoretische Prämisse zur Geltung zu bringen, daß die „Struktur ihren Wirkungen immanent" ist; *„ihre ganze Existenz besteht in ihren Wirkungen,* und außerhalb ihrer Wirkungen ist sie als spezifische Verbindung ihrer Elemente ein Nichts" (ibid.).

Bezogen auf die Beziehungen der gesellschaftlichen Instanzen und die 'Ereignisse' in der Geschichte stellt der Begriff der Überdeterminierung, trotz aller Abstraktheit, konsequent die Frage nach dem 'Historisch-Werden' elementarer Lebenspraxen, die sich in der kapitalistischen Produktionsweise des 19. Jahrhunderts zu gesellschaftlichen Sektoren institutionalisiert haben. Die Beschreibung historischer Ereignisse als funktionale *Wirkungen* struktureller Beziehungen führt zwingend zur Frage nach der Rolle des individuellen und kollektiven *Subjekts* in der Geschichte, wenn sie nicht als rationalistische Variante des kritisierten Determinismus gelesen werden soll.

Mit dem Konzept der Überdeterminierung innerhalb einer funktionalistisch orientierten Geschichtstheorie wird die traditionelle marxistische Vorstellung eines kollektiven *Gesamtsubjekts* der Geschichte (der durch die Klassenspaltungen historisch-dialektisch zu sich selbst findenden Menschheit) obsolet, die Frage nach dem *Individuum* wird (z.B. innerhalb einer ethischen Problematik) von Althusser nicht gestellt, bzw. in den Büchern 'Für Marx' und 'Philosophie und spontane Philosophie der Wissenschaftler' auf den theoretischen Akt des epistemologischen Bruchs mit der Ideologie, in den späten Schriften (1973a; 1975) dezisionistisch auf die politische Parteinahme reduziert. Verbleibt das traditionelle Feld des 'Subjektiven' im Marxismus: die *Ideologie* als Ort des falschen bzw. richtigen „Bewußtseins" der Individuen/Klassen.

Marx hatte Ideologie in Fortführung der Religionskritik Feuerbachs zunächst als falsches, die Wirklichkeit auf den Kopf stellendes Bewußtsein definiert, das der Mensch kritisieren müsse, „damit er sich ... um sich selbst und damit um seine wirkliche Sonne bewege".[12] Die Philosophie hebe in ihrer materialistischen Sicht des *Seins* den falschen *Schein* der Ideologie auf und eröffne dem Menschen den Zugang zu seinem eigentlichen Wesen und zu seiner historischen Bestimmung.

Seit der 'Deutschen Ideologie' (1845/46) bestimmen Marx/

Engels Ideologie als Ergebnis ökonomischer und sozialer Widersprüche (bürgerliche, kleinbürgerliche, proletarische Ideologie), die sich historisch institutionalisiert habe (Religion, Recht, Parlament usw.). Deren Aufhebung gelinge nicht allein durch die Wiederherstellung des „Wahren", sondern durch die praktische Destruktion der sie 'tragenden' gesellschaftlichen Verhältnisse (vgl. Lecourt 1975).

Althusser bricht in seinen einflußreichen Arbeiten (1968; 1970; 1973; 1975; 1977; 1985) mit beiden Konzeptionen, die Ideologie als *sekundäre* und transitorische Bewußtseinsform wesentlicherer, d.h. zeitlich und logisch (kausal) vorausgehender Wirklichkeiten bestimmen. Dies geschieht in zwei (z.T. widersprüchlichen) Schritten:

- der (negativen) epistemologischen *Abgrenzung von Ideologie und Wissenschaft* (vgl. Lecourt 1975a),
- der (konstruktiven) *Analyse der materiellen Existenz* von Ideologien und der *Funktionsbestimmung* bei der Herausbildung von *Subjektivität*.

Wir haben bei der Erläuterung der symptomatischen Lektüre dargelegt, daß Althusser Wissenschaft nicht als die von Irrtümern oder Verkennungen befreite Ideologie definiert, sondern als das 'andere', durch eine neue *Problematik* abgegrenzte Feld des Denkens, auf dem nicht *Evidenzen* in einem zirkelhaften Prozeß des Wiedererkennens reproduziert, sondern neue Erkenntnisse produziert werden. Wir können ergänzen, daß der *Bruch* (die Grenzziehung) zwischen Ideologie und Wissenschaft, den Althusser in rationalistischer Denktradition als *point of no return* ansieht,[13] nicht das definitive Erreichen von *Wahrheit* markiert. Die komplexe und logisch konsistente Struktur der Wissenschaft kann unter veränderten historischen Bedingungen wiederum als Ideologie fungieren ad infinitum (prinzipielle Offenheit des Marxismus [1977, 51ff.]). Unklar bleibt bei dieser selbstreferentiellen Konzeption, welche Instanz den Wahrheitseffekt der Wissenschaft produzieren soll. Der selbstkritische Hinweis, daß Wissenschaft von der Politik überdeterminiert sei, verlagert das grundlegende erkenntnistheoretische Problem nur auf die historische Ebene (wahr ist, was dem Fortschritt dient?).

Hypothetisch und abstrakt blieb zunächst ebenfalls die Beschreibung der Ideologie selbst. Hier hat Althusser jedoch, trotz fundierter Einwände [→ *Historische Diskursanalyse*], im Anschluß an das und in Auseinandersetzung mit dem bis dahin außerhalb Italiens kaum rezipierten Werk Antonio Gramscis neue Einsichten vermitteln können (1973; 1977), deren Einfluß heute noch nicht abschließend abgeschätzt werden kann [→ *Kultursoziologie; → Historische Diskursanalyse; → Semiotische Diskursanalyse; → Feministische Literaturwissenschaft*]. In der fragmentarischen Skizze 'Ideologie und ideologische Staatsapparate' analysiert er *Ideologie (im Allgemeinen,* die er von regionalen, historisch-begrenzten Ideologien unterscheidet), als essentielle Grundform ausdifferenzierter Gesellschaften, in denen sie als Instanz der *Reproduktion der Produktionsverhältnisse* fungiert und als herrschende Ideologie die *Hegemonie* einer Klasse der Gesellschaft garantiert. Was wir auf den ersten Blick als 'Ideen' identifizieren, besitze in Wirklichkeit eine materielle Existenz,

„insofern es diese materielle Handlungen sind, die in materielle Praxen eingegliedert und durch materielle Rituale geregelt sind, die ihrerseits durch den materiellen Staatsapparat definiert werden" (1977, 139).

Althusser unterscheidet zwei Reproduktionsbereiche, die repressiven Staatsapparate, die auf der Grundlage von Gewalt arbeiten, und (mit einem paradoxen und mißverständlichen Terminus) die *ideologischen Staatsapparate,* die das Gesamtsystem der 'zivilen Gesellschaft' (Gramsci), die Institutionen von der Familie bis zum politischen System bezeichnen sollen. Die Differenz zu institutionssoziologischen oder systemtheoretischen Ansätzen [→ *Systemtheorie*] liegt darin, daß Althusser Ideologien weiterhin als Orte von *Sinnbildung* und zugleich als *(gelebte) Praxis* begreift. Ideologien produzieren deshalb stets einen Doppeleffekt: Sie erlauben den Individuen, sich als *Subjekte* einer Praxis zu erleben und, indem sie dies tun, mit der *Unterwerfung* unter diese Praxis zu identifizieren. Diese widersprüchliche Situation versucht Althusser im Rückgriff auf Lacans Freuddeutung (1970) mit der These, die *„Ideologie repräsentiert das imaginäre Verhältnis der Individuen zu ihren realen Existenzbedingungen"* (1977, 133) zu erklären. Um die Subjektpositionen innerhalb einer immer schon vorgegebenen Praxis besetzen zu können, müssen die Individuen sich zu ihren realen Existenzbedingungen spiegelbildlich verhalten, indem sie das 'Andere' der Praxis als ihr 'Eigenes' *wiedererkennen* und damit die Realität *verkennen*. Wo die Individuen durch die *Anrufung*[14] einer Ideologie ihre autonome Handlungsfähigkeit zu erlangen glauben, werden sie in Wirklichkeit *Träger* objektiver gesellschaftlicher Prozesse. Wie nach der Freudschen Psychoanalyse immer schon ES ist, wo ICH sein möchte, so ist die Ideologie für Althusser eine unbewußte, omnipräsente und omnihistorische (ewige) Tatsache für das Leben der Individuen als Handlungssubjekte.

Diese These ist sicherlich, wie wir unten am Beispiel der Literatur darlegen werden, äußerst aufschlußreich, um die materielle Existenz und die strukturelle Eigendynamik *ideologischer Formationen* insbesondere der bürgerlichen Gesellschaft konkret zu bestimmen, sie ist aber zugleich unbefriedigend, weil sie Ideologie nur als Herrschaft der Verhältnisse (Reproduktion eines an anderer Stelle Produzierten) über die Menschen oder als Selbst-Beherrschung der Individuen beschreibt und die Ideen der Autonomie, Freiheit und Selbstbestimmung als Ideologien denunziert.

Die Dezentrierung des gesellschaftlichen Subjekts läßt in der vorliegenden Fassung, in der ausschließlich ideologische Reproduktionsmächte in den Blick geraten, die Frage nach dem Ort, von dem aus Emanzipation gedacht werden kann, unbeantwortet.

Das Berliner Projekt Ideologie-Theorie hat im erneuten Rückgriff auf Gramsci vorgeschlagen, neben den von Althusser untersuchten *vertikalen* Formationen ein System *horizontaler* Vergesellschaftungen anzunehmen, die als *kulturelle* Formationen 'von unten' ein nicht a priori beherrschtes Element der Gesellschaft bilden.[15] Auch Michel Pêcheux, ein Schüler Althussers, sucht nach „kreativen Instanzen", die in der Lage wären, neue Handlungs- und Betrachtungsmuster zu entwerfen und Formen des Widerstands und der Rebellion zu praktizieren.[16] Er setzt dabei wie J. Link[17] auf die (sprachkritische bzw. kulturrevolutionäre) Intervention in die Wahrheitspolitik der herrschenden Diskurse. Nach den historischen Untersuchungen Foucaults ('Überwachen und Strafen', 1975) drängt sich die Frage auf, ob nicht die Diskurstheorie, die allerdings wohl kaum nach dem Emanzipationspotential fragen würde, den Ideologiebegriff überflüssig gemacht hat. Unhaltbar geworden ist sicherlich die traditionelle marxistische Ideologie-theorie. Althussers Ansatz, dem die neueren Diskurstheorien wesentliche Impulse verdanken, bewahrt im Unterschied zu ihnen im Begriff der Ideologie den Anspruch auf die Verwirklichung einer umfassenden Gesellschaftstheorie, die nicht nur das Verhältnis von Diskursivem und Nicht-Diskursivem untersucht, sondern mit ihren Analysen 'gegenwärtig' sein will und deshalb die Effekte des Politischen stets im Sinne einer Parteinahme gegen jede Form von Herrschaft mitdenkt.

3.

Althussers sporadische Überlegungen zur Kunst (Literatur, Malerei) (1981; in: Hahn/Schöttler 1988, 3), die kurz skizziert werden sollen, konzentrieren sich auf das Spiel der Differenzen von Erkenntnis, Ideologie und Kunst. Während die Wissenschaft die unsichtbare Struktur der ideologischen Effekte aufdeckt, erzeugt die Kunst *innerhalb* der Ideologie eine Distanz, die auf das in ihr Nicht-Gegenwärtige *anspielt*. Sie macht das Ideologische (der Kunst als 'Kunst', des Künstlers, der Themen usw.) als *Ideologie* sichtbar. Künstlerische Praxis bedeutet deshalb „eine Stellungnahme zu-ihr-in-ihr" (Bogdal 1974, 146). Althusser weist die nach seiner Auffassung ideologische Vorstellung zurück, daß Kunst das Selbstbewußtsein des Menschen repräsentiere. Sie zeige statt dessen, daß sich das Bewußtsein unserer selbst als imaginäres Verhältnis zu unseren realen Lebensbedingungen konstituiere. Kunst sei deshalb alles andere als eine homogene Einheit, die durch die schöpferische Subjektivität des Künstlers, der sich in die Materialität seiner 'Schöpfung' einschreibt, garantiert sei (1981, 96). Ästhetische Produkte sind von einer Disparatheit gekennzeichnet, einer Differenz im Inneren (1981, 93), die dem produktiven (sprach- bzw. bildschöpferischen) Umgang mit der Ideologie entstammt. Werke sind Momente sie durchkreuzender widersprüchlicher Praktiken, die sich in den Texten der Literatur oder den Bildern der Kunst wechselseitig *'lesen'*. Ästhetische Praxis des Schreibens/ Malens erzeugt einen 'inneren' Blick, *ist* die *Lektüre* der in sie eingeschriebenen Ideologien. Diese 'intradiskursive' Lesart weist den Leser/Betrachter, den Althusser trotz seines produktionsästhetischen Ansatzes stets einbezieht, auf das in den Werken Anwesend-Abwesende, auf „die strukturalen Wirkungen der realen Beziehungen, die sie beherrschen" (1981, 103).[18] Der Gedanke einer Differenz im Inneren impliziert, daß Kunst nie das Reale erreicht, sondern immer schon intertextuelle [→ *Semiotische Diskursanalyse*] Bedeutungen herstellt – von 'Texten' allerdings, die nur in ihrem Inneren existieren [→ *Strukturale Psychoanalyse*]. Es ist auch diese Überlegung, die zur Schlußfolgerung führt, daß Kunst, obwohl notwendig eingeschlossen in das System ideologischer Staatsapparate, ein emanzipatorisches Potential, „das In-Bewegung-Setzen des Unbewegten" (1981, 86), eine 'Ästhetik des Widerstands' birgt.

Althusser versteht seine Überlegungen zur Kunst als *philosophische* Thesen, denen in den Wissenschaften konkrete Untersuchungen folgen müßten, die „notwendigerweise *neue* Begriffe" (1981, 94) für die neuen Gegenstände zu produzieren hätten. Sie lenken die Aufmerksamkeit der Literatur- und Kunstwissenschaft auf ein neues *Feld* der Untersuchung, indem sie Kunst und Literatur als institutionalisierte Form sozialer Praxis bestimmen, der über die Werke, ihre Autoren, ihre Geschichte und ihre ästhetischen 'Ideen' hinaus eine materielle Existenz zugesprochen werden muß. Damit verweisen sie zum ersten Mal von marxistischer Seite auf die Möglichkeit einer nicht-substantialistischen Literaturtheorie, die nicht länger von der *Wesens*bestimmung der Kunst ihren Ausgang nimmt. Sie ordnen Kunst und Literatur als *Reproduktionsinstanz*, die den Prozeß kultureller Legitimation regelt und durch ihre widersprüchliche Sinnbildungsfunktion an den Kämpfen um Hegemonie teilhat, in das gesellschaftliche Gesamtgefüge ein. Damit wird die Kunst-/Literaturwissenschaft zu einer Gesellschaftstheorie, die sich der Überdeterminierung durch das Politische nicht zu entziehen vermag (vgl. Jameson 1988).

4.

Althussers Thesen stellen insbesondere die *Prämissen* traditioneller Arbeitsfelder marxistischer Literaturwissenschaft und der Kritischen Theorie: Sozialhistorie, Ideologiekritik und Widerspiegelungstheorie, in Frage. Der sozialhistorische Ansatz steht vor dem Problem gesellschaftlicher Determinationszusammenhänge und historischer 'Zeit'. Ideologiekritik setzt immer schon das Wissen über die Genese 'wahren' und 'falschen' Bewußtseins voraus. Widerspiegelung als zentrales Untersuchungsobjekt schließlich muß Literatur als anthropologisch oder ontologisch zu begründende Seinsweise menschlichen Geistes bestimmen, deren Geschichtlichkeit und spezifische Materialität nur spekulativ dargestellt werden kann. Aus Althussers Sicht ließen sich die Aporien der traditionellen marxistischen Literaturwissenschaft als Folge einer fehlenden wissenschaftlichen Objektkonstituierung beschreiben. Jene literaturwissenschaftlichen Arbeiten, die von Althusser inspiriert wurden, wählten als ersten Schritt den Perspektivwechsel zur Analyse der *Bedingungen* dessen, was Literatur in der Geschichte erst als solche formiert. Hieraus konstituierte sich ein neues Arbeitsfeld: die vorläufige Beschreibung der Produktions- und Distributionsbedingungen von Literatur, ihrer ideologischen Formation, ihrer Transformationen, ihrer Effekte innerhalb anderer ideologischer Formationen, ihrer Terrainverluste und schließlich ihrer Reproduktionsfunktionen. Diese Arbeiten gehen also nicht länger von einer Einheit *Literatur* im historischen Raum aus, sondern versuchen durch die Beschreibung der ideologisch-materiellen Wirkungen bestimmter Schreibpraktiken eine historische Homogenität erst zu rekonstruieren und deren Ränder und Grenzen zu markieren. Diese Ansätze *materialistischer* Literaturwissenschaft können sich positiv auf den von Marx in den 'Grundrissen der Politischen Ökonomie' und im 'Kapital' verwendeten Begriff von Geschichtlichkeit beziehen, der die *konkrete* gesellschaftliche „*Formbestimmtheit*" elementarer Praktiken (z.B. des Tausches) in den Mittelpunkt des Erkenntnisinteresses rückt. Sie sind als „*historisch-funktionalistisch*" bezeichnet worden, weil sie die der *spezifischen Formbestimmtheit* der bürgerlichen Gesellschaft abgewonnene *Wesens*bestimmung von Literatur negieren.

Aus dieser Ablehnung speist sich auch ihr Interesse an avantgardistischer Literatur der Moderne, in der die Krise des historisch gewordenen Literaturbegriffs sich der literarischen Produktionsformen selbst bemächtigte. Der Literaturwissenschaftler ist hier Zeuge eines offensichtlich faszinierenden Ereignisses: literarische Praxis löst sich radikal aus der Beziehung zu ihrer eigenen Geschichte, indem sie, gewissermaßen in einem Prozeß der „Gegen-Identifikation" (Pêcheux 1984), die als unveränderlich zugewiesene Position und Funktion destruiert. Von einem solchen *Einschnitt* aus wird es möglich, die literarische Praxis der bürgerlichen Gesellschaft im Blick auf ihre Konstituierungs- und Reproduktionsbedingungen zu *historisieren*.

Damit zeichnet sich der Umriß einer Theorie der Literatur ab, die ihre Begriffe nicht der *empirischen Realität der Überlieferung* entnimmt, sondern in einem Erkenntnisprozeß neu produziert, indem sie das, was Literatur als historische Evidenz formiert, im

Sinne einer strukturalen Kausalität als determinierendes Abwesendes bestimmt. Die empirische Realität der Überlieferung zentriert sich um drei (ideologische) Evidenzen: Literatur als essentiell-historische Wesenheit, der Autor/Leser als Subjekt und das Werk als Objekt von Sinn. Eine sich *materialistisch* definierende Theorie der Literatur sieht sich unter den genannten Prämissen vor die dreifache Neubestimmung gestellt: der Literatur als historischer Praxis, der Subjektrolle und der Werkkategorie. Diese Aufgabenstellung kollidiert mit den Traditionen bisheriger marxistischer Literaturwissenschaft insoweit, als diese die Evidenzen der Überlieferung als „Erbe" annimmt und ihrerseits im Sinn einer – noch so widersprüchlich gefaßten – vorgeschalteten Geschichtstheorie des dialektischen Fortschritts 'materialistisch' zu fundieren suchte. Diese Kollision erschüttert auch die traditionellen Arbeitsfelder marxistischer Literaturwissenschaft: das Verhältnis der Literatur zur Dialektik der Geschichte, die Klassenanalyse des Autors und den historischen Abbildcharakter des Werks.

Aus Althussers Thesen folgt, daß Literatur als *ideologische Formation*, d.h. als Sektor spezifischer materieller gesellschaftlicher Praxis, nicht mehr, gleich ob linear oder 'vermittelt', auf soziale Konstellationen in den Produktionsverhältnissen zurückgeführt werden kann. Diese Fassung des 'Ideologischen' wirft allerdings für die Literaturwissenschaft zunächst mehr Probleme auf, als sie löst, da sie die traditionellen Orientierungspunkte, die soziale Zuordnung und die an sie geknüpfte historische *Wertung* (sprich: Fortschritt-Stillstand-Rückschritt) in Fragezeichen verwandelt. Zuallererst büßt die komplex-vermittelnde sozio-ökonomische Analyse von Literatur, das Glanz- und Kernstück bisheriger marxistischer Literaturwissenschaft, ihre methodische Vorrangstellung ein.

Die von Althusser beeinflußten literaturwissenschaftlichen Arbeiten fragen statt dessen *vor* aller referentieller Deutung nach jenen Elementen der Signifikanz, deren Verkettung als 'Sinn' das produziert, was wir 'Literatur' *nennen*. Von primärem Interesse sind daher vor allem jene historischen Situationen, in denen die bisherigen Regeln und Automatismen der Verknüpfung – meist auf der Folie veränderter Machtkonstellationen – nicht mehr den gewünschten 'Sinn' produzieren und es zu neuen Artikulationen, zu einer Transformation der Regeln kommt oder neue Elemente der Signifikanz auftauchen. Die Hauptprobleme einer materialistischen Literaturtheorie im Anschluß an Althusser bestehen demnach in der exakten Statusbestimmung der historischen Bewegung (Zeithorizontale), der sozialen Determinierung (Raumvertikale), den Elementen/Regeln der Literatur als Praxis und der Literatur als komplexer ideologischer Formation und ihrer Effekte. Eine überzeugende Lösung ist nicht zuletzt an die Beantwortung der bei Althusser offen gebliebenen Frage nach der Rolle der *sprachlichen Ordnung* auf den vier genannten Ebenen geknüpft.

Seit Anfang der siebziger Jahre sind im deutschen und anglo-amerikanischen Sprachraum literaturwissenschaftliche Forschungsarbeiten erschienen, die auf ganz unterschiedliche Weise die philosophischen Thesen Althussers aufgegriffen haben (Eagleton 1976; Praxis, 1986; 1987; Bogdal 1978; Kolkenbrock-Netz 1981; Link/Link-Heer 1980; Link 1983a).

In Frankreich hat seit Ende der sechziger Jahre in zahlreichen Arbeiten Michel Pêcheux Elemente einer Diskursanalyse entwickelt, die sich in Abgrenzung zur Textlinguistik als umfassende Theorie der Sinnproduktion und -reproduktion begreift (Pêcheux 1975; 1984; Pêcheux/Fuchs 1975). Pêcheux verbindet, unter Einbeziehung quantifizierender Untersuchungsmethoden, den Marxismus Althusserscher Prägung mit der Linguistik und der Psychoanalyse. Im Zentrum seiner theoretischen Bemühungen steht die Konzeption eines *Diskurs*begriffs, der Diskursivität zwar als spezifische, aber durch Ideologien und ideologische Staatsapparate überdeterminierte Form der Sinnbildung faßt. Dabei kommt Pêcheux u.a. zu der Beobachtung, daß nicht allein Ideologien gesellschaftliche Praxisformen vereinheitlichen, sondern daß auch Diskurse ein widersprüchliches Netz von Beziehungen knüpfen, das er *Interdiskurs* [→ *Historische Diskursanalyse;* → *Semiotische Diskursanalyse*] nennt.

Von einer unmittelbaren Anwendung der Thesen Althussers kann man nur bei den Arbeiten Pierre Machereys (1974) und Renée Balibars (1974) sprechen. Im Vorwort zur letztgenannten Arbeit erörtern E. Balibar und Macherey grundsätzlich die Möglichkeiten einer marxistischen Ästhetik (Balibar/Macherey 1974). Anders als in Machereys noch von R. Barthes beeinflußtem Buch 'Zur Theorie der literarischen Produktion' und in deutlicher Differenz zu Pêcheux' diskursanalytischem Ansatz geht es beiden darum, Literatur als *ideologische Form* zu beschreiben. Die „objektiv materielle Existenz" von Literatur sehen die Autoren durch die Verankerung in linguistischen Praktiken und schulischen Praxisarten begründet, die ihrerseits durch den ideologischen Staatsapparat Schule determiniert sind. Innerhalb dieses Apparats produziert Literatur in der bürgerlichen Gesellschaft die zur Reproduktion der herrschenden Ideologie notwendigen Effekte des Fiktiven. Die Spezifizität der Literatur liegt einzig im Charakter ihrer Effekte begründet. Die besondere Komplexität literarischer Formationen wird auf deren ideologische Widersprüche und linguistische Konflikte zurückgeführt. Widersprüche konstituieren die Werke auf zwei Ebenen: Zum einen sind sie immer schon in eine *Literaturideologie* eingeschrieben, die es erlaubt, sie als *Literatur* wiederzuerkennen. Das ist die Ebene, auf der sich der Schreibende als *Autor seines Werks* (mit einer Intention und einer Bedeutung) erfährt.

Zum zweiten inszeniert Literatur in ihrem Inneren die imaginäre Lösung der in sie eingeschriebenen ideologischen Widersprüche, indem sie diese (u.a.) auf der Ebene des linguistischen Konflikts (d.h. der konkurrierenden ästhetischen Sprachcodes) darstellt.

Zusammenfassend bestimmen Balibar/Macherey den *ästhetisch-literarischen Effekt* unter drei Aspekten:

„(1) als Produkt bestimmter materieller Verhältnisse, (2) als Moment des Reproduktionsprozesses der herrschenden Ideologie, (3) schließlich, für sich genommen, als Effekt ideologischer Herrschaft" (ibid., 217).

Die Besonderheit von Literatur im Rahmen des schulisch-universitären-kulturellen ideologischen Staatsapparats liegt darin, die Individuen dazu zu bringen, „sich die Ideologie anzueignen und sich dabei als 'freie' Träger, als 'freie' Schöpfer dieser Ideologie zu wähnen". Insofern ist der ästhetische Effekt unter den Bedingungen der Überdeterminierung „stets auch ein Herrschaftseffekt" (ibid., 219). Während die Beschreibung der Literatur als Produkt materieller Verhältnisse und der Literaturideologie als Legitimationsdiskurs Perspektiven für konkrete Untersuchungen öffnet, kann die Reduktion auf einen Effekt ideologischer Herrschaft wenig überzeugen. Balibar/Macherey verleugnen das widerständige und utopische Moment imaginärer Inszenierungen. Sie vergessen, daß Literatur nicht allein relationale Sinn-Effekte herstellt, sondern in ihren elementaren Formen auch andere als ideologische Momente des Materiellen, nämlich von *Arbeit,* enthält. Peter Weiss hat in seiner 'Ästhetik des Widerstands' eindrucksvoll am 'einfachen' Paradigma der bildenden Künste darauf aufmerksam gemacht, daß Kunst in noch so systemgewaltigen Verhältnissen *im Widerstand gegen das Immergleiche* aus der 'Natur' herausgearbeitet werden muß und ihr 'Sinn' vor allem in den Spuren *dieser* widerständigen Arbeit zu finden ist.

Auf den emanzipatorisch-utopischen Momenten von Literatur insistiert auch einer der einflußreichsten amerikanischen Literaturwissenschaftler der Gegenwart, Fredric Jameson.[19] In seinen Essays und Büchern führt er strukturalistisch-formalistische, poststrukturalistische und marxistische Theorien zusammen, um sie in ein handhabbares Instrument subtiler Kulturkritik der Gegenwart zu verwandeln.

Die Thesen Althussers spielen, neben der Psychoanalyse [→ *Strukturale Psychoanalyse*] und der Kulturtheorie Bachtins [→ *Semiotische Diskursanalyse*] in seinen Arbeiten eine zentrale Rolle. Der Marxismus hat für ihn einen überdeterminierenden Status, er ist gewissermaßen der „master-code", der die dekonstruktiven und fragmentarisierenden Textanalysen wieder zueinander in Beziehung setzen hilft und im Blick auf die Geschichte und auf eine „kollektive Kultur" (Jameson 1988, 9) der Zukunft bündelt. Jameson definiert Literatur als Diskurs symbolischer Handlungen, der die Beziehungen zwischen den Ebenen eines unmittelbar nicht zugänglichen Realen (Subjekt, Gesellschaft, Geschichte usw.) und den Textualisierungen artikuliert. An dieser Stelle werden Althussers Reformulierung des Basis-Überbau-Schemas und der Ideologietheorie ebenso einbezogen wie der Begriff der *symptomatischen Lektüre*. Textanalyse gestaltet sich für Jameson als symptomatische Lektüre auf drei Ebenen:

– des Textes als symbolischer Handlung,
– des Diskurses antagonistischer Klassen (Ideologien),
– der Ideologie als Form.

Ziel der Analyse ist aber nicht der Aufweis einer letztbegründeten Identität der Ebenen, sondern ihrer Differenzen, insbesondere jener, die die Widersprüche zwischen der gesellschaftlichen Produktionsweise und ihren kulturellen Objekten markieren.

Es geht Jameson letztlich um den in der Literatur anwesend-abwesenden 'Text' des kulturellen Widerstands, um „antizipatorische Tendenzen, die mit dem existierenden System partiell unvereinbar sind" (ibid., 85). Diesen 'Gegentext' definiert er als

„Kulturrevolution" und erweitert damit das Arbeitsfeld der Literaturwissenschaft in Richtung Gesellschaftstheorie.

„Die Rekonstruktion der kultur- und literaturgeschichtlichen Materialien in Gestalt dieses neuen 'Textes' bzw. Untersuchungsgegenstands, den wir Kulturrevolution nennen", dürfte „einen ganz neuen Bezugsrahmen für die Geisteswissenschaften abstecken, in dem die Analyse von Kultur im weitesten Sinn auf eine materialistische Basis gestellt werden könnte" (ibid., 86).

Wir können also abschließend drei Richtungen unterscheiden, die Althussers philosophische Thesen im Blick auf die Literatur- und Sprachwissenschaften weiterentwickelt haben. Gemeinsam teilen sie die Auffassung, daß die Beziehung der textuellen und nicht-textuellen Determinanten der Literatur als Überdeterminierung eines strukturierenden Abwesenden analysiert werden muß.

Pêcheux konzentriert seine Aufmerksamkeit auf die *Verkettungen und Kopplungen der Zeichen des Diskurses,* der seinerseits als institutionalisiertes, handlungskonstituiertes System begriffen wird, das durch die Umcodierung ideologischer Effekte zugleich als Ort der Macht und Machtverteilung wirkt. Macherey/Balibar akzentuieren die *historische Funktionsanalyse,* indem sie sich weitgehend auf die institutionellen (Herrschafts-)effekte von Literatur beschränken. Jameson schließlich differenziert die *symptomatische Lektüre,* die Literatur am eher traditionellen Gegenstand ihrer 'Form' als das politische Unbewußte einer antagonistischen Klassengesellschaft zu entschlüsseln sucht.

Anmerkungen

1 Müller, Heiner: Absage, in: Auf Anregung Bertolt Brechts: Lehrstücke mit Schülern, Arbeitern, Theaterleuten, (Hg.) Reiner Steinweg, Frankfurt a.M. 1978, 232.

2 Ibid.

3 Vgl. Sloterdijk, Peter: Kritik der zynischen Vernunft, 2 Bde., Frankfurt a.M. 1983.

4 Vgl. Masini, Ferrucio: Lo Scriba Del Caos, Bologna [2]1978.

5 So ist Literatur nur 'sichtbar' als legitimierter Bestandteil des herrschenden literarischen Diskurses.

6 Foucault, Michel: Archäologie des Wissens, Frankfurt a.M. 1973 (franz. 1969); vgl. insbesondere 75-103.

7 Vgl. Kammler, Clemens: Michel Foucault – Eine kritische Analyse seines Werks, Bonn 1986.

8 J. Link nennt Althussers Geschichtsauffassung deshalb zutreffend „kairologisch". (Link: Wie funktioniert 'Überdetermination?, in: Hahn/Schöttler, 58).

9 Vgl. Vilar, Pierre: Marxistische Geschichtstheorie? Versuch eines Dialogs mit Althusser, in: Jaeggi/Honneth, 1977, 405-449.

10 Vgl. Link: Wie funktioniert 'Überdetermination', a.a.O. Die Rück-Übersetzungen des Begriffs schwanken zwischen Überdetermination und Überdeterminierung. Bei Freud, dem wir den Terminus verdanken, heißt es Überdeterminiertheit bzw. Überdeterminierung. Letzterer Begriff hat sich in der Psychoanalyse durchgesetzt.

11 Freud zeigt anhand der Traumdeutung, daß nicht die Trauminhalte entscheidend sind, sondern die *Traumarbeit*. Die Überdeterminierung weist auf ein System 'verlagerter' Wünsche, die sich in der 'Sprache' des Traums kreuzen. Auch Freud geht hypothetisch von einer dominierenden Instanz, den infantilen Wünschen, aus. Vgl. Lacan, J.: Funktion und Feld des Sprechens und der Sprache in der Psychoanalyse, in: Schriften I, Freiburg i.Br. 1973, 71ff.

12 Marx, Karl: Zur Kritik der Hegelschen Rechtsphilosophie, in: MEW, Bd. 1, 379.

13 Althusser glaubt als 'Rationalist' an den Fortschritt in der Philosophie. Er ist der Überzeugung, daß auch auf diesem Gebiet – und nicht nur in den Naturwissenschaften – ein Forscher, der hinter den 'point of no return' zurückgeht, nicht mehr ernst genommen wird. Das Gegenteil ist in Frankreich eingetreten. Ein mediokrer Pamphletismus hat das philosophische Denken einer Dekade (Lévi-Strauss, Althusser, Foucault, Lacan, Barthes, Bourdieu) zum Stillstand gebracht. Vgl. die polemische Bestandsaufnahme von Lothar Baier: Firma Frankreich. Eine Betriebsbesichtigung, Berlin 1988.

14 Auch bei Derrida, J.: Grammatologie, Frankfurt a.M. 1974, findet sich der Gedanke „des absoluten Vokativs", mit dem sich das Individuum in eine Differenz einschreibt, die erst 'Sinn' konstituiert.

15 Vgl. Theorien über Ideologie, Berlin 1978.

16 Vgl. Pêcheux, 1984.

17 Vgl. Link, 1983a.

18 Althusser prägt für diese Überdeterminierung in der Kunst den Begriff *dialectique à la cantonade* (Dialektik 'aus den Kulissen') (1981, 78). Jameson, 1988, hat für diese Beziehung den texttheoretischen Begriff *Prätext* (der im Text anwesend-abwesende 'organisierende' Text) vorgeschlagen.

19 Vgl. den sehr informativen Aufsatz von Hohendahl, Peter Uwe: Lite-
    raturtheorie zwischen Hermeneutik und Diskursanalyse, in: Müller,
    H./Fohrmann, J. (Hg.): Diskurstheorien und Literaturwissenschaft,
    Frankfurt a.M. 1988, 200-220.

Literatur

1. Schriften von Louis Althusser
(Die Arbeiten Althussers erscheinen im fortlaufenden Text nur mit dem
Erscheinungsjahr.)

Althusser, Louis, 1968: Für Marx, Frankfurt a.M. (franz. 1965). Die in der
    deutschen Ausgabe nicht enthaltenen Aufsätze sind abgedruckt in:
    Althusser, 1973.
–, 1970: Freud und Lacan, Berlin (franz. 1964/65).
–, 1972: Das Kapital lesen, 2 Bde., Reinbek b. Hamburg (franz. 1968).
–, 1973: Marxismus und Ideologie, Berlin (darin: Ideologie und ideolo-
    gische Staatsapparate, franz. 1970).
–, 1973a: Was ist revolutionärer Marxismus? Kontroversen über Grund-
    fragen marxistischer Theorie zwischen Louis Althusser und John
    Lewis, Berlin (franz. 1973).
–, 1974: Lenin und die Philosophie, Reinbek b. Hamburg (franz. 1972).
–, 1975: Elemente der Selbstkritik, Berlin (franz. 1974).
–, 1977: Ideologie und ideologische Staatsapparate, Hamburg/Berlin
    (enthält u.a. als Erstveröffentlichung: Über Marx und Freud).
–, 1978: Die Krise des Marxismus, Hamburg.
–, 1981: Frühe Schriften zur Kunst und Literatur, alternative 137, 24.
    Jg., Berlin (franz. 1962, 1966).
–, 1985: Philosophie und spontane Philosophie der Wissenschaftler,
    Berlin (franz. 1967/1974).
–, 1987: Machiavelli, Montesquieu, Rousseau. Zur politischen Philoso-
    phie der Neuzeit, Berlin.

Die bisher umfassendste Bibliographie stammt von Peter Schöttler: Bibliographie der Arbeiten von Louis Althusser 1950-1976, in: Althusser,
1977, 169-173.

2. Schriften zu Louis Althusser

Brühmann, Horst, 1980: Der Begriff des Hundes bellt nicht. Das Objekt
    der Geschichte der Wissenschaft bei Bachelard und Althusser, Wies-
    baden.
Fichant, Michel/Pêcheux, Michel, 1977: Überlegungen zur Wissenschafts-
    geschichte, Frankfurt a.M.

Hahn, Barbara/Schöttler, Peter (Hg.), 1988: Ein Denken an den Grenzen Louis Althusser zum 70. Geburtstag, kultuRRevolution Nr. 20.

Jaeggi, Urs/Honneth, Axel (Hg.), 1977: Theorien des Historischen Materialismus, Frankfurt a.M.

Jaeggi, Urs, 1976: Theoretische Praxis. Probleme eines strukturalen Marxismus, Frankfurt a.M.

Karsz, Saül, 1976: Theorie und Politik: Louis Althusser, Frankfurt a.M./Berlin/Wien.

Lecourt, Dominique, 1975: Lenins philosophische Strategie. Von der Widerspiegelung (ohne Spiegel) zum Prozeß (ohne Subjekt), Frankfurt a.M./Berlin/Wien.

–, 1975a: Kritik der Wissenschaftstheorie. Marxismus und Epistémologie, Berlin.

Link, Jürgen/Link-Heer, Ulla, 1983: Für Althusser, in: kultuRRevolution Nr. 4, 42-45.

Link, Jürgen, 1983: „Diskurs" und/oder „Ideologie"?, in: kultuRRevolution Nr. 4, 46-48.

Projekt Klassenanalyse, 1975: Louis Althusser. Marxistische Kritik am Stalinismus? Berlin.

Sandkühler, Hans Jörg, 1977: Betr.: Althusser. Kontroversen über den „Klassenkampf in der Theorie", Köln.

Thieme, Klaus (Hg.), 1982: Althusser zur Einführung, Hannover.

Wolf, Frieder Otto, 1988: Philosophie und Marxismus heute. Zur Aktualisierung Althussers, in: Das Argument 172, 30. Jg., 861-866.

Schöttler, Peter, 1974: Philosophie/Politik/Wissenschaft. Bemerkungen zum Wandel (in) der theoretischen Problematik bei Althusser, in: alternative Nr. 97, 152-163.

3. Zur Literaturtheorie und Literaturwissenschaft

Balibar, Etienne/Macherey, Pierre, 1974: Thesen zum materialistischen Verfahren, in: alternative Nr. 98, 193-221.

Balibar, Renée, 1974: Les français fictifs, Paris.

Bogdal, Klaus-Michael, 1974: Kunst/Ideologie/Erkenntnis. Zu Althussers Bestimmungen von Kunst und Literatur, in: alternative Nr. 97, 144-151.

–, 1978: Schaurige Bilder. Der Arbeiter im Blick des Bürgers, Frankfurt a.M.

Eagleton, Terry, 1976: Marxism and Literary Criticism, London.

Glucksmann, Christine, 1975: Über die Beziehungen zwischen Literatur und Ideologie, in: Bogdal/Lindner/Plumpe (Hg.): Arbeitsfeld: Materialistische Literaturtheorie, Frankfurt a.M., 119-130.

Jameson, Fredric, 1988: Das politische Unbewußte. Literatur als Symbol sozialen Handelns, Reinbek b. Hamburg.

Kolkenbrock-Netz, Jutta, 1981: Fabrikation-Experiment-Schöpfung. Strategien ästhetischer Legitimation im Naturalismus, Heidelberg.

Lehmann, Hans-Thies, 1977: Beiträge zu einer materialistischen Theorie der Literatur, Berlin.

Link, Jürgen, 1983a: Elementare Literatur und generative Diskursanalyse, München.

Link, Jürgen/Link-Heer, Ulla, 1980: Literatursoziologisches Propädeutikum, München.

Macherey, Pierre, 1974: Zur Theorie der literarischen Produktion, Darmstadt u. Neuwied (franz. 1966).

Pêcheux, Michel, 1975: Les vérités de La Palice, Paris (dt. Teilübersetzung: 1978, Zum theoretischen Status der Semiologie, in: alternative Nr. 118, 24-27).

–, 1984: Zu rebellieren und zu denken wagen! Ideologie, Widerstände, Klassenkampf, in: kultuRRevolution Nr. 5, 61-65 u. Nr. 6, 63-66.

Pêcheux, Michel/Fuchs, Christine, 1975: Das Subjekt und der Sinn. Zur Neuformulierung des Erkenntnisgegenstands Sprache, in: alternative Nr. 104, 204-216.

Plumpe, Gerhard, 1976: Ästhetik oder Theorie literarischer Praxis? in: alternative Nr. 106, 2-9.

–, 1977: Ist eine marxistische Ästhetik möglich?, in: Sandkühler, 1977, 191-221.

Praxis. A Journal of Cultural Criticism, 1986: Nr. 5, Art and Ideology, Pt. I.

–, A Journal of Cultural Criticism, 1987: Nr. 6, Art and Ideology, Pt. II.

Runte, Annette, 1982: Subjektkritische Diskurstheorie, Köln.

IV.
Semiotische Diskursanalyse

Jürgen Link/Rolf Parr

Eine semiotische Analyse des literarischen Diskurses rekurriert auf zwei nicht notwendigerweise miteinander verbundene Theoriekonzepte: Das der *Semiotik,* als deren Objekt in der Regel die Strukturen sprachlicher, aber auch nicht-sprachlicher Zeichensysteme gelten, und das der *Diskursanalyse,*[1] die kulturell vermittelte und institutionalisierte Formen der 'Rede' in verschiedenen gesellschaftlichen Praxisbereichen sowie deren Beziehungen untereinander zu ihrem Gegenstand macht. *Semiotische Diskursanalyse* verbindet demnach die Frage nach der Spezifik literarischer Zeichen (Kap. 1 und 2) mit der nach ihrer Einbettung in umfassendere Produktions- und Reproduktionszyklen von ineinandergreifenden Teilsystemen einer Kultur. Bedenkt man zudem, daß die Literatur auch in engerer semiotischer Perspektive nur als ein Zeichensystem neben anderen erscheint, daß aber zugleich typisch 'literarische' Zeichenkomplexe wie Metaphern und Symbole (Kap. 1.2.4) auch in nicht-literarischen Diskursen (z.B. Politik) vorkommen, dann liegt eine diskurstheoretische Erweiterung der Semiotik um so näher. In Kapitel 3 wird 'Literarizität' daher als Wechselspiel (immanent) semiotischer Strukturen mit (extern) diskursiven Faktoren zu bestimmen versucht.

1. Literarizität und Konstituenten literarischer Diskurse in semiotischer Sicht

Ein Minimalkonsens unter Semiotikern besteht darin, ihre Disziplin als Wissenschaft von den Zeichen bzw. Zeichenprozessen zu definieren. Doch bereits die Frage nach der Beschaffenheit dieser Zeichen und dem Relationsgefüge ihrer Konstituenten[2] läßt Differenzen zwischen einer eher *linguistisch-strukturalistisch* (Saussure; Hjelmslev) und einer *allgemein zeichentheoretisch,* nicht spezifisch sprachlich akzentuierten Semiotik (Peirce; Morris) erkennen (vgl. Nöth 1985, 4): Dem binären Zeichenmodell Saussures, das einem Signifikanten ein Signifikat zuordnet und damit für die Zeichenkonstitution in erster Linie auf das semantische Kriterium der *Bedeutung* verweist, steht das auf Charles S. Peirce und William Morris zurückgehende ternäre Modell gegenüber, das als eigenes drittes Relat die Instanz der *Referenz* hinzufügt.

Auch die Literatursemiotik(en) – durch wissenschaftliche Herkunft und Gegenstandsbereich zwischen Linguistik, Semiotik und Literaturwissenschaft angesiedelt – setzen vielfach beim Zeichenbegriff an und versuchen, „Theorien vom Literarischen als einem Zeichen" (Nöth 1985, 457) zu entwickeln. Das heißt, sie fragen, inwiefern sich auch literarische Diskurse als semiotische Systeme bzw. deren Produkte auffassen lassen und wo deren 'obere' (Gesamtliteratur? Kulturen? Epochen? Schriften eines Autors? Einzelwerk?) und 'untere' (gibt es so etwas wie 'literarische Zeichen'?) Grenzen anzusetzen wären.

Mit solchen Fragen griff die Literatursemiotik von Beginn an in zentrale Problembereiche der Literaturwissenschaft wie die Debatten um *Literarizität* (bzw. Poetizität, Ästhetizität) und *Fiktionalität* ein. Die schon in der Semiotik selbst heftig diskutierten Zeichenmodelle markieren dabei auch hier die beiden hauptsächlichen Fragerichtungen.

1.1 Die 'Referenz' literarischer Zeichenkomplexe: Ikonizität, Autonomie, Fiktionalität

Literarische Diskurse wurden zum einen als Zeichen mit *Besonderheiten in ihrer Referenz* aufgefaßt und der *Ikonizitätscharakter* von Literatur, die Frage der Abbildung eines Referenzobjektes, bzw. ihre *Autonomie,* das Fehlen einer Darstellungsfunktion des literarischen Zeichens, diskutiert. Das auf Peirce (1931-1945) und Morris (1972) zurückgehende ternäre Zeichenmodell schien mit seiner Instanz des *Referenten*[3] eine scharfe Definition *fiktiver* bzw. *fiktionaler* Diskurse anzubieten: als solcher ohne reale bzw. mit fiktiver oder imaginärer Referenz (Searle 1971, 78 und 1975). Die vielen scharfsinnigen Versuche einer operativen Abgrenzung der Kategorien *fiktiv, fiktional, imaginär, real* (genannt seien Landwehr 1975; Stierle 1975; 1975a; Gumbrecht 1977 sowie zusammenfassend Henrich/Iser [Hg.] 1983) endeten jedoch bei einer eher defensiven (intentionsabhängigen, auf Kontrakt beruhenden, kulturabhängigen [Warning 1983]) Konzeption von imaginärer Referenz. Konsens wurde darüber erzielt, daß Literarizität nicht auf Fiktionalität basiert (so schon Landwehr 1975 und dann vor allem die Autobiographiediskussion: Lejeune 1975 und 1980; Link-Heer 1987), weil ansonsten wichtige literarische Genres (z.B. computersimulierte Wirtschafts-, Krisen- und Kriegsszenarios) aus der Literatur ausgeschlossen werden müßten. Die Aporien der Referenz endeten vorläufig in der These, daß der „Realitätscharakter" aktueller Industriegesellschaften den Status der Simulation besitze (Baudrillard 1982 und 1978, 7).

1.2 Die 'Signifikant/Signifikat-Struktur' literarischer Zeichenkomplexe

Wenn sich also Spezifika literarischer Zeichenhaftigkeit bzw. literarischen Zeichengebrauchs von der Instanz des Referenten her schwerlich begründen lassen dürften, so scheint die Literatursemiotik auf die zwei verbliebenen Instanzen des ternären Modells (in Saussures binärem Modell die einzigen) verwiesen zu werden: auf *Signifikant* und *Signifikat* bzw. deren vielfältige Relationen. Zum anderen werden daher *Besonderheiten in der Bedeutung* des literarischen Zeichens konstatiert. Dabei ist zunächst festzuhalten, daß die Signifikanten literarischer Diskurse *sprachlicher,* in der Regel *natürlichsprachlicher* Art sind. Literarische Rede wird also die semiotischen Strukturen (bzw. mit Eco 1972 „Codes") der verwendeten natürlichen Sprachen (lexikalische, syntaktische, semantische) 'beerben' und sie möglicherweise durch spezifisch literarisch-semiotische Strukturen 'ergänzen' bzw. 'überlagern'. In diesem Sinne ist die Literatur für Jurij M. Lotman ein „sekundäres modellbildendes System" (Lotman 1972, 22ff., sowie 1972a und 1973; dazu Eimermacher 1969 und 1980 sowie Shukman 1977). Die Eigenart dieser 'Ergänzung' bzw. 'Überlagerung' wird in einigen Literatursemiotiken als „graduelles Kontinuum von *Merkmalen"* des Literarischen (Nöth 1985, 469) zu bestimmen versucht, von denen einige im folgenden näher besprochen werden: die *Autofunktionalität* literarischer Diskurse (1.2.1), die *Verfremdung* literarischer Zeichenkomplexe, (1.2.2), *Konnotation* und *Polyiso-*

topie (1.2.3) sowie als eine diese Aspekte bündelnde Kategorie, die des *Symbols* (1.2.4). Dabei kann kein Gesamtüberblick über die Forschung gegeben werden. Es wird vielmehr bewußt subjektiv, d.h. unter Gesichtspunkten einer diskurstheoretisch re-interpretierten und erweiterten (dazu Kap. 3 und 4) Literatursemiotik, ausgewählt.

1.2.1 Autofunktionalität literarischer Zeichenkomplexe

„Die Einstellung auf die *Botschaft* als solche, die Ausrichtung auf die Botschaft um ihrer selbst willen, stellt die *poetische* Funktion der Sprache dar", formulierte Roman Jakobson 1958 in seinem bekannten 'Closing Statement' (Jakobson 1979, 92). Er benutzte den Term *poetisch* dabei in jenem weiten Sinne, der im Deutschen besser durch *literarisch* zu ersetzen ist. In der Tradition des Prager Kreises sprach er bewußt von poetischer *Funktion,* um die punktuelle, partielle bzw. subdominante literarische Konstitution in nicht-literarischen, z.B. politischen Diskursen (vgl. sein klassisches Beispiel „I like Ike" [Jakobson 1979, 93]) mit erfassen zu können. Ein Text bzw. ein Diskurs kann demnach als literarisch gelten, wenn die Funktion darin *dominiert,* welche die Aufmerksamkeit auf die Botschaft selbst zurücklenkt. Der Begriff der *Funktion* und a forteriori der einer *dominanten Funktion* erscheint allerdings schwierig zu operationalisieren (vgl. die Kritik von Baumgärtner 1969). Unter Berücksichtigung der von Jakobson angeführten konkreten Beispiele wird man „Autofunktion" aber im Sinne eines Sammelnamens für eine Reihe von die durchschnittliche Rekurrenz erhöhenden Strukturierungen von Signifikanten, Signifikaten und deren Relationen auffassen dürfen. Ohne dann behaupten zu wollen, daß unbedingt *alle* literarischen Diskurse „autofunktional" strukturiert sein müßten, ließe sich das doch wohl für die weitaus meisten annehmen.

Um hier und im folgenden auf ein Minimum an Anschauungsmaterial zurückgreifen zu können, wird als Bezugstext Goethes vierzehnzeiliges Gedicht 'Geständnis' aus dem 'West-östlichen Divan' (1819) (Hamburger Ausgabe, Bd. 2, 11) gewählt.

Geständnis

1 Was ist schwer zu verbergen? Das Feuer!
2 Denn bei Tage verrät's der Rauch,
3 Bei Nacht die Flamme, das Ungeheuer.
4 Ferner ist schwer zu verbergen auch
5 Die Liebe; noch so stille gehegt,
6 Sie doch gar leicht aus den Augen schlägt.
7 Am schwersten zu bergen ist ein Gedicht;
8 Man stellt es untern Scheffel nicht.
9 Hat es der Dichter frisch gesungen,
10 So ist er ganz davon durchdrungen,
11 Hat er es zierlich nett geschrieben,
12 Will er, die ganze Welt soll's lieben
13 Er liest es jedem froh und laut,
14 Ob es uns quält, ob es erbaut.

Dieses Knittelversgedicht ist absichtlich auf artifizielle Weise pro-
sanah und sogar in Nähe der Umgangssprache gehalten; es eignet
sich daher besonders gut für eine Analyse literarischer Strukturen.
Man stelle sich etwa das letzte Distichon als integrierenden Bestandteil eines nichtliterarischen alltäglichen Berichts (etwa über
einen aufdringlichen Briefschreiber und -vorleser) vor. Sicherlich
würde dennoch sofort beim Rezipienten etwas 'klingeln': und zwar
nicht bloß im Wortsinne der Reim, sondern auch der gramma-
tische Parallelismus in Vers 14, der alternierende Rhythmus in 13
und der davon möglicherweise abweichende, in sich dann aber
wiederum auffällig symmetrische Rhythmus in 14, ferner die Alli-
teration *liest – laut* und die Assonanz *jedem – quält.* Diese Auffälligkeit ist offenbar ein Effekt der in nichtliterarischer Rede extrem
unwahrscheinlichen[4] Struktur der *Signifikanten* und ihrer *Rekur-
renzen,* wobei bereits jedes einzelne Verfahren für sich unwahrscheinlich ist, ihre Kumulation um so mehr. Eine solche auffällige,
da (vergleichsweise) unwahrscheinliche Signifikantenstruktur mag
prägnante Formulierung heißen. Die Autofunktion des literarischen Diskurses wäre dann aufs engste mit prägnanter Formulierung korreliert.

1.2.2 Verfremdung literarischer Zeichenkomplexe und Texte

Die Prägnanz und Auffälligkeit literarischer Formulierungen läßt sich auch mit dem russischen Formalismus (s. Resümee bei Lachmann 1984, 856ff.) als *Verfremdung* gewohnter Strukturen (z.B. Eco 1972, 164ff.), als *Abweichung* oder auch *Anomalie* (Todorov 1971; Nöth 1980) von einer automatisierten Folie begreifen. Dabei wären wiederum *literaturkonstitutive Verfremdungen,* d.h. solche gegenüber nichtliterarischer Sprache (dazu ausführlich Cohen 1966), von *innerliterarischen* zu unterscheiden. In dem 'Divan'-Gedicht wirken z.B. Metrum, Rhythmus, Reim und Bildlichkeit (tropische Semantik) als solche literaturkonstitutiv, in ihrer Spezifik aber innerliterarisch individualisierend, d.h. *stilkonstitutiv:* Hatte der Knittelvers mit seinen zahlreichen Lizenzen (vor allem der Senkungsfreiheit) und seiner Prosanähe bei Hans Sachs sozusagen die Funktion einer literaturkonstitutiven Minimalverfremdung erfüllt, so will er bei Goethe gegen die Folie hoch artifizieller Versformen gelesen werden. Es handelt sich also um eine Verfremdung 3. Grades (allgemein: n-ten Grades): Folie: nichtliterarische Sprache/Verfremdung: Metrum überhaupt (1. Grad); Folie: Metrum überhaupt/Verfremdung: artifizielle Ausführung (2. Grad); Folie: artifizielles Metrum/Verfremdung: prosanahe Ausführung (3. Grad).

Die Literatursemiotik muß diese intern kumulierte Struktur von Verfremdungen (die der einer kumulierten 'dialektischen Aufhebung' gleicht) mithin rekonstruieren. Sie beschreibt dabei gleichzeitig bereits bestimmte Resultate der *Entwicklung* literarischer Strukturen, da jede Verfremdung sowohl synchronisch als auch diachronisch gelesen werden kann.

1.2.3 Konnotation und Polyisotopie als fundamentale Verfahren von Literatur

Der Begriff der *Konnotation* (mit der Opposition *Denotat* vs. *Konnotat*) ist für die semiotische Beschreibung literarischer Bedeutungsstrukturen unverzichtbar, obwohl eine operative Definition sehr schwierig erscheint (s. die Kritik von Spinner 1980). Hjelmslevs Definitionsvorschlag (denotative Semiotiken seien Semiotiken, deren Ebenen selbst keine Semiotiken sind; konnotative Semiotiken seien Semiotiken, deren Ausdrucksebene eine Semiotik ist [vgl. Hjelmslev 1974]) ist scharf, aber nicht operativ, da er als Konnotate nur solche Signifikate zu bezeichnen erlaubt, die zu einem ganz anderen semiotischen System gehören als ihr (erster) Signifikant. In diesem Sinne ließe sich mit Roland Barthes die Literatur insgesamt gegenüber der natürlichen Sprache als „konnotative Semiotik" begreifen, für die nach Barthes (1983) folgendes Schema (A = Ausdrucksebene, I = Inhaltsebene, R = Relation der beiden Ebenen; Sa = Signifikant, Sé = Signifikat [Barthes 1983, 75f.]) gilt:

2 (Literatur)	A R I		Sa		Sé
		bzw.:			
1 (natürliche Sprache)	$\overbrace{ARI}$		Sa	Sé	

Ein Beispiel wäre Vers 6 des 'Divan'-Gedichts und insbesondere das Reimwort „schlägt". Standardsprachlich läßt sich kaum sagen, daß die Liebe einer Person aus den Augen „schlage". Das standardsprachliche Zeichen „schlägt" (als Signifikant-Signifikat-Einheit) würde also insgesamt zum Signifikanten (Konnotator) eines komplexen Zeichens der „konnotativen Semiotik" Literatur. Als Konnotat in diesem Sinne ließe sich allerdings lediglich bestimmen: Verfremdung des Denotats; Selektion des Signifikanten durch Reimzwang.

System 2 (Literatur)	[ʃlae:kt] = schlägt	Reimklang; verfremdete Bedeutung
System 1 (Standardsprache)	[ʃlae:kt] schlägt	

Bereits die Intuition zeigt aber, daß Goethe das Wort „schlägt" keineswegs bloß unter Reimzwang (im Sinne eines Notbehelfs wie bei Hans Sachs) gewählt haben kann: Offenbar ist „schlägt" indirekt dadurch motiviert, daß sich standardsprachlich sagen läßt, eine Flamme „schlage" aus den Fenstern eines brennenden Hauses, und daß die Liebe ferner, also indirekt, durch das Gedicht mit einer Flamme äquivalent gesetzt wird. Es erscheint demzufolge sinnvoll, von Konnotation nicht bloß bei der Überschreitung eines semiotischen Systems auf ein anderes hin zu sprechen, sondern auch innerhalb eines semiotischen Systems bei der Überschreitung einer *Isotopie* auf eine andere hin (dazu Greimas

1971),[5] so daß sich insgesamt eine Tendenz literarischer Diskurse zur *Multiplikation konnotativer Signifikate* (d.h. zur *Polysemie* bzw. *Polyisotopie)* konstatieren läßt.

Isotopie 2 (Feuer)	Liebe schlägt		wie Feuer
Isotopie 1 (Liebe)	Liebe schlägt	(schwach akzeptabel:) Liebe hat etwas Gewaltsames	

Die Serien von Konnotaten unter einem Signifikanten bzw. unter einem Ensemble von Signifikanten (bzw. die Polysemien und Polyisotopien) lassen sich mit Michail Bachtin noch einmal in zwei grundlegend verschiedene Unterklassen einteilen: in harmonische, widerspruchsfreie, „monologische" Serien und in disharmonische, widersprüchliche, „dialogische" (Bachtin 1971 und 1979; vgl. das Resümee bei Lachmann 1984, 871ff. sowie Lachmann 1982; vgl. ferner Kristeva 1969).

Diese Einführung des (kulturellen, ideologischen, ästhetischen) *Widerspruchs* in die Literatursemiotik stellt gegenüber Jakobson eine notwendige Modifikation dar (dazu auch Macherey 1974). Ein Beispiel liefert die metrische Gestalt des Schlußverses bei Goethe: Aufgrund der metrischen Paradigmata ist es unentscheidbar, ob alternierend zu lesen ist (entsprechend dem Konnotat „Hans Sachs" und dem Metrum der vorhergehenden Verse) oder aber 'natürlich' (-uu-, -uu-). In dieser „Doppelkodierung" (Lachmann 1983) tritt der kulturelle Widerspruch zwischen Bewunderung für die Naivität populärer Literatur und der Kritik daran bei Goethe zutage.

1.2.4 Zeichenmotivierung und Symbolik als dominante semantische Verfahren

„Symbol" wird hier mit Saussure 1967, Hjelmslev 1974, Barthes 1983, Todorov 1977 und Lévi-Strauss 1987[6] (und abweichend von Peirce, Cassirer und Lacan [→ *Strukturale Psychoanalyse*] als motiviertes, und zwar ikonisch bzw. quasi-ikonisch motiviertes Zeichen (vgl. zum folgenden auch Kloepfer 1975, 112ff.) aufgefaßt. Seit dem horazischen Topos „ut pictura poesis" sind literarische Diskurse immer wieder als „Denken in Bildern" (exemplarisch dafür Potebnja; vgl. Lachmann 1984, 853ff. und 1982a) bzw. als wesenhaft „symbolisch" (oder „sinnbildhaft", „emblematisch",

„allegorisch" usw.) begriffen worden. Man kann als Haupttendenz der rhetorischen Tropenlehre die Verwandlung von *arbiträren* in *motivierte* Zeichen betrachten. Diese Tendenz läßt sich dem literarischen Diskurs noch genereller und auf allen Ebenen zuschreiben. Der Terminus „ikonisch" kann im weiteren (alle motivierten Zeichen) oder engeren Sinne (visueller oder ins Visuelle übersetzbarer Signifikant) verstanden werden. Für das „Symbol" im engeren Sinne (quasi-visuell: etwa bei Goethe) ist die Auffassung Saussures interessant, der zufolge viele *Signifikate* quasi-visuelle *Konzepte* seien (vgl. sein bekanntes Bild eines Baums [Saussure 1967, 78]). Sollte sich diese Hypothese Saussures künftig gehirnphysiologisch bestätigen lassen, so hieße das, daß das Symbol (im engen Sinne) als wohl charakteristischster literarischer Zeichenkomplex auf der Mikroebene das Verhältnis von lautlichem Signifikant und (jedenfalls in vielen Fällen) quasi-visuellem Signifikat tendenziell umkehren würde.

Wie dem auch sei, jedenfalls mußte eine Semiotik des Symbols (im engen Sinne) als wichtiges Desiderat erscheinen. In Link (1975, 1978, 1983 und 1984) sowie in Drews/Gerhard/Link (1985) wurde vorgeschlagen, als „Symbole" ikonische bzw. quasi-ikonische (i.S. von quasi-visuell) Zeichenkomplexe vom Umfang einer rudimentären Isotopie *(Pictura)* und mit Isomorphierelationen gegenüber einem bzw. in der Regel mehreren komplexen Signifikaten *(Subscriptiones)* zu definieren. Diese Teilstruktur, in die fast alle *Tropen* der traditionellen Rhetorik und insbesondere *Metapher, Synekdoche* und *Metonymie* als fakultative Komponenten eingehen, muß als fundamentales, sehr weit verbreitetes Konstituens literarischer Diskurse – mit Kopplungsmöglichkeiten zu allen anderen Teilstrukturen – gelten. Ferner ist zu erwähnen, daß das so definierte „Symbol" von seiner syntaktischen Struktur her die Bedingungen des *Parallelismus* erfüllt, den Jakobson für die 'Zelle' des poetischen Diskurses hielt, und zudem die Bedingungen der *Autofunktionalität,* der *Verfremdung* und der *Konnotation* bündelt. In Goethes Gedicht wird durch die metrische und semantische Parallelität der drei Komplexe „Feuer", „Liebe", „Gedicht" das folgende komplexe Symbol aufgebaut:

Pictura 1	Pictura 2	Subscriptio 1	Subscriptio 2
'Feuer'	('Licht')	'Liebe'	'Gedicht'
'Rauch bei Tage'	('Rauch')	('Symptom')	
'Flamme bei Nacht'	('Flamme')	('Intensität')	('Intensität')
'Sichtbarkeit'	'Sichtbarkeit'	('Evidenz')	'Evidenz'
('Sichtblende vergeblich')	'nicht untern Scheffel'		'liest es jedem'
('Gebäude')		('Körper')	
('Fenster')		'Augen'	

Bei den eingeklammerten Elementen des Schemas handelt es sich um *Konnotate:* Auf der Basis der Isomorphiebezüge zwischen mehreren Isotopien vermag die Symbolik ein vielfältiges Konnotationsspiel zu entfalten (Goethes 'offenbares Geheimnis'). Die semantischen Komplexe „Feuer/Rauch" sowie „Scheffel" konnotieren ferner kulturell stereotype Symbole, *Kollektivsymbole,* und zwar das Sprichwort „Wo Rauch ist, ist auch Feuer" bzw. die biblische Wendung „Man zündet auch nicht ein Liecht an/ vnd setzt es vnter einen Scheffel/... also lasst ewer Liecht leuchten fur den Leuten/ Das sie ewre gute Werck sehen ..." (Math. 5, 15f.). Dabei bringt Goethe sogar das Kunststück fertig, das anwesende, denotierte „Gedicht" auf das abwesende, konnotierte „Licht" zu reimen und beides dadurch besonders intensiv zu identifizieren.

Die semiotischen Kriterien der *Autofunktion, Verfremdung, Konnotation und Symbolik* erlauben erste Antworten auf die eingangs gestellten Fragen nach kleinsten 'literarischen' Elementen bzw. nach Literarizität als Makrostruktur. Verfremdung, Konnotation und Symbolik stimmen darin überein, daß sie das zugrunde liegende Sprachzeichen bzw. einen Komplex von Sprachzeichen 'vertikal' expandieren. Ein derartig *paradigmatisch expandiertes Zeichen,* bzw. ein solcher Zeichenkomplex, läßt sich deutlich von einer standardsprachlichen Kette, sollte es darin auftauchen, unterscheiden und kann daher als kleinste 'literarische' Einheit aufgefaßt werden. Paradigmatisch expandierte Zeichen begegnen jedoch in der Tat auch verstreut in nicht-literarischen Diskursen. Den Unterschied suchten die Prager Strukturalisten mit dem Konzept der *Dominanz* einer *Funktion* (Jakobson 1979, 215ff.) zu bestimmen. In Kapitel 3 wird versucht werden, dieses Problem durch eine diskurstheoretische Erweiterung der Semiotik zu beantworten. Ferner ist schon hier der Unterschied zwischen einzeln auftauchenden, sozusagen 'autonomen' expandierten Zeichen und solchen zu betonen, die bloß Elemente einer übergeordneten Polyisotopie sind. Da im zweiten Falle die Elemente von der übergreifenden Struktur generiert werden und nicht umgekehrt, läßt sich der literarische Diskurs als sekundäres semiotisches System keineswegs aus 'kleinen Einheiten' – etwa kombinatorisch – generieren. Die Frage nach der Definition von Literarizität läßt sich also allein auf der Basis des paradigmatisch expandierten Zeichens noch nicht beantworten. Umgekehrt sind solche 'literarischen Elemente' durchaus nicht in allen literarischen Texten so dicht strukturiert wie in dem Gedicht von Goethe. Vor allem in umfangreichen narrativen Diskursen scheinen die Sprachzeichen auf den ersten Blick sogar häufig ohne paradigmatische Expansion benutzt zu werden

2. Semiotische Ebenen-Analyse literarischer Diskurse und literarischer Makrostrukturen

Die Frage nach dem semiotischen Charakter literarischer Mikrostrukturen ist nun zunächst durch die nach der Semiosis entsprechender Makrostrukturen zu ergänzen. Lassen sich semiotische Gesetze formulieren, die die syntagmatische Fügung literarischer Texte in ihrer Gesamtheit zu erklären erlauben?

2.1 Jakobsons Grundgesetz

Ein grundlegendes Gesetz solcher Art hat Roman Jakobson im 'Closing Statement' wie folgt formuliert: „Die poetische Funktion projiziert das Prinzip der Äquivalenz von der Achse der Selektion auf die Achse der Kombination" (Jakobson 1979, 94; s. dazu die Kritik bei Koch 1981). Mit der Achse der Selektion ist die Gesamtheit der *Paradigmata* eines Sprachsystems gemeint, die durch (jeweils partielle) Äquivalenzen auf Signifikant- bzw. Signifikatebene konstituiert sind. So bildet die Serie der deutschen Reimworte auf -*euer* (erster Reim in Goethes Gedicht) ein Paradigma. Roland Posners (hier konkret appliziertes) Schema zeigt anschaulich, wie der poetische Text ein Syntagma nach Maßgabe eines Paradigmas generiert und organisiert (Posner 1971, 238).

Achse der Selektion
(Paradigma)

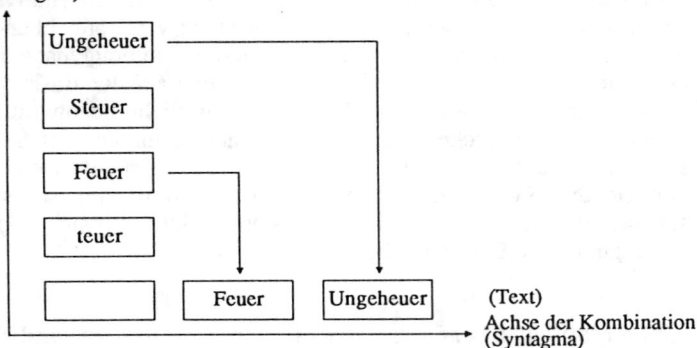

| Ungeheuer |
| Steuer |
| Feuer |
| teuer |

| | Feuer | Ungeheuer | (Text) |

Achse der Kombination
(Syntagma)

Durch Paradigmata mit Signifikanten-Äquivalenzen werden außer den Reimen auch die Alliterationen und Assonanzen sowie das Metrum und der Rhythmus generiert; durch Paradigmata mit Signifikat-Äquivalenzen dagegen die symbolischen Verweise und die Serie „gesungen" – „geschrieben" – „liest"; durch ein Paradigma von Signifikant und Signifikat gleichzeitig schließlich die Leitmotive „schwer zu <ver>bergen" bzw. „er" („der Dichter"). (Vgl. hierzu und zum folgenden auch Holenstein 1976, 1979 und 1980 sowie kritisch Koch 1981.)

Die durchgängige Wirksamkeit des Jakobsonschen Gesetzes zeitigt eine Reihe wichtiger Konsequenzen:

a) *Das Gesetz erklärt die Tendenz literarischer Rede zur paradigmatischen Expansion ihrer Zeichen.* Da bestimmte Elemente des literarischen Syntagmas eine paradigmatische Relation realisieren, klingt bei jedem Element das Paradigma ganz oder teilweise mit:

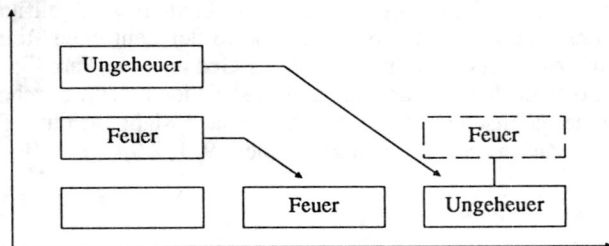

Ungeheuer		Feuer
Feuer		
	Feuer	Ungeheuer

118

Dieses Resonanz-Prinzip spielt besonders beim Aufbau des Symbols der ersten Gedichthälfte („Feuer" – „Liebe" – „Gedicht") eine entscheidende Rolle. Allgemein lassen sich Verfremdung, Konnotation und Symbolik als Effekt des Grundgesetzes begreifen.

b) *Jakobsons Gesetz erklärt die Tendenz zur Semantisierung der Signifikanten und zur Übersemantisierung der Signifikate in literarischen Diskursen.* Da Signifikanten und Signifikate in der Sprache durchgängig binär gekoppelt sind und da der literarische Diskurs sowohl Signifikanten-Paradigmata als auch Signifikat-Paradigmata auf die syntagmatische Achse projiziert, weist die Rezeption den Signifikanten-Rekurrenzen (also den Klangrekurrenzen, Rhythmen usw.) automatisch Signifikate zu. Bei diesen Signifikaten handelt es sich um Konnotate, die entweder impressionistisch („Stimmung", „melancholischer Klang" usw.) oder in Anlehnung an denotierte Signifikate des Kontextes produziert werden. Dadurch sowie durch die vielfältigen Signifikat-Resonanzen werden die denotierten Signifikate der natürlichen Sprache multipliziert und irritiert.

c) *Das Gesetz erklärt schließlich die Tendenz auf seiten der Rezeption literarischer Diskurse, jedes nur mögliche Element so komplex wie möglich zu sematisieren.* Die 'unerschöpfliche Tiefe' literarischer Texte ist ein Topos der Hermeneutik. Jakobsons Gesetz erlaubt den Mechanismus zu begreifen: Die paradigmatische Lektüre eines Textes tendiert dazu, jedes (auch jedes kontingente) Element versuchsweise als Resultat der Abbildung eines sinnvollen Paradigmas zu lesen. Sie tendiert ferner dazu, alternative Paradigmata wiederum als sinnvolle Teilaspekte eines Paradigmas höherer Ordnung aufzufassen.

2.2   Standardmodell der Ebenen eines literarischen Textes

Die Semantisierung der Signifikanten und die Übersemantisierung der Signifikate sind die Ursachen dafür, daß literarische Texte in der Regel außer der Ebene der Denotation mehrere Ebenen konnotativer Signifikate besitzen. In dem folgenden Schema (die Beispiele beziehen sich auf das 'Divan'-Gedicht) sind vier solcher Ebenen angenommen, die sich multiplizieren ließen (vgl. Link 1981; zu anderen Ebenen-Modellen vgl. Bense 1969; Eco 1972, 157ff.; Kloepfer 1975, 81ff.).

Signifi- kant- ebenen	Semantisierung der laut- lich-klanglichen Ebene	Mit Ausnahme von Vs. 10 in jedem Vers eine starke binäre Alliteration oder Asso- nanz ("schwer zu verbergen", "verräts der Rauch" usw.).
	Semantisierung der rhythmisch-metrischen Ebene	Serie reiner Kreuzreime, die von der Mitte an ("Gedicht") die semantischen Zeilen- akzente tragen und sich auf 'Poesie' be- ziehen ("gesungen", "geschrieben", "laut").
		Knittelverse = vierhebige Verse mit je 2 starken Akzenten (tendenziell isomorph mit Alliteration/Assonanz/Reim) und Senkungsfreiheit; in der erste Hälfte große Prosanähe durch starke Zäsuren und Enjambement - in der zweiten Hälfte Isomorphie Vers-Syntax, in 3 oder 4 Versen regelmäßige Alternation (Vs. 8, 10, 13, 14?).
Signifi- kat- ebenen	Ebene der Denotation	In der 1. Hälfte 3 Beispiele für Evidenz von Symptomen, das 3. Beispiel die Poesie; in der 2. Hälfte 3 Stufen.
	Ebene der Konnotation 1	Symbolische Identität der 3 Beispiele, dominantes Signifikat Poesie; Konnotation volkstümlicher Kollektivsymbole. Zentral- symmetrie; Mittelstellung von Poesie;
	Ebene der Konnotation 2	größere Prosanähe in der 1. Hälfte (Konno- tat: volkstümliche Energie, die dann in der poetischen Form 'aufgehoben' wird).

Insgesamt also die Kunst scheinbarer Kunstlosigkeit: Alle Paradigmen werden in 'lockerer' Weise auf die syntagmatische Achse
abgebildet. Typisch dafür ist die Senkungs- und Auftaktfreiheit
des Verses, aber auch die lockere Fügung des Symbols und die
Folge scheinbarer Tautologien im zweiten Teil. Die Ebene der Denotation dominiert gegenüber den Ebenen der Konnotation; alles
zeigt sozusagen auf eine scheinbar banale Alltagssprache, die aber
durch die erst in der Analyse sichtbar werdenden zusätzlichen
Ebenen einen komischen Tanz vollführt. Wie die metrische Doppelkodierung des Schlußverses (s.o.) symptomatisch zeigt, ergibt
sich der Effekt des 'Lockeren' aus dem spielerischen Umgang mit
einem durchaus ernsten kulturellen Widerspruch: Goethes „Textbegehren" (Gallas 1981; s.u. 4.) richtet sich zum einen wie das der
Romantiker auf Popularität, ja Naivität der Schreibweise (auf
„Hans Sachs"), zum anderen wird es aber abgestoßen von dem
artifiziellen Infantilismus der Romantiker, einem der Ursprünge

des Kitsches. Aus der Not dieser Oszillation ist hier die Tugend eines 'lockeren Spiels' entstanden, die durch 'Energie und Frechheit' ratifiziert erscheint.

2.3 Narrative Makrostrukturen

Gilt ein solches Ebenen-Modell auch für literarische Makrostrukturen, insbesondere literarische Narrationen? Jakobsons Unterscheidung zwischen dominant „metaphorisch" (paradigmatisch) und dominant „metonymisch" (syntagmatisch) konstituierten literarischen Texten (Jakobson 1971) erscheint wenig einleuchtend (vgl. die praktische Widerlegung bei Greimas 1976; bes. 12, 46, 57ff., 89, 224ff.). Sicherlich dürfte die Semantisierung der Signifikantebenen in manchen Narrationen eine weniger große Rolle spielen, obwohl Rhythmus, Tonfall, *syntaktische Melodie* des Erzählens stets ein entscheidendes Gewicht für die literarische Konstitution einer Erzählung besitzen. In jedem Fall sind aber die beiden konnotativen Ebenen auch für literarische Geschichten konstitutiv. Der Nachweis von Claude Lévi-Strauss (1967), daß auch mythische Geschichten Abbildungen semantischer Paradigmata sind, gilt in vollem Umfang für literarische Narrationen. Besonders wichtig in literarischen Texten ist die Ebene 2 der Konnotation (Dislokation): Der Umfang der Texte erlaubt es, die Stellung von Episoden zu Beginn, in der Mitte oder am Schluß, die Rekurrenz von Handlungen, ihre Eskalation, Deeskalation, Umkehrung usw. vielfältig zu semantisieren.[7]

3. Zur diskurstheoretischen Erweiterung der Literatursemiotik

Man kann die Struktur des literarischen Diskurses aus semiotischer Sicht also vorläufig als paradigmatisch generiertes und paradigmatisch expandiertes Syntagma – bildlich gesprochen: als „mehrstimmige", polyisotope Rede – bestimmen. Das gilt für kleinste literarische Elemente wie für Makrostrukturen. Die Frage ist nun, ob solche „Mehrstimmigkeit" innerliterarischen Ursprungs ist oder woher sie ggf. stammt. Ein Vorschlag zur Beantwortung dieser Frage ist es, die Semiotik *diskurstheoretisch* zu erweitern.

Man kann allgemein im Zuge der sozialen Evolution hin zu immer differenzierterer Arbeitsteilung eine parallele Tendenz zu wachsender *Diskursspezialisierung* konstatieren. Unter Diskurs soll dabei mit Foucault (vgl. den Hinweis auf Foucault bereits bei Eco 1972, 92) das geregelte Ensemble von Redeformen, Genres, Ritualen usw. innerhalb einer historisch ausdifferenzierten und institutionalisierten Praxisart verstanden werden, wie z.B. der klinische medizinische Diskurs, die einzelnen naturwissenschaftlichen Diskurse oder der moderne juristische Diskurs. Dann ist davon auszugehen, daß die Tendenz zu immer größerer Diskursspezialisierung durch umgekehrte Mechanismen der *Diskursintegration* kompensiert werden muß. Diese *interdiskursiven* Verfahren (dazu ausführlich Link 1983, 1984 und 1986) generieren nun stets schon spontan (und vorliterarisch) Polysemien, Symbole, kurz: paradigmatisch expandierte Zeichen und Zeichenkomplexe. In den interdiskursiven Bereichen (wie Alltag; öffentliche Meinung; Medien; Allgemeinbildung; Weltanschauung usw.) wird die Gesamtheit der Spezialdiskurse in hochgradig selektiver Weise durch Konzepte, prägnante Formulierungen und 'Bilder' repräsentiert. Dabei gehen in idealtypischer Vereinfachung nur solche Einheiten in den Interdiskurs ein, die durch *Diskursinterferenzen* bzw. *Diskurskopplungen* „mehrstimmig" (paradigmatisch expandiert) worden sind. Man kann es geradezu (wiederum idealtypisch vereinfachend) als Tendenz der Spezialdiskurse bezeichnen, Konnotationen einzuschränken und die Denotation herrschend zu machen, und umgekehrt als Tendenz des Interdiskurses, Denotationen auf reiche Konnotationen hin zu erweitern.

Eine Liste der paradigmatisch expandierten Elemente des Interdiskurses, die man auch als „elementar-literarische" Einheiten bezeichnen kann (Link 1983, bes. 13ff.), würde sich teilweise mit Einheiten der traditionellen *Rhetorik* decken; ähnliche Einheiten dienen nun bekanntlich auch der *semiotischen Kulturtypologie* als analytisches Inventar (s. z.B. Lotman 1972, 1972a und 1973; Bachtin 1971, 1979; Lachmann 1982; Greimas 1976, bes. die Schemata 139ff.).

Der Einwand gegen die bisherige Kulturtypologie, sie verfehle durch ihre Konzentrierung auf kulturelle Universalien und einfache distinktive Dominanten die sozialhistorische Evolution, trifft bloß bedingt zu, und zwar auf Lotman weniger als auf Greimas, und auf Bachtin und Lachmann noch weniger als auf Lotman.

Dennoch zielt die Kritik auf ein tatsächlich vorhandenes theoretisches Defizit, das durch eine diskurstheoretische Erweiterung der Kulturtypologie behoben werden könnte: auf die mangelnde theoretische Verbindung zwischen Universalienkombinatorik und soziokulturellen Antagonismen. Es fehlen in der bisherigen Kulturtypologie sozusagen die Instanzen der *Diskurskombinatorik,* des *Interdiskurses* und der darin eingenommenen *diskursiven Position.* Es gilt daher, nicht bloß eine Kombinatorik von Universalien (z.B. universellen Symbolen usw.) mit wechselnder Dominante zu berücksichtigen, sondern in Gestalt der auf dem Arbeitsteilungsprozeß fußenden Diskursdifferenzierung einen material wie formal mächtigen Evolutionsfaktor einzuführen. Die semiotische Struktur eines historisch-spezifischen Kulturtyps hängt danach entscheidend von Quantität und Qualität ausdifferenzierter Diskurse in der Kultur sowie von der Art ihrer interdiskursiven Reintegration ab, von der Art der Relationen, Interreferenzen, Kopplungen, Selektionen und Dominanzen. Die je historisch-spezifische semiotische Struktur der Literatur erscheint dann als kohärente 'Verarbeitung' der kulturell parat gehaltenen elementar-literarischen Zeichen-Arsenale. Die unterschiedliche Wertungsmöglichkeit erlaubt sowohl auf elementar-literarischer als auch auf literarischer Ebene verschiedene *diskursive Positionen* innerhalb einer Kultur. Der auf der Grundlage des Systems interdiskursiver Elemente operierende Kampf literarischer Töne ist zugleich Motor der *Evolution.* Dabei ist die *Tendenz zur Distinktion der Töne – Verfremdung* nannten es die russischen Formalisten – mit der *Tendenz zur Konfrontation diskursiver Positionen* zusammenzudenken: Historisch wirkungsmächtig wird nur eine Originalität, der die Kopplung an eine diskursive Position gelingt; im Grenzfall: der es gelingt, eine neue diskursive Position zu schaffen, die u.U. auch den Charakter aktueller Intervention haben kann (vgl. Link/Parr 1989). In der diskursiven Position konzentrieren sich die sozialhistorischen Energien der Diskursintegration wie der direkten Klassendistinktion (Link/ Link-Heer 1980).

Auf dieser Basis läßt sich nun auch eine Antwort auf die eingangs erwähnten Fragen nach Literarizität usw. geben: Literarizität läßt sich nicht rein immanent-semiotisch, wohl aber in Kombination von (externer) diskursiver Institutionalisierung und immanenten semiotischen Strukturen definieren. In bestimmten modernen Kulturtypen wird ein eigener, spezieller literarischer Interdiskurs institutionalisiert. Das ist ein Sonderfall; in früheren und anderen Kulturen sind 'literarisch' strukturierte Texte bzw. Redeformen integrierende Bestandteile 'nicht-literarischer' Interdiskurse, wie z.b. der Populärreligion. Wenn Goethe also ein biblisches Symbol konnotiert, so integriert er ein bereits 'literarisch' strukturiertes Element eines 'nicht-literarischen' Interdiskurses in einen institutionell-literarischen. Man kann, was hier als elementar-literarische Formen bezeichnet wurde, also sozusagen als semiotischen Input der Kultur in die Literatur auffassen. Die Literatur verarbeitet diesen Input zu kontinuierlichen polyisotopen Texten.

4. Aktuelle Probleme der Literatursemiotik

Spätestens seit Beginn der achtziger Jahre trat ein Defizit der Literatursemiotik bei Fragestellungen wie solchen nach der 'ästhetischen Faszination. Intensität' (Deleuze/Guattari 1974 und 1980) bzw. dem 'unbewußten Textbegehren des Subjekts' (Gallas 1981) zutage. Zwar hatte bereits Koch auf die „Intensitäten" und „Energien" verwiesen, die u.a. auch durch semiotische (und konkret poetische) Verfahren stimuliert bzw. transportiert werden (Koch 1981, 43f., 51f. und 1983). Nun trat aber in der Tradition der Psychoanalyse und vor allem im Anschluß an Lacans 'strukturalistische' Freud-Deutung [→ *Strukturale Psychoanalyse*] die Frage in den Vordergrund, wie Lust und Schmerz als Funktionen spezifischer Subjektformationen im Zusammenhang mit einem distinktions-strukturalistisch gedeuteten Kode des Unbewußten begriffen werden könnten. Für die subjektpragmatisch orientierte Literatursemiotik, die höchstens eine abstrakt gefaßte „emotive function" kennt, mußte dieser gesamte Problembereich als vollständig fremde Welt wirken, die denn auch meistens gar nicht zur Kenntnis genommen wurde. Umgekehrt entwickelten sich im 'französischen' Bereich einige Protagonisten der Literatursemiotik zu Protagonisten der affektorientierten Diskurstheorie (vgl. Barthes 1974; Kristeva 1978; Baudrillard 1982; vgl. auch Eco/Sebeok [Hg.] 1985) – in die USA kehrte das Verdrängte in Form des Dekonstruktivismus [→ *Dekonstruktion*] fröhlich zurück (vgl. Culler 1988). Im westdeutschen Bereich wird eine analoge Evolution vor allem durch Helga Gallas (1981 und 1985) sowie durch Rolf Kloepfer (1985, 1985a, 1986, 1986a) repräsentiert.

Man könnte sich angesichts der unbestreitbaren Tatsache, daß die Literatursemiotik seit den sechziger Jahren stets auf von außen kommende Herausforderungen reagieren mußte – in den siebziger Jahren auf soziologische und sozialhistorische, in den achtziger Jahren auf psychoanalytische –, die Frage stellen, worin überhaupt – außer vielleicht in abstrakten Zeichenmodelldebatten – ihr spezifisch *semiotischer* Beitrag liege. Folgende Antwort zeichnet sich ab: Er liegt in der interdisziplinären, übergreifend-kulturtheoretischen Perspektive (vgl. Eco 1987, 45-46 und 52-54) sowie im Beharren auf möglichst stringenter struktураler und strukturpragmatischer Modellbildung. Produktion und Rezeption von Literatur erscheinen in semiotischer Sicht lediglich als Teilsektoren umfassenderer Produktions- und Reproduktionskreisläufe von ineinandergreifenden Zeichensystemen einer Kultur. Auf der Tagesordnung stehen nicht mehr so sehr Modellierungen von Prolegomena als vielmehr Modellierungen eben dieses kulturellen Gesamtzusammenhangs, wie sie in der Kulturtypologie, bei Greimas und Koch, sowie mit dem skizzierten diskurstheoretischen Modell, das den Zusammenhang von Kultur und Literatur in Termini von Diskurssystem und Interdiskurs faßt, versucht werden.

Anmerkungen

1 Unter *Diskurs* wird im folgenden in Anlehnung an Michel Foucault das geregelte Ensemble von Redeformen, Genres, Ritualen usw. innerhalb einer historisch ausdifferenzierten und institutionalisierten Praxisart verstanden (vgl. ausführlich Kap. 3). Die Diskursanalyse macht entsprechend die Differenz zwischen der linguistischen und semiotischen Regularität einer Aussage zu ihrem Gegenstand (vgl. Kolkenbrock-Netz 1988, 273).

2 Siehe die „Vergleichende Übersicht über die Konstituenten verschiedener Zeichenmodelle" bei Nöth 1985, 92 sowie Eco 1977, 30.

3 Exemplarisch die Zusammenfassung bei Köller 1975, 97ff. und 1980.

4 Zur statistischen Ästhetik s. z.B. Bense 1960, 62ff. sowie Bense 1969.

5 Vgl. auch Link 1974 ([3]1984), 41f. sowie 67ff., 355ff.

6 Vgl. vor allem Kapitel XIV, 325-326, wo Lévi-Strauss das Symbol ebenfalls als Vereinigung einer komplexen *pictura* mit ein oder mehreren *subscriptiones* (Link 1978) umschreibt.

7   Zur Ebene semiotischer Makrostrukturen und zu einem Schema lite-
    rarischer Genres vgl. ausführlicher: Link, Jürgen: Literaturwissen-
    schaft und Semiotik, in: Koch, Walter A. (Hg.): Semiotik in den Ein-
    zelwissenschaften. Bochumer Beiträge zur Semiotik 8 (erscheint
    demnächst).

Literatur

Bachtin, Michail, 1971: Probleme der Poetik Dostoevskijs, München.
–,   1979: Die Ästhetik des Wortes, Frankfurt.
Barthes, Roland, 1974: Die Lust am Text, Frankfurt (franz. Originalaus-
    gabe 1973).
–,   1983: Elemente der Semiologie, Frankfurt (franz. Originalausgabe
    1964).
Baudrillard, Jean, 1978: Agonie des Realen. Aus dem Französischen über-
    setzt von Lothar Kurzawa und Volker Schaefer, Berlin.
–,   1982: Der symbolische Tausch und der Tod, München (franz. Origi-
    nalausgabe 1976).
Baumgärtner, Klaus, 1969: Der methodische Stand einer linguistischen
    Poetik, in: Jahrbuch für Internationale Germanistik 1, 1969, 15-43.
Bense, Max, 1960: Programmierung des Schönen. Allgemeine Texttheorie
    und Textästhetik. Grundlegung und Anwendung in der Texttheorie,
    Reinbek.
–,   1969: Einführung in die Informationstheoretische Ästhetik. Grundle-
    gung und Anwendung in der Texttheorie, Reinbek.
Cohen, Jean, 1966: Structure du langage poétique, Paris.
Culler, Jonathan, 1988: Dekonstruktion. Derrida und die poststrukturalisti-
    sche Literaturtheorie, Reinbek (amerikanische Originalausgabe
    1982).
Deleuze, Gilles/Guattari, Felix, 1974: Anti-Ödipus. Kapitalismus und
    Schizophrenie I, Frankfurt (franz. Originalausgabe 1972).
–,   1980: Mille Plateaux. Capitalisme et schizophrénie II, Paris.
Drews, Axel/Gerhard, Ute/Link, Jürgen, 1985: Moderne Kollektivsymbo-
    lik. Eine diskurstheoretisch orientierte Einführung mit Auswahlbi-
    bliographie, in: Internationales Archiv für Sozialgeschichte der Lite-
    ratur. 1. Sonderheft Forschungsreferate, 256-375.
Eco, Umberto, 1972: Einführung in die Semiotik, München.
–,   1977: Zeichen. Einführung in einen Begriff und seine Geschichte,
    Frankfurt 1977 (ital. Originalausgabe 1973).
–,   1985: Semiotik und Philosophie der Sprache, München.
–,   1987: Semiotik. Entwurf einer Theorie der Zeichen, München (engl.
    Originalausgabe 1976).

−/ Sebeok, Thomas A. (Hg.), 1985: Der Zirkel oder: Im Zeichen der Drei. Dupin. Holmes. Peirce, München.

Eimermacher, Karl, 1969: Entwicklung, Charakter und Probleme des sowjetischen Strukturalismus in der Literaturwissenschaft, in: Sprache im technischen Zeitalter 30, 1969, 126-157.

−, 1980: Zeichenbildung und Zeichentransformation in N. Gogols 'Sorocinskaja jarmarka', in: Eschbach, Achim/Rader, Wendelin (Hg.), 1980, Bd. 2., 179-202.

−/ Kloepfer, Rolf, 1979: Semiotik in der Bundesrepublik Deutschland. Tendenzen deskriptiver Semiotik, in: Zeitschrift für Semiotik 1, 1979, 109-132.

Eschbach, Achim/Rader, Wendelin, 1976: Semiotik-Bibliographie I, Frankfurt.

−/ Rader, Wendelin, 1979: Literaturbericht: Semiotik in der Bundesrepublik Deutschland I. Ansätze zur theoretischen Semiotik, in: Zeitschrift für Semiotik 1, 1979, 93-108.

−/ Rader, Wendelin (Hg.), 1980: Literatursemiotik. Methoden − Analysen − Tendenzen. 2 Bde., Tübingen.

−/ Eschbach-Szabo, Viktoria, 1986: Bibliography of Semiotics 1975-1985, 2 Bde., Amsterdam/Philadelphia.

Gallas, Helga, 1981: Das Textbegehren des 'Michael Kohlhaas'. Die Sprache des Unbewußten und der Sinn der Literatur, Reinbek.

−, 1985: Der Hunger nach Sinn. Notizen zum Schreiben, in: Cremerius, J. u.a. (Hg.): Freiburger literaturpsychologische Gespräche 4, 1985, 51-63.

Greimas, Algirdas J., 1971: Strukturale Semantik, Braunschweig (franz. Originalausgabe 1966).

−, 1976: Maupassant. La sémiotique du texte. Excercises pratiques, Paris.

−/ Courthés, Joseph, 1979: Sémiotique. Dictionnaire raisonné de la théorie du langage, Paris.

Gumbrecht, Hans Ulrich, 1977: Fiktion und Nichtfiktion, in: Brackert, Helmut/Lämmert, Eberhard (Hg.), 1977: Funk-Kolleg Literatur. Bd. 1, Frankfurt, 188-209.

Henrich, Dieter/Iser, Wolfgang (Hg.), 1983: Funktionen des Fiktiven, München.

Hjelmslev, Louis, 1974: Prolegomena zu einer Sprachtheorie, München (dän. Originalausgabe 1943).

Holenstein, Elmar, 1976: Linguistik − Semiotik − Hermeneutik. Plädoyers für eine strukturale Phänomenologie, Frankfurt.

−, 1979: Von der Poesie und der Plurifunktionalität der Sprache (= Einführung zu Jakobson 1979).

−, 1980: Für Schönheit. Und wider eine pragmatische Literaturtheorie, in: Poetica 12, 1980.

Ihwe, Jens (Hg.), 1971: Literaturwissenschaft und Linguistik. Ergebnisse und Perspektiven. 3 Bde., Frankfurt.

Jakobson, Roman, 1971: Der Doppelcharakter der Sprache. Die Polarität zwischen Metaphorik und Metonymik, in: Ihwe, Jens (Hg.), 1971, 323-333.

–, 1979: Poetik. Ausgewählte Aufsätze 1921-1971. Hrsg. von Elmar Holenstein u. Tarcisius Schelbert, Frankfurt.

Kloepfer, Rolf, 1975: Poetik und Linguistik. Semiotische Instrumente, München.

–, 1985: Das Theater der Sinn-Erfüllung: 'Double & Paradise' von Serapionstheater Wien als Beispiel einer totalen Inszenierung, in: Fischer-Lichte, Erika (Hg.), 1985: Das Drama und seine Inszenierung, Tübingen, 199-218.

–, 1985a: Mimesis und Sympraxis: Zeichengelenktes Mitmachen im erzählerischen Werbespot, in: MANA 4, 1985, 141-181.

–, 1986: Die zunehmende Orientierung des europäischen Fernsehens an der Ästhetik des Werbespots, in: Mannheimer Berichte, Mai 1986, 13-18.

–, 1986a: Selbstverwirklichung durch Erzählen bei Cervantes, in: Knaller, Susanne/Mara, Edith (Hg.), 1986: Das Epos in der Romania, Tübingen.

Koch, Walter A., 1981: Poetizität zwischen Metaphysik und Metasprache, in: Poetica 10, 1978, 285-341.

–, 1981a: Poetizität. Skizzen zur Semiotik der Dichtung, Hildesheim.

–, 1983: The Poetics of Evolution and the Evolution of Poetics. Ten Hypotheses on an Integrated Correspondence Theory of Poetry and Science, in: Faust, Manfred u.a. (Hg.), 1983: Allgemeine Sprachwissenschaft, Sprachtypologie und Textlinguistik, Tübingen, 391-401.

Köller, Wilhelm, 1975: Semiotik und Metapher. Untersuchungen zur grammatischen Struktur und kommunikativen Funktion von Metaphern, Stuttgart.

–, 1980: Der Peircesche Denkansatz als Grundlage für die Literatursemiotik, in: Eschbach, Achim/Rader, Wendelin (Hg.), 1980, Bd. 1, 39-63.

Kolkenbrock-Netz, Jutta, 1988: Diskursanalyse und Narrativik. Voraussetzungen und Konsequenzen einer interdisziplinären Fragestellung, in: Fohrmann, Jürgen/Müller, Harro (Hg.), 1988: Diskurstheorien und Literaturwissenschaft, Frankfurt, 261-283.

Kristeva, Julia, 1969: Semeiotike. Recherches pour une sémanalyse, Paris.

–, 1978: Revolution der poetischen Sprache, Frankfurt (franz. Originalausgabe 1974).

Lachmann, Renate, 1982: Dialogizität und poetische Sprache, in: dies., (Hg.), 1982: Dialogizität, München, 51-62.

–, 1982a: Der Potebnjasche Bildbegriff als Beitrag zu einer Theorie der ästhetischen Kommunikation. Zur Vorgeschichte der Bachtinschen „Dialogizität", in: dies. (Hg.), 1982, 29-50.

–, 1983: Intertextualität als Sinnkonstitution. Andrej Belyjs 'Petersburg' und die 'fremden' Texte, in: Poetica 15, 1983, 66-107.

–, 1984: Konzepte der poetischen Sprache in der russischen Sprach- und Literaturwissenschaft, in: Jachnow, Helmut (Hg.), 1984: Handbuch der Russistik, Wiesbaden, 853-880.

Landwehr, Jürgen, 1975: Text und Fiktion, München.

Lejeune, Philippe, 1975: Le pacte autobiographique, Paris.

–, 1980: Je est un autre. L'autobiographie, de la littérature aux médias, Paris.

Lévi-Strauss, Claude, 1967: Strukturale Anthropologie I, Frankfurt (franz. Originalausgabe 1958).

–, 1987: Die eifersüchtige Töpferin, Nördlingen (franz. Originalausgabe 1985).

Link, Jürgen, 1974 (^{3}1984): Literaturwissenschaftliche Grundbegriffe. Eine programmierte Einführung auf strukturalistischer Basis, München.

–, 1975: Die Struktur des literarischen Symbols. Theoretische Beiträge am Beispiel der späten Lyrik Brechts, München.

–, 1978: Die Struktur des Symbols in der Sprache des Journalismus. Zum Verhältnis literarischer und pragmatischer Symbole, München.

–, 1981: Das lyrische Gedicht als Paradigma des überstrukturierten Textes (erw. Fassung), in: Brackert/Stückrath (Hg.), 1981: Literaturwissenschaft. Grundkurs. 2 Bde., Reinbek, Bd. 1, 192-219.

–, 1983: Elementare Literatur und generative Diskursanalyse. Mit einem Beitrag von Jochen Hörisch und Hans-Georg Pott, München.

–, 1984: Über ein Modell synchroner Systeme von Kollektivsymbolen sowie eine Rolle bei der Diskurs-Konstitution, in: Link/Wülfing, Wulf (Hg.), 1984: Bewegung und Stillstand in Metaphern und Mythen. Fallstudien zum Verhältnis von elementarem Wissen und Literatur, Stuttgart, 64-92.

–, 1986: Interdiskurs, System der Kollektivsymbole, Literatur. (Thesen zu einer generativen Diskurs- und Literaturtheorie), in: Eschbach, Achim (Hg.), 1986: Perspektiven des Verstehens. Bochumer Beiträge zur Semiotik, Bd. 5, 128-146.

–, Literaturwissenschaft und Semiotik, in: Koch, Walter A. (Hg.): Semiotik in den Einzelwissenschaften. Bochumer Beiträge zur Semiotik 8 (erscheint demnächst).

–/ Link-Heer, Ursula, 1980: Literatursoziologisches Propädeutikum, München.

–/ Parr, Rolf, 1989: Militarisierung der Sprache? Zum Verhältnis von elementarer Literatur, Mediendiskursen und subjektiver Aufrüstung, in: Förster, Jürgen/Neuland, Eva/Rupp, Gerhard (Hg.), 1989: Wozu noch Germanistik? Wissenschaft – Beruf – Kulturelle Praxis, Stuttgart, 224-238.

Link-Heer, Ursula, 1987: Prousts 'A la recherche du temps perdu' und die Form der Autobiographie. Zum Verhältnis fiktionaler und pragmatischer Erzähltexte, Amsterdam.

Lotman, Jurij M., 1972: Die Struktur literarischer Texte, München.
—, 1972a: Vorlesungen zu einer strukturalen Poetik, München.
—, 1973: Die Struktur des künstlerischen Textes, Frankfurt.
Macherey, Pierre, 1974: Zur Theorie der literarischen Produktion. Studien zu Tolstoij, Verne, Defoe, Balzac, Darmstadt (franz. Originalausgabe 1966).
Morris, Charles W., 1972: Grundlagen der Zeichentheorie. Ästhetik und Zeichentheorie, München (amerik. Originalausgabe 1938).
Nöth, Winfried, 1980: Linguistische, semiotische und interdisziplinäre Literaturanalyse – am Beispiel von Lewis Carrols Alice-Büchern, in: Eschbach/Rader (Hg.), 1980, Bd. 2, 29-54.
—, 1985: Textsemiotik, in: ders., Handbuch der Semiotik, Stuttgart, 455-498.
Peirce, Charles S., 1931-1945: Collected Papers. Cambridge.
—, 1967: Schriften I. Hrsg. v. K.-O. Apel, Frankfurt.
—, 1970: Schriften II. Hrsg. v. K.-O. Apel, Frankfurt.
Posner, Roland, 1971: Strukturalismus in der Gedichtinterpretation. Textdeskription und Rezeptionsanalyse am Beispiel von Baudelaires 'Les Chats', in: Ihwe, Jens (Hg.), 1971, Bd. II, 1, 224-266.
Saussure, Ferdinand de, 1967: Grundfragen der allgemeinen Sprachwissenschaft. Hrsg. v. Charles Bally und Albert Sechehaye, Berlin (franz. Originalausgabe 1916).
Searle, John R., 1971: Sprechakte. Ein sprachphilosophischer Essay, Frankfurt (engl. Originalausgabe 1969).
—, 1975: The Logical Status of Fictional Discourse, in: New Literary History 6, 1975, 319-332.
Shukman, Ann, 1977: Literature and Semiotics. A Study of the Writings of J.M. Lotman, Amsterdam.
Spinner, Kaspar H., 1980: Die Aporien des Konnotationsbegriffs in der Literatursemiotik, in: Eschbach/Rader, 1980, Bd. 1, 65-84.
Stierle, Karlheinz, 1975: Text als Handlung. Perspektiven einer systematischen Literaturwissenschaft, München.
—, 1975a: Was heißt Rezeption bei fiktionalen Texten?, in: Poetica 7, 1975, 345-387.
Todorov, Tzvetan, 1971: Die semantischen Anomalien, in: Ihwe (Hg.), 1971, Bd. 1, 359-383.
Warning, Rainer, 1983: Der inszenierte Diskurs. Bemerkungen zur pragmatischen Relation der Fiktion, in: Henrich/Iser (Hg.), 1983, 183-206.

V.
Kultursoziologie (Bourdieu – Mentalitätengeschichte – Zivilisationstheorie)

Andreas Dörner/Ludgera Vogt

Die intensive Theoriediskussion, die seit etwa zwei Jahrzehnten in den Sozialwissenschaften geführt wird, hat eine Reihe von Ansätzen hervorgebracht, die nicht nur provokante neue Sichtweisen auf die soziale Welt eröffnen, sondern auch das Phänomen der Literatur in seiner gesellschaftlichen Bedingtheit neu zu verorten erlauben. Mit Pierre Bourdieus *Kulturtheorie* soll im folgenden einer der wichtigsten dieser neuen Ansätze vorgestellt werden, der nicht zuletzt deshalb die Aufmerksamkeit der Literaturwissenschaft verdient, weil Bourdieu und seine Schüler schon einige empirische Studien zum Bereich der Literatur vorgelegt haben. Zugleich wird jedoch der Versuch unternommen, Bourdieus Position mit neueren Ansätzen der sozialwissenschaftlich orientierten Historiographie *(Mentalitätengeschichte, Zivilisationstheorie)* zu verbinden, um Literatur in ihrer komplexen historischen Realität gerecht zu werden.

In den ersten beiden Abschnitten werden die Ansätze zunächst separat eingeführt, um dann in der Thematisierung des literaturwissenschaftlichen Gegenstandes mögliche Verbindungen ihres Analysepotentials aufzuzeigen.

1. Theoretische Position

Bourdieus Gesellschaftstheorie versucht, die traditionellen Dichotomien in den Sozialwissenschaften zu überwinden und das im Zusammenhang zu sehen, was sonst meist getrennt wird: die subjektive Perspektive der Handelnden und die objektiven (bzw. durch den Wissenschaftler objektivierten) Strukturen, Determination und Freiheit, Individuum und gesellschaftliches Kollektiv, Bewußtes und Unbewußtes, Statik und Dynamik. Die Realität der sozialen

Welt konstituiert sich jeweils aus *beiden* Perspektiven. Erst der Prozeß ihrer gegenseitigen Abstimmung macht das Funktionieren dieses komplexen Zusammenhangs möglich. Bourdieu versucht diesem Abstimmungsverhältnis durch die Annahme einer grundsätzlichen Strukturhomologie auf die Spur zu kommen, einer Homologie nicht nur zwischen Individuum und gesellschaftlichem Kontext, sondern auch zwischen den verschiedenen gesellschaftlichen Bereichen. Die angestrebte Auflösung tradierter Trennungen zeigt sich konsequenterweise auch auf der theoretisch-methodologischen Ebene, so daß nicht nur sehr unterschiedliche Theorietraditionen (Marxsche Sozioökonomie und Webers Kulturanalyse, symbolischer Interaktionismus, Strukturalismus und Systemtheorie), sondern auch quantitative und qualitative Verfahren empirischer Sozialforschung zu einem neuen Ansatz integriert werden. Gerade die umfangreichen empirischen Studien haben wohl dazu geführt, daß Bourdieus Konzeption in zunehmendem Maße weit über Frankreich hinaus diskutiert wird. Neben wichtigen Texten, die vor allem der theoretischen Selbstverständigung dienen (Bourdieu 1970, 1985, 1987), sind daher als Hauptwerke empirische Arbeiten anzusehen: ethnologische Studien zur kabylischen Gesellschaft (1976), Arbeiten zum Bildungs- und Wissenschaftssystem (1971, 1988) sowie das Buch mit der größten Resonanz, das auch für literaturwissenschaftliche Überlegungen zentral ist: 'Die feinen Unterschiede' (1982). Daneben liegt eine Vielzahl kleinerer Arbeiten zu kulturellen Bereichen, Sprache, Freizeit und Konsumverhalten vor. Viele davon sind in der seit 1975 von Bourdieu herausgegebenen Zeitschrift 'Actes de la recherche en sciences sociales' erschienen.

Das Anliegen Bourdieus und seiner Schüler berührt sich in wichtigen Punkten mit der *Mentalitätengeschichte,* die als Teil jenes geschichtswissenschaftlichen Programms zu betrachten ist, das unter dem Etikett einer „Nouvelle histoire" von französischen Autoren seit den 20er Jahren dieses Jahrhunderts entwickelt wurde. Diskutiert vor allem in der von Marc Bloch und Lucien Febvre edierten Zeitschrift 'Annales d'histoire économique et sociale' (vgl. auch Febvre 1988), besteht die Pointe der Konzeption in einer Verbindung von Geschichtsschreibung und strukturaler Soziologie, wie sie in der Tradition Emile Durkheims entstanden ist. In radikaler Abkehr von der Diplomatie- und Ereignisgeschichte ist das Ziel eine „histoire totale", eine Sozialgeschichte, die den

Menschen in seiner alltagsweltlichen Totalität erfassen und an die Stelle bloßer Chronik die Beschreibung langfristig stabiler Strukturen setzen will. Es sind jedoch nicht nur objektiv-materielle, sondern auch psychische und kulturelle Strukturen, die historische Realität ausmachen. „Mentalität" soll gerade die Vermittlung zwischen objektiven Gegebenheiten, Vorstellungen und Verhalten begrifflich faßbar machen. Der Schwerpunkt der Forschung liegt dementsprechend auf kollektiven Vorstellungen der Menschen von gesellschaftlichen Rollen und Hierarchien (z.B. Duby 1977, 1981; Le Goff 1987), Biographiemustern, Kindheit und Tod (z.B. Ariès 1975, 1980), sowie Religion und Jenseitsvorstellungen (Le Goff 1984).

Langfristigen Strukturwandel von Sozialität, Psyche und Verhaltensformen als Element eines übergreifenden *Prozesses der Zivilisation* zu beschreiben, ist schließlich die Intention von Norbert Elias und seinen Schülern. Besonders in dem schon 1936 fertiggestellten, aber erst in den 70er Jahren breiter rezipierten Buch 'Über den Prozeß der Zivilisation' (1976) zeigt Elias anhand umfangreicher Quelleninterpretationen auf, wie zunehmende Zivilisierung der Lebensformen das Zusammenleben der Menschen in einer dichter und komplexer werdenden Sozialwelt seit dem Mittelalter und der frühen Neuzeit erst möglich macht (vgl. Elias 1969, 1976; Krumrey 1984; Schröter 1975; zur kritischen Diskussion vgl. die Aufsätze in: Gleichmann et al. 1979 und 1984).

2. Terminologie im Zusammenhang

Die moderne Gesellschaft strukturiert sich für Bourdieu hauptsächlich in den Dimensionen der folgenden vier Begriffe: *Klasse, Kapital, Feld* und *Habitus*.

Durch die Erweiterung und Modifikation des Klassenbegriffs, wie er im 19. und 20. Jahrhundert vor allem durch Karl Marx und seine Denktradition geprägt worden war, setzt Bourdieu zwei analytische Ebenen an, mit deren Hilfe er soziale Klassen bestimmen will:

a) die Klassen*lage* ergibt sich durch die im engeren Sinne „immanente" Eigenschaft der objektiven ökonomischen Bedingungen, unter denen ein Individuum oder eine Gruppe zu leben hat;

b) die Klassen*stellung* wird dagegen aufgefaßt als Komplex all jener kulturellen und relationalen Merkmale, die durch die vielfache soziale Vernetzung des Menschen in der Gesellschaft entstehen. Auf dieser zweiten Ebene wird der traditionelle Klassenbegriff erweitert durch jene Aspekte, die vor allem Max Weber, Emile Durkheim und die strukturalistische Gesellschaftstheorie betont haben: verschiedene Rollen und entsprechende Statuspositionen, Geschlecht, ethnische und geographische Zugehörigkeit, Bildung und kulturelle Sozialisation, soziale Beziehungen und die jeweils gegenseitige Wahrnehmung, welche die Mitglieder unterschiedlicher Gruppen in ihren gemeinsamen Interaktionsfeldern voneinander entwickeln. Durch die Betonung von Positionseigenschaften klagt Bourdieu die konsequente Verwendung des Konzeptes der „Gesellschaftsstruktur" ein. Mit dieser methodologischen Differenzierung des Klassenbegriffs läßt sich beispielsweise erklären, wie zwei nach ökonomischen Existenzbedingungen unterschiedliche Gruppen ähnliche Eigenschaften aufweisen können, da sie vergleichbare, homologe Positionen in unterschiedlichen gesellschaftlichen Teilbereichen einnehmen.

Um diese verschiedenen und recht heterogenen Faktoren im Zusammenhang ihres sozialen Einflusses erfaßbar zu machen, will Bourdieu den Begriff des *Kapitals* erweitern: neben dem *ökonomischen Kapital* (Geld, Produktionsmittel, Grundbesitz) konzipiert er *soziales* (Verwandtschaft, Beziehungen), *kulturelles* (Bildung, Titel, Sprachkompetenz) und schließlich *symbolisches Kapital,* das als semiotischer Ausdruck und legitime Form der ersten drei Kapitalsorten im Bereich der sozialen Wahrnehmung dient (z.B. Kleidung, Gestik, „Manieren").

In modernen Gesellschaften haben sich relativ eigenständige Handlungsbereiche mit jeweils eigenen Bedingungen, Anforderungen und Funktionen herausgebildet (Wissenschaft, Kunst, Wirtschaft, Politik, Religion etc.). Bourdieu wählt für diese Bereiche den Begriff *Feld,* um in Analogie zum physikalischen Kraftfeld deren besondere Struktur zu veranschaulichen. Die Kräftelinien sind dabei nichts anderes als jene Macht- und Einflußbeziehungen, die sich aufgrund des Besitzes von verschiedenen Kapitalsorten zwischen diversen Personen und Positionen herausbilden. Obwohl die Felder je unterschiedliche Handlungsbereiche und entsprechende Legitimitätskriterien konstituieren, ist die Beziehung dieser Felder untereinander ebenfalls durch *Strukturhomologie* gekennzeichnet: große Macht auf einem Feld erhöht die Wahrscheinlichkeit, daß man auch auf einem anderen Feld ein gewichtiges Wort mitreden kann.

Schon in seinen ethnologischen Studien zeigt Bourdieu schließlich auf, daß die subjektive Perspektive der Akteure für die „Konstruktion" gesellschaftlicher Realität genauso wichtig ist wie die sogenannten objektiven Bedingungen. Deshalb kann eine in der oben beschriebenen Weise strukturierte Gesellschaft nur dann funktionieren, wenn die Denkweisen und Verhaltensdispositionen der Akteure durch Sozialisationsprozesse deren vorgezeichneten Positionen im sozialen Feld angepaßt werden. Der Selbstentwurf einer Person entspricht dann unbewußt – innerhalb eines gewissen Spielraums – der gesellschaftlich für sie vorgesehenen Karriere: das Individuum erwirbt seinen „*sense of ones place*" (Goffman).

Um eine derartige gesellschaftliche „Orchestrierung ohne Dirigent" theoretisch zu fassen, führt Bourdieu den Begriff des *Habitus* ein, der eine in klassenspezifischer Sozialisation erworbene Matrix von Wahrnehmungs-, Denk- und Handlungsmustern bezeichnen soll. Wie eine Art generative Grammatik des Sozialen steuern diese Muster das Handeln der Individuen, ohne daß diese sich überhaupt einer solchen Steuerungsgröße bewußt wären. Der Habitus ist somit gleichsam die Inkorporierung gesellschaftlicher Strukturen, wobei der Prozeß besonders deutlich dort wird, wo er sich tatsächlich in einer klassenspezifischen Körperlichkeit (Haltungen, Mimik, Gesten) ausdrückt. Als unbewußte und in langen Sozialisationsprozessen erworbene Struktur ist dem Habitus dann eine derartige Trägheit und Langlebigkeit zu eigen, daß er das Verhalten über die jeweiligen situationellen Bedingungen hinaus prägt (man denke nur an den dysfunktionalen verschwenderischen Habitus des verarmten Adeligen oder, um ein literarisches Beispiel anzuführen, an das – fast – zerstörerische Ehrverhalten von Lessings Tellheim). In der Makroperspektive, so Bourdieus Annahme, liegt die entscheidende Funktion dieser Größe darin, daß sie gegebene gesellschaftliche Konstellationen stabilisiert und reproduziert. Dauerhaftigkeit im Wandel stellt sich also her, weil der Habitus in *klassenspezifischer* Sozialisation erworben wird und die Sichtweisen der Klassenmitglieder so prägt, daß sie ihren Weg mit großer Wahrscheinlichkeit in der für ihre Klassen vorgesehenen Richtung wählen.

Die gesellschaftlich wahrnehmbare Praxis von Individuen ist somit immer das Produkt aus Habitus und situationellen Feldbedingungen. Der Habitus objektiviert sich schließlich sinnlich wahrnehmbar in sämtlichen Lebensäußerungen und Zeichenverwendungen der Menschen, in ihrem *Lebensstil.* Spricht Bourdieu in seiner relationalen Bestimmung der Individuen vom „sozialen Raum", so kann man im Hinblick auf die Tatsache, daß soziale Praxis als Lebensstil immer auch Zeichencharakter hat, von gesellschaftlichen *Zeichenräumen* sprechen, in denen soziale Praxis semiotisch objektiviert und „geronnen" ist. Subtil, aber unerbittlich, zeigen sich so die Klassengrenzen darin, ob jemand ein avantgardistisches Bild kühl analysiert oder spontan ablehnt, ob er ein in Zubereitung und Verzehr aufwendiges Fischessen einer ebenso einfachen wie kalorienreichen Mahlzeit vorzieht, oder ob er sich – zeitlich flexibel – einsam seiner Individualsportart widmet, anstatt sich am ordinären Fußballspiel zu beteiligen.

Dem Begriff der *Mentalität* kommt forschungsstrategisch innerhalb der diachron-geschichtswissenschaftlichen Analyse eine ähnliche Funktion zu wie dem Habitusbegriff in Bourdieus Konzept. Er lenkt die Aufmerksamkeit auf die jeweilige Struktur kollektiv geteilter Vorstellungen, Wertmuster und emotionaler Einstellungen, die das Handeln der Individuen und ihre Reaktionen auf elementare Lebenssituationen wie Geburt oder Tod in bestimmter Weise programmiert. Als kulturelle Selbstverständlichkeiten stecken Mentalitäten gleichsam einen Horizont des Möglichen ab, gefaßt in Dispositionen, mit denen Menschen einer Situation begegnen und diese selbst wieder gestalten. Ähnlich wie Bourdieu postuliert der mentalitätengeschichtliche Ansatz eine Dialektik von objektiven Gegebenheiten und kollektiv-subjektiven Vorstellungen. Entscheidend ist dabei, daß man im Anschluß an Fernand Braudel (1977) nicht kurzfristige Prozesse, sondern die Zeitdimension der *Longue durée* in den Mittelpunkt rückt und damit die Geschichte der Strukturen von hoher temporaler Stabilität rekonstruieren will.

Die Mentalitätengeschichte ist in starkem Maße auf die Interpretationen jener Sinn- und Zeichenräume angewiesen, in denen Mentalitäten kommuniziert, tradiert und verändert werden (vgl. Sellin 1985). Die im wesentlichen zeichenkonstituierte geistige Infrastruktur, in deren Rahmen sich Mentalitäten entwickeln (Sprache, Denkbilder, Symbole, Mythen etc.) wird mit dem von Lucien Febvre geprägten Begriff des *outillage mental* bezeichnet.

Beachtet man schließlich den Aspekt des zeitspezifischen Umgangs mit dem eigenen Körper und der Beherrschung der Triebe, dann ist man auf den zivilisationstheoretischen Ansatz von Norbert Elias verwiesen. Elias geht davon aus, daß seit dem Mittelalter und der frühen Neuzeit das Geflecht der gegenseitigen Angewiesenheiten der Menschen, die sozialen *Figurationen,* zunehmend dichter und komplexer werden. Die Verhaltensweisen von immer mehr Menschen müssen aufeinander abgestimmt werden, was wiederum mit einer Umstrukturierung des psychischen Apparates einhergeht. Elias versucht, diese Formung in einer soziohistorischen Interpretation Freudscher Kategorien aufzufassen als Entwicklung vom gesellschaftlichen Fremdzwang zum Selbstzwang, als Kanalisierung offener Gewalt in pazifizierte Umgangsformen und eine geregelte Triebökonomie, die zur Kontrolle der Affekte führt. Diese Entwicklung denkt Elias als gerichteten *Prozeß der Zivilisation,* wobei der Soziogenese eine strukturähnliche individuelle Psychogenese des Individuums im Sozialisationsprozeß entspricht, die von der äußeren elterlichen Autorität zur Ausbildung einer internen steuernden Ich-Instanz führt. Historisch kristallisiert sich der Prozeß in Institutionen wie etwa dem Hof sowie in *Verhaltensstandarden* aus, die z.B. aus dem Genre der Benimmbücher oder der didaktischen Literatur zu entnehmen sind.

In bewußter Verkürzung der komplexen Ansätze kann man bilanzieren, daß Elias und die Mentalitätengeschichte eine historische Dimensionierung von Bourdieus Habituskonzept leisten können, wobei der Schwerpunkt zum einen auf Affektbeherrschung und Verhaltenssteuerung durch internalisierte gesellschaftliche Autorität, zum anderen auf mentalen Vorstellungs- und Einstellungsstrukturen läge, welche in Wechselwirkung von objektiven Gegebenheiten und kollektivem Wissen jeweils historische Realität schaffen.

3. Die Position innerhalb der Literaturwissenschaft

Vor der Diskussion literaturwissenschaftlicher Fragestellungen ist ein Problem zu benennen, das der disziplinären Verankerung von Mentalitäten- und Zivilisationsgeschichte entspringt. In der Praxis dieser Forschungsparadigmen werden immer wieder literarische Texte als Quellen zur Rekonstruktion historischer Prozesse herangezogen, wobei sich jedoch einige Probleme hinsichtlich des besonderen Status dieser Quellensorte ergeben: welche Rückschlüsse erlauben fiktionale und zum Teil ästhetisch hochstrukturierte Texte in bezug auf ihren historischen Kontext, zumal sich der kommunikative Status der Texte im Laufe der Zeit stark verändert hat? Fiktionalität und ästhetische Zeichenfunktion eines mittelalterlichen Epos sind eben völlig anders einzustufen als bei einem bürgerlichen Roman des 19. Jahrhunderts. Am unverfänglichsten in dieser Hinsicht erscheint die Praxis Le Goffs, der literarische Texte als Teil des *„Imaginären"* einer gesellschaftlichen Gruppe interpretiert. Insgesamt ist es sinnvoll, die Texte nicht als Abbild historischer Welten zu verstehen, sondern ihre je spezifische Funktion als Kommunikationsmedium zu bestimmen, das soziale Wirklichkeit in unterschiedlicher Weise verarbeitet und gebrochen zur Darstellung bringt (vgl. auch die Diskussion bei Jöckel 1985; Müller 1987 und Peters 1985).

Im folgenden sollen nun diejenigen Bereiche vorgestellt werden, in denen eine Umsetzung der vorgestellten Theorien für ein literaturwissenschaftliches Erkenntnisinteresse sinnvoll erscheint. Soweit möglich, wird dabei auf vorhandene Arbeiten verwiesen. Als wichtige Anregung insbesondere der diachronisch orientierten Ansätze kann an dieser Stelle schon eingebracht werden, daß der traditionelle Textkanon der Literaturwissenschaft zu erweitern wäre: einerseits um die Texte der sogenannten „Minores", der scheinbar minderwertigen und unbedeutenden Schriftsteller, die oftmals mehr Rückschlüsse auf literarische (und mentale) Normalität zulassen als die „Höhenkammliteratur" (vgl. dazu Grimm 1982); andererseits können Textgattungen wie Benimmbücher, Ratgeberspalten in Zeitschriften, Beichtspiegel, Guten-Tag-Anzeigen oder photokopierte Merksprüche an Bürowänden (vgl. dazu Reichertz 1988 und Kutter 1988) ins Blickfeld rücken, vollzieht sich doch über diese Gattungen gesellschaftliche Kommunikation und Identitätsbildung viel elementarer als über die „eigentliche" Literatur. Durch die Integration dieser bisher meist vernachlässigten Bereiche sind dann auch neue Gesichtspunkte für die literaturgeschichtliche Periodisierung zu gewinnen (vgl. etwa die „Littérature française" von Claude Pichois u.a. 1970-1978).

Ganz elementar kann das Schreiben eines literarischen Textes als Objektivation eines bestimmten *Habitus* betrachtet werden. Der *Produktion* eines Autors liegt derselbe *„modus operandi"* zugrunde wie seinen anderen Lebensäußerungen, sei es textueller Art (politische und wissenschaftliche Texte oder Briefe), sei es biographisch-praktischer Art.[1] Das heißt nicht, daß die Lebensäußerungen sich an der Oberfläche schon ähnlich sein müssen, sondern daß die Bewegungen eines Autors auf unterschiedlichen Feldern strukturell auf ein identisches habituelles Grundmuster zurückbezogen werden können. Über das einzelne Individuum hinaus kann dann nach gruppen- oder epochenspezifischen Habitusformen gefragt werden (vgl. etwa die Thesen zur spätaufklärerischen Gelehrtenkultur in Dörner/Meder 1988 und Dörner 1989).

Bourdieus Grundeinsicht, daß die beobachtbare gesellschaftliche Praxis immer ein Produkt aus Habitus *und* Feld darstellt, macht es sinnvoll, den Blick auf die unmitttelbaren Kontextbedingungen auszuweiten, in denen literarische Produktion stattfindet. Ausgehend von der Annahme, daß sich im Rahmen des Ausdifferenzierungsprozesses moderner Gesellschaften neben anderen intellektuellen Teilfeldern auch ein relativ eigendynamisches *Feld der Literatur* mit eigenen Legitimitätskriterien herausbildet, muß die Analyse der Produktion von Literatur die Positionen und Kräftelinien dieses Feldes genau beachten.[2] Die wichtigsten Positionen in diesem Feld sind: Literaturproduzent, Verleger, Kritiker, Publikum und Literaturwissenschaftler, wobei letzterer einen Schnittpunkt zwischen Literatur- und Bildungssystem markiert.

Die Vorstellung, daß ein literarisches Werk zuerst in einer Art 'luftleerem Raum' geschrieben wird, danach erst seinen Verleger sucht und seine Rezeption findet, erweist sich als falsch. Vielmehr werden schon im Prozeß des Schreibens die möglichen Reaktionsweisen der anderen Feldpositionen antizipiert. Das heißt konkret, daß der Autor – bewußt oder unbewußt, je nach Feldposition und Gattung in unterschiedlicher Art – beim Schreiben ein Bild von seinen möglichen Lektoren, Verlegern, Kritikern und Konsumenten konstruiert und jeweils durchspielt, wie diese auf das Geschriebene reagieren könnten. Jeder Autor entwickelt im Laufe seiner literarischen Sozialisation einen „sense of ones place", das heißt, er vermag sich sehr genau der Position zuzuordnen, die das Feld „Literatur" für ihn vorsieht. So nimmt die Konstruktion des Rezipienten seitens des Autors auf das Werk Einfluß, und zwar schon vor und während des Schreibprozesses.

Verleger und Lektor versehen durch Ablehnung oder Annahme eines Werkes den Text mit einem Zensurstempel und entscheiden darüber, was in den Bereich der literarischen Öffentlichkeit eingeht und an welcher Stelle es plaziert wird (Paperback oder Klassikeredition, Jubiläumsausgabe, Avantgardereihe oder Ferienlektüre). Wenn ein Text diese Zensurinstanzen passiert hat, ist es dem Feld der öffentlichen Kritik ausgesetzt. Der Stempel des jeweiligen Verlegers wirkt dabei als *symbolisches Kapital,* das in hohem Maße darüber entscheidet, welcher Kritiker auf welches Werk eingeht, wie er es zuordnet und wie sein Qualitätsurteil ausfällt [→ *Historische Diskursanalyse*].

Selbstverständlich bedenkt ein Verleger die möglichen Haltungen möglicher Kritiker, des Publikums und anderer Autoren in seinen Entscheidungen mit. Weiterhin werden Kritiker wiederum durch Verlage und Autoren gelobt oder getadelt. Wir sehen an diesen Beispielen, daß auch Kritiker Einfluß auf Verleger, und diese so Einfluß auf den Künstler und seine Produktion haben. Die Bereiche Rezeption, Produktion und Literaturkritik gehen also fließender ineinander über und intensiver aufeinander ein, als es auf den ersten Blick scheint.

In der diachronen Perspektive der Kanonisierung oder Stigmatisierung von Literatur kommt schließlich der Institution der *Literaturwissenschaft,* zum großen Teil vermittelt über die Schule und andere Bildungseinrichtungen, eine entscheidende Rolle zu. Wissenschaft und Schule prägen mit ihrer Themenpolitik maßgeblich den Horizont dessen, was Eingang findet in gediegene Klassiker- oder preiswerte Volksausgaben. Sie bestimmen so das Erscheinungsbild der Bücherschränke der Gebildeten. Das Gütesiegel einer wissenschaftlichen Behandlung in Kongressen, Monographien und Literaturgeschichten fördert dann wiederum bei Verlegern die Bereitschaft, einen Autor in sein Programm aufzunehmen.

Das gesamte Interaktionsgeflecht des literarischen Feldes kann daher angesehen werden als ein ständiger Kampf um die *Benennungsmacht,* das heißt um die Macht der Definition von „legitimer Literatur" und somit um die Festlegung derjenigen Literatur, welche zu Zwecken der Distinktion und Lebensstilbildung gebraucht werden kann. Die Klassifikationsfunktion, die das literarische Feld für die Gesellschaft erfüllt, versorgt die verschiedenen Gruppen und Klassen mit hinreichend deutlich unterscheidbaren Zeichenmaterialien für deren kulturell-semiotische Positionierung. Die aktuellen Machtpositionen der einzelnen Autoren, Verleger, Kritiker sind dabei immer das Produkt vorangegangener Interaktionsprozesse: je stärker zum Beispiel ein Autor in der Vergangenheit von bestimmten Verlegern und Kritikern akzeptiert worden ist, um so größer ist seine symbolische Machtbasis bei der Produktion des nächsten Werkes. Die Verleger und Kritiker kommen dem erfolgreichen Autor entgegen, eröffnen ihm Freiräume, da sie wissen, daß sie das dem Autor verliehene symbolische Kapital mit Zins und Zinseszins zurückerhalten können (ähnliches scheint bei der Verleihung literarischer Preise üblich zu sein, da es meistens die schon etablierten Autoren sind, die Preise erhalten, so daß der Glanz der Namen auf den Preis und die entsprechenden Organisationen zurückstrahlt). Dieses symbolische Kapital ist dann durch Auflagenzahlen und Stellenangebote z.T. in ökonomisches Kapital konvertierbar. In einer Reihe von empirischen Studien haben Bourdieu und seine Schüler literarische Felder zu rekonstruieren versucht, wobei im Mittelpunkt jeweils die Herausbildung und das Verhalten literarischer Gruppen steht.[3] Interessant ist dabei jeweils die Untersuchung der Relation zwischen literarischem und politischem oder sozialem Feld, zwischen literarischer Position und Klassenherkunft; die Relationen können je nach Feldbedingungen durch Ähnlichkeit, aber auch durch große Differenzen und Widersprüche gekennzeichnet sein.

Als Ergebnis einer Reihe von Interaktionsprozessen strukturiert sich das literarische Feld in eine Dichotomie von hoher versus niederer Literatur, *„production restreinte"* versus *„grande production"*. Im Bereich der hohen Literatur ist das Hauptinteresse der Beteiligten eher auf ein nicht direkt konvertierbares symbolisches Kapital gerichtet: kommerzieller Massenerfolg gilt geradezu als unfein. Im Bereich der niederen Literatur ist es umgekehrt, kommerzieller Erfolg wird angestrebt, symbolisches Kapital ist Nebensache (vgl. Bourdieu 1977, 1983). Massenliteratur und Massenverdienst kann allerdings die Veröffentlichung von apokryphen Texten und Avantgardeliteratur finanzieren, was dann in entsprechenden Verlegeräußerungen auch häufig legitimatorisch ins Feld geführt wird.

Wenn man den Bereich der literarischen *Rezeption* vor dem Hintergrund von Bourdieus Ansatz thematisiert, so ist als erstes zu betonen, daß jeder Rezeptionsakt einen bestimmten Wahrnehmungs- und Entschlüsselungscode impliziert. Was der Leser aus einem Text macht, ist das Ergebnis langer Sozialisations- und Bildungsprozesse. Diese Literaturkompetenz ist insofern klassenabhängig verteilt, als sie in hohem Maße über klassenspezifisch strukturierte Bildungsinstitutionen vermittelt und eingeübt wird.

Man kann sich dieses Problem an unterschiedlichen Aneignungsarten eines Goethe-Textes veranschaulichen: je nach Bildungsgrad und erlernten Codes kann ein Rezipient den Text kategorisieren als 'älteren Schinken', als hohes Bildungsgut, klassische Literatur, Weimarer Klassik, Goethe, „späten" Goethe oder „Zeit der Marienbader Elegien". Weiterhin ist der Text lesbar als dekorative Feiertagslyrik oder hochgradig durchstrukturiertes ästhetisches Gebilde. Der Lektüreprozeß ist erlebbar als mühsame Zwangsarbeit oder als raffinierter Genuß.

So wie die Chancen auf die Aneignung entsprechender Kompetenzen klassenspezifisch verteilt sind, so wirken sie andererseits als eine Form kulturellen bzw. symbolischen Kapitals an der zeichenhaften Zementierung der Klassengrenzen mit. Der souveräne Umgang mit 'literarischem Kulturgut' ermöglicht es den höheren Klassen, sich von den unteren sichtbar zu unterscheiden, und die so zum Ausdruck kommenden hierarchischen Positionen zu legitimieren. Der Geschmack der oberen Schichten läßt sich auf den Nenner der „Distanz zur Notwendigkeit", der Geschmack der unteren Schichten auf den des Notwendigkeitsgeschmacks bringen: So wie sich der Oberschichtsangehörige den Aufwand eines langwierigen Fischessens angewöhnen kann, so kann er sich auch in die feinsinnige Analyse der ästhetischen Zeichen eines avantgardistischen Gedichtes vertiefen und sich im Glanz der dabei zur Anwendung gelangenden Codes spiegeln. Der Angehörige unterer Sozialklassen muß es sich angewöhnen, auf den pragmatischen Ernährungswert seines Essens ebenso direkt zuzugreifen wie auf die Aussage eines literarischen Werkes. Dort, wo kaum spezifische Codes der Rezeption schulisch erworben sind, wird meist auf die Codes des Alltags zurückgegriffen. Aus Bourdieus empirischen Untersuchungen (vgl. Bourdieu 1982) läßt sich für die Literaturwissenschaft die Forderung ableiten, Literaturrezeption nicht länger isoliert zu betrachten, sondern homologe Strukturmuster in unterschiedlichen Kulturbereichen offenzulegen.

Ähnliche Überlegungen lassen sich auch in der diachronen Dimension im Anschluß an einige mentalitätsgeschichtliche Arbeiten entwickeln. So wie Theodor Geiger (1932) Lesegewohnheiten als Indiz für bestimmte Mentalitäten wertet, läßt sich umgekehrt die These aufstellen, daß bestimmte uns überlieferte Textformen unverständlich bleiben müssen ohne die Kenntnis der Mentalitäten und spezifischen Umgangsformen, mit denen Menschen an Literatur herangetreten sind. So läßt sich beispielsweise eine Entwicklung von gemeinsamer öffentlicher Vorlesepraxis über Gruppen- und Salonlektüre und das individuelle laute Lesen bis zum isolierten kontemplativen Leseakt verfolgen, eine Entwicklung, die Schön (1987) als „Verlust der Sinnlichkeit" bezeichnet.

Besonders wichtig erscheint eine mentalitätsgeschichtliche Sichtweise im Bereich der Rezeptionsgeschichte einzelner Motive, Werke oder Gattungen. Die auf den ersten Blick oft irritierenden Konjunkturzyklen literarischer Phänomene, Phasen der Verdammung oder Vergötterung einzelner Autoren lassen sich erst dann plausibel verstehen, wenn man die Dispositionen der entsprechenden Publikumsgruppen bekannt sind (vgl. etwa die Arbeit zur Mentalität der Deutschen im Kaiserreich, Doerry 1986 und Dülffer/Hill 1986 sowie zu Österreich vor und während des Faschismus Amann 1988).

Auch die großen Diskrepanzen bei den inhaltlichen Akzentsetzungen und Bedeutungsanlagerungen, mit denen Werke in unterschiedlichen historischen Phasen rezipiert werden, erscheinen bei Kenntnis der entsprechenden Mentalitäten weniger überraschend – wobei nicht übersehen werden sollte, daß sich auch bei oberflächlich sehr unterschiedlichen Rezeptionen oftmals ähnliche Grundmuster herausschälen lassen.[4] Auch historische Rezeptionsprozesse sind in Machtkämpfe verwickelt. Man muß sich immer der Tatsache bewußt sein, daß bestimmte Lesarten von Texten oder auch 'Definitionen' von Autoren stets das Ergebnis von Kämpfen auf dem literarischen Feld sind, auf dem die unterschiedlichsten Kräfte (Verleger, Kritiker, Wissenschaftler) ihre Gegenstände verhandeln, auf dem aber auch – in historisch jeweils unterschiedlichem Ausmaß – Kräfte von anderen Feldern wie dem religiösen oder politischen Feld aus eingreifen können. Neben den dominanten Sichtweisen, die meist auch Sichtweisen sind, die den Interessen der herrschenden Sozialschichten entsprechen, gibt es immer auch Subkulturen und 'Verlierer' der rezeptionsgeschichtlichen Kämpfe (vgl. Dörner 1987 und 1989b).

Ein letzter wichtiger Komplex in der Rezeptionsdimension kann schließlich über Elias erschlossen werden.

Insbesondere Reiner Wild hat konzeptionell und anhand einiger Beispiele gezeigt, daß literarische Texte im Laufe des historischen Prozesses sehr unterschiedliche sozialpsychologische Funktionen erfüllen können, von manifest didaktischen und Verhaltensstandards einübenden bis hin zu erfahrungserweiternden und utopischen Funktionen (vgl. Wild 1982).

Bourdieus Überlegungen zu den sozialen Formen und Gebrauchsweisen von Zeichen lassen sich schließlich auch für die *Textanalyse* fruchtbar machen. Als eine analytische Unterscheidung, welche die enge Verzahnung und Wechselwirkung der beiden Ebenen keineswegs verschweigen will, könnte man von einer *bezeichneten Textwelt* einerseits und dem *modus operandi* (Machart und Organisationsform) der Bezeichnung andererseits sprechen. Der modus operandi eines Textes ist dann wiederum als Objektivation eines (Autoren- oder Gruppen-)Habitus im schon vorgestellten Sinne zu verstehen. Beide Textebenen können sowohl immanent als auch vergleichend untersucht werden.

Die Textwelten mittelalterlicher Epen z.B. lassen sich mit Hilfe der Analysekategorien Bourdieus so beschreiben, daß der dargestellte soziale Raum über wahrnehmbare Zeichen wie Körperhaltung, Stellung der Personen im Raum, Kleidung, Herrschaftsinsignien und Prunkgegenstände semiotisch, als *Zeichenraum* zum Ausdruck kommt (vgl. hierzu etwa Wenzel 1988).

Man versteht die Logik dieser Textwelten nicht, wenn man diese den sozialen Raum strukturierenden sinnlichen Zeichen in ihrer sozialen Funktion übersieht. Eine solche Manifestation des sozialen Raumes als Zeichenraum läßt sich nicht nur in mittelalterlichen Epen, sondern auch in modernen Textwelten finden. Als Beispiel sei verwiesen auf Marcel Prousts 'A la recherche du temps perdu', wo sich die Stellung der Personen im sozialen Raum genau äußert in Sprechakten, Gesten, Körperhaltungen und Kleidungsstücken. Über derartige synchrone Schnitte hinaus lassen sich auch ganze Interaktionsprozesse und Ereignisfolgen in Texten mit Hilfe der Konstruktion einiger sozialer Grundregeln plausibel beschreiben.[5] An diesem Punkt wird deutlich, daß die immanente Textweltanalyse ihre sinnvolle Ergänzung in einem Strukturvergleich zwischen Textwelt und historischer Welt findet.

Bourdieu selbst hat am Beispiel Flauberts skizziert, wie man die sich formierenden sozialen Felder und die entsprechenden Habitusformen der Figuren analysieren kann (Bourdieu 1975, 1987a). Auch ist hier die weiterreichende Fragestellung auf *Strukturhomologien* zwischen Text und Kontext oder Figur und Autor zu richten. Bourdieu sieht in Flauberts 'Education Sentimentale' die glänzende literarische Gestaltung eines sozialen Machtfeldes und zugleich den Versuch des Autors, seine eigene Position schreibend zu klären (Strukturhomologie Autor-Held). Die Figuren, „mit soziologisch belangvollen Merkmalen gesättigte Symbole einer jeweiligen sozialen Position", werden in ihrem Habitus bis hin zu den Konsumgewohnheiten semiotisch genau verortet. Soziale Praxisformen sind im Text offengelegt wie etwa die des Kunstindustriellen, der den Künstlern ein symbolisches Kapital „Ruhm" zukommen läßt (an dem er gleichwohl indirekt auch teilhat), das ökonomische Kapital jedoch hauptsächlich auf das eigene Konto bucht. Die verschiedenen Hauptfiguren werden wie in einem sozialen Experiment von Flaubert zu Beginn mit ihrer spezifischen Kapitalausstattung vorgestellt, und der Text verfolgt dann das soziale „Spiel" mit dem, was die Figuren auf ihrer sozialen Laufbahn aus diesem „Erbe" machen.

Der Vergleichsgesichtspunkt spielt auch auf den Ebenen des textuellen modus operandi eine entscheidende Rolle, kann man doch so die vielfältigen Bezüge eines Textes zu anderen (wissenschaftlichen, literarischen oder alltagssprachlichen) Texten erfassen oder aber strukturelle Entsprechungen zwischen Vertextungsformen und sozialen Habitusformen herausarbeiten.[6] Eine genaue Analyse des modus operandi in Verbindung mit dessen Funktionalität im sozialen Feld, in dem ein Text veröffentlicht wird, hat Bourdieu in seiner Heidegger-Studie vorgenommen (Bourdieu 1976a).

Zivilisations- und mentalitätsgeschichtliche Aspekte sollten schließlich herangezogen werden, um zu vermeiden, daß die Textwelten in einer anachronistischen Weise rekonstruiert werden, die eher unsere eigenen Vorstellungen und Verhaltensformen reflektiert als solche der Entstehungszeit. Eine solche Vermeidung von Anachronismen ist nur möglich bei genauer Kenntnis des *outillage mental*, mit Hilfe dessen die Texte angefertigt worden sind: Begriffs- und Satzstrukturen, Formen des Imaginären und Verhaltensstandarde. Erst vor diesem Hintergrund läßt sich dann erklären, ob es sich bei der Textwelt um ein Abbild oder um eine Gegenwelt zur historischen Wirklichkeit handelt. In den Begrifflichkeiten eines dem Ansatz Bourdieus durchaus nahestehenden semiotisch erweiterten Marxismus könnte man sagen: der Analysierende muß das sozial geformte 'Material', die der Sprache und den gängigen *kommunikativen Gattungen* inhärente Sichtweise kennen, um eine Textwelt adäquat zu rekonstruieren (vgl. Bachtin 1979; Medvedev 1976; Vološinov 1975). Aus der Verflochtenheit von Produktion und Rezeption, Text und Feld, Autor, Verleger, Kritiker und Wissenschaftler ergibt sich schließlich ein letzter für die Literaturwissenschaft relevanter Gesichtspunkt. Auch unser eigenes Tun, unsere Textproduktion, Wissenschafts- und Terminologiepolitik findet in einem komplexen Feld statt. Die historisch immer wieder beobachtbare Tatsache, daß ein bestimmter Ansatz und seine Begrifflichkeit sich nicht nur im wissenschaftlichen, sondern auch im literarischen, journalistischen oder schulischen Feld durchsetzen, ist dabei nicht unbedingt eine Konsequenz seiner Leistungsfähigkeit, sondern oft auf Machtstrukturen und besonderes Geschick in der Feldanpassung zurückzuführen.

Dabei darf nicht verkannt werden, daß auch die ästhetische Attraktivität der Theorie und ihrer Vertextungen eine entscheidende Rolle spielen kann. Dies läßt sich etwa im Hinblick auf die erfolgreiche Durchsetzung der großen Systembauten eines Hegel oder Luhmann ebenso feststellen wie in bezug auf die oftmals geradezu mit poetischem Gespür lancierte Metaphorik bei Karl Marx.

Was also hindert die Literaturwissenschaft daran, ihre Grenzen zum gesamten Feld des wissenschaftlichen Diskurses hin zu öffnen und theoretische Texte nach ästhetischen Gesichtspunkten zu analysieren? Gerade die Texte Bourdieus geben hierfür reichhaltiges Anschauungsmaterial, etwa in der häufigen metaphorischen Anwendung von Begriffen des Sakralbereiches auf die Sozialwelt und das Bildungssystem. Schließlich erhöht er die Attraktivität seiner Theoreme immer wieder durch schillernde Wortspiele.[7] Auf diese Weise könnte die Textanalyse schließlich zum Medium der Selbstreflexion für die Literaturwissenschaft werden.

Wenn man einen kultursoziologischen Ansatz in der hier vorgestellten Art abschließend kennzeichnen soll, so wäre er als ein integrativer soziologischer Zugriff auf Literatur aufzufassen, der viele der sonst nur ausschnitthaft und isoliert behandelten sozialen Dimensionen von Literatur in einen systematischen Zusammenhang zu stellen ermöglicht. Wichtig erscheint dabei vor allem, daß die Beschreibungskategorien zugleich das Potential genauer empirischer Deskription und der grundlegenden Analyse vom Standpunkt einer kritischen Gesellschaftstheorie aus bieten.

146

Natürlich ist die Theorie Bourdieus, sind auch die mentalitäts- und zivilisationstheoretischen Ansätze nicht ohne Kritik geblieben, wobei die Einwände meistens an der noch mangelnden Präzision einzelner Begriffe oder aber an Widersprüchen und Brüchen im Gesamtgebäude der Theorie festgemacht werden (vgl. etwa Honneth 1984; Müller 1986; Schulze 1988; Miller 1989 und die Beiträge in Eder 1989). Insgesamt ist auch zu fragen, ob nicht Bourdieus Theorie besonders gut auf ihren Entstehungskontext, die französische Gesellschaft, „paßt", während andere Gesellschaften weit weniger gut erfaßt werden; haben traditionelle „Kulturgüter" heute überhaupt noch die distinktive Funktion, die sie vor 50 oder 20 Jahren hatten? Ist in Bourdieus Theoriedesign überhaupt sozialer Wandel adäquat erklärbar? Gleichwohl sollte aus literaturwissenschaftlicher Sicht hauptsächlich danach gefragt werden, welche neuen Einblicke die vorgestellten Ansätze für die gesellschaftliche Eigenart und Funktion von Literatur eröffnen können. Die vorhandenen empirischen Versuche jedenfalls verleihen den Erwartungen durchaus einigen berechtigten Optimismus.

Anmerkungen

1   Versteht man in dieser Perspektive die unterschiedlichen literaturwissenschaftlichen Daten als Dokumentation unterschiedlicher Äußerungsformen eines identischen Grundmusters, dann können auch Werk und Biographie sinnvoll aufeinander bezogen werden, ohne daß der Eigenwert des Literarischen verkürzt wird. Schließlich erscheint es dann auch wieder möglich, Schriftstellerpersönlichkeiten typisierend gegenüberzustellen (vgl. etwa das alte Muster „Kleist versus Goethe"): nicht aufgrund von metaphysischen Kategorien oder der „immerwährenden Gespaltenheit der Menschennatur", sondern durch genau erfaßbare unterschiedliche Habitusstrukturen.

2   Eine detaillierte empirische Analyse der Herausbildung eines ersten, relativ autonomen literarischen Feldes in Frankreich des 17. Jahrhunderts findest sich in Alain Vialas Arbeit „Naissance de l'écrivain" (Viala 1985).

3   Zu nennen sind hier neben Bourdieus Flaubert-Studien (Bourdieu 1975, 1987a) eine Arbeit zur L'art-pour-l'art-Literatur in Frankreich von 1830-1850 (Bourdieu 1971a) sowie die Analysen von Rémy Ponton und Christophe Charle zu den Entwicklungen verschiedener literarischer Schulen in der zweiten Hälfte des 19. Jahrhunderts (vgl. u.a. Ponton 1973, 1977, 1988 und Charle 1979). Kürzere Skizzen und

Überblicke in deutscher Sprache finden sich in Jurt (1981) und Lendemains (1984). Ein Beispiel für eine Feldanalyse im Bereich der deutschen Literatur stellt die Arbeit von Wittmann (1983) dar; an der Universität Hamburg läuft zur Zeit ein Projekt zum Feld der Hamburger Nachkriegsliteratur.

4   Man denke nur an die lange Rezeptionsgeschichte mittelalterlicher Epen, wo etwa eine gemeinsame Grundstruktur in der individuellen Schuldzuweisung an einzelne Figuren besteht, obwohl hinsichtlich der Schwere des Vorwurfs und hinsichtlich der Frage, wem genau letztlich die „Schuld" zukommt, durchaus Unterschiede vorhanden sein können.

5   Das Ehrverhalten in Hartmann von Aues „Iwein" läßt sich z.B. als klassenspezifische adelige Habitusform beschreiben, die Prinzipien wie die Logik von Gabe und Gegengabe enthält. Ehre ist entsprechend als symbolisches Kapital aufzufassen, das auf ausdifferenzierten Feldern (Aventiure, Tunier) erworben und vermehrt werden kann. Entgegen lange geltenden individualistischen Sichtweisen ist Iweins gewandeltes Verhalten im zweiten Teil des Epos dann als Ausdruck einer gesellschaftlich gewandelten Habitusform aufzufassen, die auf Veränderungen der sozialen Feldbedingungen zu reagieren versucht. In einer Krisenzeit des Hofes kann eine Integrationspolitik mit Gruppenkompromissen (Elias) zwischen verschiedenen Ständen als nötig angesehen werden, um den Hof z.B. gegenüber anderen Sozialbereichen zu stabilisieren (vgl. dazu Vogt 1990).

6   Vgl. z.B. die Arbeit von S. Schmitz (1990) zum ornamentalen modus operandi als Habitus der Herrschaftsrepräsentation, der sich in spätmittelalterlichen Texten (Suchenwirt) ebenso objektiviert wie in der zeitgenössischen Architektur, Kunst, Philosophie oder auch im Hofzeremoniell.

7   Vgl. u.v.a. Bourdieu 1984, 13.

Literatur

1. Bourdieu

Bourdieu, Pierre, 1970: Zur Soziologie der symbolischen Formen, Frankfurt a.M.

–,   1971: Die Illusion der Chancengleichheit, Stuttgart.

–,   1971a: „Champ du pouvoir, champ intellectuel et habitus de classe", in: Scolies 1 (1971), 7-26.

–,   1975: „Flaubert ou l'invention de la vie d'artiste", in: Actes de la recherche en sciences sociales 2 (1975), 69-93.

–, 1976: Entwurf einer Theorie der Praxis auf der ethnologischen Grundlage der kabylischen Gesellschaft, Frankfurt a.M. (franz. 1972).

–, 1976a: Die politische Ontologie Martin Heideggers, Frankfurt a.M. (franz. 1975).

–, 1977: „La production de la croyance. Contribution à une économie des biens symboliques", in: Actes de la recherche en sciences sociales 3 (1977), No. 13, 3-44.

–, 1982: Die feinen Unterschiede. Kritik der gesellschaftlichen Urteilskraft, Frankfurt a.M. (franz. 1979).

–, 1982a: Ce que parler veut dire. L'économie des échanges linguistiques, Paris.

–, 1983: „The Field of Cultural Production, or: The Economic World Reversed", in: Poetics 12 (1983), 311-356.

–, 1984: „Le champ littéraire. Préalables critiques et principes de méthode", in: Lendemains 36 (1984), 5-20.

–, 1985: Sozialer Raum und 'Klassen'. Leçon sur la leçon. Zwei Vorlesungen, Frankfurt a.M. (franz. 1982, 1984).

–, 1987: Sozialer Sinn. Kritik der theoretischen Urteilskraft, Frankfurt a.M. (franz. 1984).

–, 1987a: „Flaubert. Einführung in die Sozioanalyse", in: Sprache im technischen Zeitalter 25 (1987), 173-189, 240-255.

–, 1988: Homo Academicus, Frankfurt a.M. (franz. 1984).

Bachtin, Michail M., 1979: Die Ästhetik des Wortes. Hg. R. Grübel, Frankfurt a.M.

Charle, Christophe, 1979: La crise littérraire à l'époque du naturalisme, Paris.

Dörner, Andreas, 1987: Heinrich von Kleists Hermannsschlacht. Semiotische Analyse eines deutschen Rezeptionsschicksals. Unv. Staatsexamensarbeit, Essen.

–, 1989: „Aufklärung als Anachronismus? Heinrich Bauer und seine 'Vollständige Grammatik der neuhochdeutschen Sprache'", in: Klaus D. Dutz (Hg.): Speculum historiographiae linguisticae. Kurzbeiträge der IV. Internationalen Konferenz zur Geschichte der Sprachwissenschaften, Münster 1989, 296-312.

–, 1989b: Die Inszenierung politischer Mythen. Zum Funktionszusammenhang von Politik und Ästhetik am Beispiel von Kleists „Hermannsschlacht". Paper zur Studienkonferenz des Arbeitskreises Politische Kulturforschung in der Deutschen Vereinigung für Politische Wissenschaft, Tutzing, Mai 1989.

–/ Gregor Meder, 1988: „Grammatik der Spätaufklärung – Linguisten heben ihre Schätze", in: Essener Universitätsberichte 2 (1988), 4-7.

Eco, Umberto, 1984: Lector in fabula. Die Mitarbeit der Interpretation in erzählenden Texten, München. (ital. 1979).

Eder, Klaus (Hg.), 1989: Klassenlage, Lebensstil und kulturelle Praxis. Theoretische und empirische Beiträge zur Auseinandersetzung mit Pierre Bourdieus Klassentheorie Frankfurt a.M.

Fischer, Ludwig/Jarchow, Klaas, 1987: Die soziale Logik der Felder und das Feld der Literatur. Einleitende Anmerkungen zum kultur- und literaturtheoretischen Ansatz Pierre Bourdieus, in: Sprache im technischen Zeitalter 25 (1987), 164-172.

Geiger, Theodor, 1932: Die soziale Schichtung des deutschen Volkes. Soziographischer Versuch auf statistischer Grundlage, Stuttgart.

Honneth, Axel, 1984: „Die zerrissene Welt der symbolischen Formen. Zum kultursoziologischen Werk Pierre Bourdieus", in: Kölner Zeitschrift für Soziologie und Sozialpsychologie 36 (1984), 147-164.

Jurt, Joseph, 1981: „Die Theorie des literarischen Feldes. Zu den literatursoziologischen Arbeiten Bourdieus und seiner Schule", in: Romanistische Zeitschrift für Literaturgeschichte 5 (1981), 454-479.

Lendemains, 1984: „Schwerpunkt: Das literarische Feld", in: Lendemains 36 (1984), 3-68.

Mead, George Herbert, 1973: Geist, Identität und Gesellschaft aus der Sicht des Sozialbehaviorismus, Frankfurt a.M. (engl. 1934).

Medvedev, Pavel N., 1976: Die Formale Methode in der Literaturwissenschaft. Kritische Einführung in die soziologische Poetik. Übers. und hg. v. H. Glück, München (russ. 1928).

Miller, Max, 1989: „Die kulturelle Dressur des Leviathans und ihre epistemologischen Reflexe", in: Soziologische Revue 12 (1989), 19-24.

Müller, Hans-Peter, 1986: „Kultur, Geschmack und Distinktion. Grundzüge der Kultursoziologie Pierre Bourdieus", in: Neidhart, Friedhelm/ Lepsius, Reiner M./Weiss, Johannes (Hg.): Kultur und Gesellschaft. (Kölner Zeitschrift für Soziologie und Sozialpsychologie, Sonderheft 27), Opladen, 162-190.

Ponton, Rémy, 1973: „Programme ésthetique et accumulation du capital symbolique. L'exemple du Parnasse", in: Revue française de sociologie 14 (1973), 202-220.

–, 1977: Le champ littéraire de 1865 à 1905. Thèse, Paris 1977.

–, 1988: „Geburt des psychologischen Romans. Kulturelles Kapital, soziales Kapital und literarische Strategie Ende des 19. Jahrhunderts in Frankreich", in: Sprache im technischen Zeitalter 26 (1988), 42-66.

Schmitz, Silvia, 1990: „Das Ornamentale bei Suchenwirt und seinen Zeitgenossen. Zu strukturellen Zusammenhängen zwischen Herrschaftsrepräsentation und poetischem Verfahren", in: Radotzky, R./Wenzel, H. (Hg.): Höfische Repräsentation. Das Zeremoniell und das Zeichen, Tübingen, 279-303.

Schulze, Gerhard, 1988: „Alltagsästhetik und Lebenssituation. Eine Analyse kultureller Segmentierungen in der Bundesrepublik Deutschland", in: Soeffner 1988, 71-92.

Viala, Alain, 1985: Naissance de l'écrivain. Sociologie de la littérature à l'âge classique, Paris (deutscher Teilabdruck in: Sprache im technischen Zeitalter 25 (1987), 320-339).

Vogt, Ludgera, 1990: „Die Ökonomik der Ehre. Soziologische Aspekte der mittelalterlichen Artusepik am Beispiel von Hartmanns 'Iwein'", erscheint in: Zingerle, Arnold (Hg.): Zur Soziologie der Ehre. (1990).

Vološinov, Valentin N., 1975: Marxismus und Sprachphilosophie. Grundlegende Probleme der soziologischen Methode in der Sprachwissenschaft. Hg. und eing. von S.M. Weber, Frankfurt a.M. u.a. (russ. 1929).

Wenzel, Horst, 1988: „Höfische Repräsentation. Zu den Anfängen der Höflichkeit im Mittelalter", in: Soeffner 1988, 105-120.

Wittmann, Reinhard G., 1983: „Die Schriftsteller und das literarische Kräftefeld", in: Funk, Holger/Wittmann, Reinhard G.: Literatur-Hauptstadt. Schriftsteller in Berlin heute, Berlin, 31-368.

2. Mentalitätengeschichte

Ariès, Philippe, 1975: Geschichte der Kindheit. Mit einem Vorwort von H. von Hentig, München. (franz. 1960).

–, 1980: Geschichte des Todes, München/Wien. (franz. 1975).

Braudel, Fernand, 1977: „Geschichte und Sozialwissenschaften. Die longue durée", in: Honnegger 1977, 47-85.

Duby, Georges, 1977: Krieger und Bauern. Die Entwicklung von Wirtschaft und Gesellschaft im frühen Mittelalter, Frankfurt a.M. (franz. 1973).

–, 1981: Die drei Ordnungen. Das Weltbild des Feudalismus, Frankfurt a.M. (franz. 1978).

Febvre, Lucien, 1988: Das Gewissen des Historikers. Hg. und aus dem Französischen übers. von U. Raulff, Berlin (franz. 1953).

Honnegger, Claudia (Hg.), 1977: Schrift und Materie der Geschichte. Vorschläge zu einer systematischen Aneignung historischer Prozesse, Frankfurt a.M.

Le Goff, Jaques, 1984: Die Geburt des Fegefeuers, Stuttgart (franz. 1981).

–, 1987: Die Intellektuellen im Mittelalter, Stuttgart (franz. 1957).

Vovelle, Michel, 1982: Idéologies et Mentalités, Paris.

Amann, Klaus, 1988: Der Anschluß österreichischer Schriftsteller an das Dritte Reich. Institutionelle und bewußtseinsgeschichtliche Aspekte, Frankfurt a.M.

Doerry, Martin, 1986: Übergangsmenschen. Die Mentalität der Wilhelminer und die Krise des Kaiserreichs, Weinheim und München.

Dülffer, Jost/Holl, Karl (Hg.), 1986: Bereit zum Krieg. Kriegsmentalität im wilhelminischen Deutschland 1890-1914. Beiträge zur historischen Friedensforschung, Göttingen.

Grimm, Jürgen, 1982: „Literaturgeschichtsschreibung und 'histoire de mentalités' am Beispiel von Claude Pichois' 'Littérature française'", in: Wunderli, Peter/Müller, Wulf (Hg.): Romania historica et Romania hodierna. Fs. für Olaf Deutschmann, Tübingen, 301-324.

Hinrichs, E., 1979/80: Zum Stand der historischen Mentalitätsforschung in Deutschland, in: Ethnologia Europea 11 (1979/80), 226-233.

Jöckel, Sabine, 1985: „Nouvelle histoire" und Literaturwissenschaft, 2 Bde., Rheinfelden.

Kutter, Uli, 1988: „Photokopierte Blätter – Entzauberter Alltag! Bemerkungen zu einer Ausdruckform der Gegenwartskultur", in: Soeffner 1988, 363-384.

Müller, Jan-Dirk, 1987: „Aporien und Perspektiven einer Sozialgeschichte mittelalterlicher Literatur. Zu einigen neueren Forschungsansätzen", in: Schöne, Albrecht (Hg.): Kontroversen, alte und neue. Akten des VII. Internationalen Germanisten-Kongresses Göttingen 1985. Bd. 11: Historische und aktuelle Konzepte der Literaturgeschichtsschreibung. Zwei Königskinder? Zum Verhältnis von Literatur und Literaturwissenschaft, Tübingen, 56-66.

Peters, Ursula, 1985: „Literaturgeschichte als Mentalitätsgeschichte? Überlegungen zur Problematik einer neueren Forschungsrichtung", in: Stötzel, Georg (Hg.): Germanistik – Forschungsstand und Perspektiven. Vorträge des Deutschen Germanistentages 1984. 2. Teil: Ältere Deutsche Literatur, Berlin/New York, 179-198.

Pichois, Claude, 1970-1978: Collection 'Littérature française', dirigée par Claude Pichois. 16 Bde., Paris.

Raulff, Ulrich (Hg.), 1987: Mentalitäten-Geschichte. Zur historischen Rekonstruktion geistiger Prozesse, Berlin.

Reichardt, Rolf, 1978: „'Histoire de mentalités'. Eine neue Dimension der Sozialgeschichte am Beispiel des französischen Ancien Regime", in: Internationales Archiv für Sozialgeschichte der Literatur 3 (1978), 130-166.

Reichertz, Jo, 1988: „'Die großen, starken Gefühle zum sterben verurteilen'? – Privates in der Öffentlichkeit der 'Fröhlichen Guten-Tag-Anzeige'", in: Soeffner 1988, 251-266.

Schön, Erich, 1987: Der Verlust der Sinnlichkeit oder Die Verwandlungen des Lesers. Mentalitätswandel um 1800, Stuttgart.

Schöttler, Peter, 1989: „Mentalitäten, Ideologien, Diskurse. Zur sozialgeschichtlichen Thematisierung der 'dritten Ebene'", in: Lüdtke, Alf (Hg.): Alltagsgeschichte. Zur Rekonstruktion historischer Erfahrungen und Lebensweisen, Frankfurt, a.M./New York.

Schultze, Hagen, 1985: „Mentalitätsgeschichte – Chancen und Grenzen eines Paradigmas der französischen Geschichtswissenschaft", in: Geschichte in Wissenschaft und Unterricht 36 (1985), 247-271.

Sellin, Volker, 1985: „Mentalität und Mentalitätsgeschichte", in: Historische Zeitschrift 241 (1985), 555-598.

Soeffner, Hans-Georg (Hg.), 1988: Kultur und Alltag. (Soziale Welt, Sonderband 6), Göttingen.

3. Zivilisationstheorie

Elias, Norbert, 1969: Die höfische Gesellschaft. Untersuchungen zur Soziologie des Königstums und der höfischen Aristokratie, mit einer Einleitung: Soziologie und Geschichtswissenschaft, Neuwied und Berlin.
–, 1976: Über den Prozeß der Zivilisation. Soziogenetische und psychogenetische Untersuchungen. Bd. 1: Wandlungen des Verhaltens in den weltlichen Oberschichten des Abendlandes. Bd. 2: Wandlungen der Gesellschaft. Entwurf zu einer Theorie der Zivilisation, Frankfurt a.M.
–, 1989: Studien über die Deutschen. Machtkämpfe und Habitusentwicklung. Hg. v. Michael Schröter, Frankfurt a.M.
Gleichmann, Peter/Goudsblom, Johan/Korte, Hermann (Hg.), 1979: Materialien zu Norbert Elias' Zivilisationstheorie, Frankfurt a.M.
–/ Goudsblom, Johan/Korte, Hermann (Hg.), 1984: Macht und Zivilisation. Materialien zu Norbert Elias' Zivilisationstheorie 2, Frankfurt a.M.
Krumrey, Horst-Volker, 1984: Entwicklungsstrukturen von Verhaltensstandarden, Frankfurt a.M.
Schröter, Michael, 1985: 'Wo zwei zusammenkommen in rechter Ehe...'. Sozio- und psychogenetische Studien über Eheschließungsvorgänge vom 12. bis zum 15. Jahrhundert. Mit einem Vorwort von Norbert Elias, Frankfurt a.M.
Wild, Reiner, 1982: Literatur im Prozeß der Zivilisation. Entwurf einer theoretischen Grundlegung der Literaturwissenschaft, Stuttgart.

VI.
Neuere Hermeneutikkonzepte

Methodische Verfahren oder geniale Anschauung?

Werner Jung

1.

Versucht man, sich einen ersten Überblick darüber zu verschaffen, worum es der Hermeneutik geht, ist es ratsam, sich in einschlägigen Lexika zu informieren. Bereits die flüchtige Lektüre zeigt, daß das Grundproblem der Hermeneutik ein Übersetzungsproblem ist, nämlich ob und wie es gelingt, „einen Sinnzusammenhang aus einer anderen 'Welt' in die eigene zu übertragen" (Gadamer 1974, Sp. 1062). Wenn man unter Hermeneutik die Kunst des Verkündens, Dolmetschens, Erklärens und Auslegens versteht, dann rückt zum bevorzugten Gegenstand sehr schnell „der Text" auf – dasjenige, was Wilhelm Dilthey bündig auf die Formel von den *„dauernd fixierten Lebensäußerungen"*, die vor allem *„in der Schrift"* aufbewahrt sind, gebracht hat (vgl. Dilthey GS V, 319). Der Text ist der Gegenstand, seine Interpretation, das *„kunstmäßige Verstehen"*, die Aufgabe der Hermeneutik (vgl. Dilthey ebd.). Geht es aber der Hermeneutik seit ihren antiken Anfängen darum, den 'rechten' Sinn zu fassen und dessen 'Wahrheit' der eigenen, fremden Zeit zu vermitteln, dann ergibt sich die Frage, was denn folglich unter neuerer Hermeneutik zu verstehen ist. Nur alter Wein in neuen Schläuchen – oder mehr und anderes?

Auch darauf erteilen die verschiedenen Lexika, mögen sie nun orthodox-marxistisch, konstruktivistisch oder geistesgeschichtlich orientiert sein, eine einschlägige Antwort: Mit dem 18. Jahrhundert, der Aufklärung, insbesondere aber mit dem Schleiermacher im frühen 19. Jahrhundert setzt eine deutliche Gebietserweiterung der Hermeneutik ein, da nun – aufgrund eines geschärften Bewußtseins der eigenen Historizität – „das Selbstverstehen des Menschen in seiner Geschichtlichkeit" zum Reflexionsgegenstand wird

(Klaus/Buhr 1970, Bd. 1, 474). Und dieses Bewußtsein impliziert nicht zuletzt zweierlei, die Erfahrung eines Bruchs mit der Tradition – der Tatsache, daß Geschichte sich nicht im Raum und Rahmen eines bruchlosen, teleologischen Progresses vollzieht – ineins mit der Reflexion dieses Bruchs und dem – methodisch geleiteten – Bemühen, diese Tradition auf vermittelte, nämlich hermeneutisch-reflektierte Weise neu allererst herzustellen. Gadamer hat, auf seine eigene hermeneutische Theorie („Wahrheit und Methode") wie insgesamt auf die wirkmächtige existentialontologische Tradition des 20. Jahrhunderts (der späte Husserl, Heidegger, Ingarden) vorausweisend, deshalb den hermeneutischen Verstehensakt als „reproduktive Wiederholung der ursprünglichen gedanklichen Produktion" definiert (vgl. Gadamer 1974, Sp. 1064). Schleiermacher schließlich sei deshalb bedeutend, weil er zuerst die Hermeneutik als eine „universale Lehre des Verstehens und Auslegens" begriffen habe (vgl. Gadamer ebd.). Damit ist dann zwar der Neueinsatz dessen, was unter neuerer Hermeneutik firmiert, benannt, allerdings ist dieser selbst nur unzureichend, ja verschwommen bestimmt.

Es ist das besondere Verdienst von Manfred Franks Monographie 'Das individuelle Allgemeine', Schleiermachers hermeneutische Innovation detailliert nachgewiesen zu haben. Frank hebt dabei vor allem hervor, daß Schleiermacher – im Gegensatz zur Tradition wie auch den nachfolgenden existentialhermeneutischen Versuchen – der Reflexion von Sprache und Sprachstrukturen als dem gleichsam materialen Substrat aller Verstehensakte eine erhebliche Bedeutung zugemessen hat. Hermeneutik könne nur „im System der Kommunikation", im Beziehungsnetz aus Dialektik, Rhetorik und Grammatik begriffen werden (vgl. Frank 1977, 160ff.). Denn Sprache überhaupt realisiere sich nur in einzelnen Sprechakten, in „Sprachspielen" (Wittgenstein); sie existiere *„nur als Sprachverwendung"* (a.a.O., 158). Das Subjekt der Sprache ist ein Sprechender einer bestimmten Sprachgemeinschaft, der in die Schnittstelle von überkommenen und einsozialisierten Sprachstrukturen, von Tradition und Innovation, die er selbst in seinen Sprechakten vorführt, gestellt ist. Es sei nun Schleiermachers bahnbrechende Erkenntnis gewesen, daß er, obwohl er die Sprechakte in einen Horizont vorgefundener Strukturen (syntaktischer Regeln ebenso wie semantischer Festlegungen) einbindet, zugleich die die Strukturen überbietenden Leistungen sprachkompetenter

Signifikanten gesehen hat. Ein jedes sprechend sich äußernde Individuum arbeite nämlich nach Schleiermacher „in der Sprache mit"; es bringe „Neues ... in ihr (hervor)" (vgl. Schleiermacher 1959, 107). Darin besteht die Pointe der Schleiermacherschen Hermeneutik und zugleich die Berechtigung des Titels von Franks Arbeit: 'Das individuelle Allgemeine' – eine Anleihe Franks bei Sartres Studie über Flaubert (vgl. Sartre 1986).

Das Erlebnis des Widerspruchs zwischen dem Wunsch nach einer 'reinen' Sprache, dem Bedürfnis nach authentischer Mitteilung und der Erfahrung des ständigen Unterminiertseins durch einen Regelkanon, in dem die Dinge sprachlich – vermeintlich – fix und fertig schon bezeichnet und durch syntaktisch-pragmatische Regeln in ihren Verknüpfungsmöglichkeiten festgelegt sind, wird zur Geburtsstunde der neueren Hermeneutik, die gleichsam auf zweiter Ebene über die Verfahrensweise von Texten und deren Verständnis nachdenkt. Daß gerade Schleiermacher als erster Neuerer angesprochen werden muß, kommt dabei nicht von ungefähr, hat sich doch seine Theorie im Umkreis wahlverwandter frühromantischer Überlegungen herausgebildet. Deren ästhetische und poetologische Reflexionen – gegründet im Begriff der Kritik – kreisen darum, wie Walter Benjamin in seiner Dissertation bereits gezeigt hat, den Interpreten des Werks, den Kritiker – als den verstehenden Hermeneuten – zu ermächtigen, weil nur er das Werk vollendet, ergänzt und systematisiert (vgl. Benjamin 1974, 69ff.). Ganz ähnlich spricht auch Schleiermacher von der Interpretation als einer Kunst, die zwar – und deshalb macht er die Unterscheidung zwischen dem grammatischen (philologischen) Verstehen und dem psychologischen (divinierenden) Verstehen – einerseits methodisch und regelgeleitet verfährt, am Ende aber – eben im psychologischen Verstehen – das interpretierte Werk auf methodisch indemonstrable Weise nach- und neubildet. „Texte", so resümiert Frank Schleiermachers Bemühen, „haben weder den Status von Präskripten noch von Erfahrungstatsachen, sondern von Appellen, denen frei entsprochen wird" (Frank 1977, 351). Eine Einsicht, die wiederum bereits Benjamin, seinerzeit mit Blick auf den Positivismus und die Einfühlungstheorie (ihrem „geile(n) Drang aufs 'Große Ganze'" [Benjamin 1972, 51]), formuliert hat, als er anmerkte, daß ein Werk niemals weder nach Regeln noch durch eine Theorie, die „das Werk nur als Produkt eines genialischen Kopfes" ansehe, verstanden werden könne (vgl. Benjamin 1974, 76).

Dennoch: sowohl bei Schleiermacher – auch in der Lesart durch Frank – als auch bei Benjamin bleibt ein Grundproblem, an dem die Hermeneutik bis heute laboriert, bestehen; und dies steht in Zusammenhang mit der Definition des Kunstbegriffs. Erteilt man diesem selbst eine poetische Lizenz, dann ist fraglich, was angesichts der Überlegenheit schöpferischer Phantasie („Divination") vom regelgeleiteten Verfahren (dem grammatischen Verstehen) übrig bleibt, ja was dieses noch soll. Umgekehrt droht der Kunst dort, wo der Vorrang des Regelgeleiteten angenommen wird, ihr Verschwinden zwischen den Maschen (grammatischer) Strukturen, das – abkürzend und behelfsmäßig formuliert – das Gesamt philologischer Verfahrensweisen erläutert. Hermeneutik – als Kunst der Interpretation wie Interpretation der Kunst – oszilliert – und das scheint mir ihre grundsätzliche Problematik zu sein – zwischen methodischen Verfahrensweisen und genialer Interpretation.

Sehen wir uns diese Problematik an einer historischen Debatte, der Diskussion um Diltheys Verstehenstheorie bei Georg Simmel und dem jungen Georg Lukács, etwas genauer an.

2.

Wilhelm Dilthey hat seine Philosophie in Frontstellung gegenüber zwei mächtigen Gegnern entwickelt, dem Idealismus (vornehmlich Hegelscher wie posthegelianischer Provenienz) und dem Positivismus. Gleichzeitig bleibt er diesen Gegnern in seinem Konzept, dem Entwurf einer Theorie der Geisteswissenschaften, doch auch verpflichtet: Hegels Philosophie entleiht er den Begriff des „objektiven Geistes" als des Gebiets, das den Geisteswissenschaften zugrundeliegt, und vom Positivismus erbt er die Überzeugung, wonach die Geisteswissenschaften – analog zur Verfahrensweise der Naturwissenschaften – ebenso streng ihren Aufbau und ihre Methodik zu demonstrieren haben. Während die Naturwissenschaften am Paradigma des „Erklärens" orientiert sind, steht bei den Geisteswissenschaften das „Verstehen" im Vordergrund. Die Naturwissenschaften erklären ihren Gegenstand, die Natur, „als eine Ordnung nach Gesetzen", wohingegen die Geisteswissenschaften den Menschen und die Welt, aber auch die Natur gleichsam unter der Perspektive 'ad hominem' verstehen, d.h. den Weg von außen, der Natur, nach innen, dem Menschen, zurückverfolgen und „Bedeutung, Wert und Zweck" analysieren, die die Menschen den Dingen und Sachverhalten zusprechen (vgl. Dilthey 1981, 93).

Hier nun kommt die Hermeneutik ins Spiel. Denn sie ist für Dilthey diejenige Hilfswissenschaft, die den Kernbegriff seines Projekts, das Verstehen, vorstellt, worauf dann das ganz Unternehmen, „der Aufbau der geschichtlichen Welt in den Geisteswissenschaften", gegründet wird. Doch bereits zu Beginn verwickelt sich Dilthey in unauflösbare Schwierigkeiten. Denn er bleibt bei seinen vielfachen Versuchen, den Verstehensbegriff zu demonstrieren, in den Netzen des Psychologismus hängen, was seine Kritiker, wie Simmel und Lukács etwa, schon früh moniert haben.

Diltheys Ausgangspunkt bei faktischen, alltäglichen Lebensvollzügen, womit er unstreitig den sich formierenden Sozialwissenschaften (der Soziologie) neue Felder und einen neuen Zugang eröffnet hat, schränkt andererseits seine Perspektive wieder ein. „Unser Handeln", sagt Dilthey zu Beginn seiner berühmten Rede über 'die Entstehung der Hermeneutik' (1900), „setzt das Verstehen anderer Personen überall voraus; ..." (Dilthey 1974, GS V, 317). Und an anderer Stelle heißt es einmal, denselben Kontext betreffend, daß „(h)inter das Leben ... das Erkennen nicht zurückgehen (kann)" (a.a.O., GS VIII, 180). Ja, überhaupt will er im Gegensatz zur metaphysischen Konstruktion vielmehr „das Gegebene" „analysieren" (vgl. Dilthey 1981, 183). Um jedoch – auch im faktischen Alltag – handeln zu können, muß vorab schon das verstanden worden sein (das Handeln des anderen, die Situation), worauf sich eigenes Handeln dann jeweils bezieht. Hierzu setzt Dilthey die Begriffe des Nachfühlens und Nachbildens ein; man müsse die eigenen Erlebnisse in den anderen hineinprojizieren. In der Rede über die Hermeneutik definiert er das Verstehen schlichtweg als „den Vorgang, in welchem wir aus sinnlich gegebenen Zeichen ein Psychisches, dessen Äußerung sie sind, erkennen" (a.a.O., GS V, 318). Und die Spätschrift 'Der Aufbau der geschichtlichen Welt in den Geisteswissenschaften' ergänzt und präzisiert, daß uns im „Zusammenhang von Erleben, Ausdruck und Verstehen" das Leben und die Welt gegeben und dem Verständnis der Geisteswissenschaften aufgegeben sind (vgl. a.a.O., 99). Dabei denkt Dilthey den „Vorgang des Verstehens" als fortwährenden

Prozeß, „durch den Leben über sich selbst in seinen Tiefen aufgeklärt wird"; „andererseits verstehen wir uns selber und andere nur, indem wir unser erlebtes Leben hineintragen in jede Art von Ausdruck eigenen und fremden Lebens" (ebd.). Von dieser basalen Voraussetzung ausgehend, versucht Dilthey im folgenden dann den Aufbau der geschichtlichen Welt zu skizzieren. Es geht ihm darum, Lebensprozesse zu verstehen, ebenso in ihrem Gewordensein, ihrer Genese, was – idealiter – die Reflexion der ganzen (Menschheits-)Geschichte einschließt, wie auch in ihrem Werden. Das Gegebene, an dem sich das Verstehen dann abarbeitet, bildet Ausdrucksformen, die Dilthey in verschiedene Klassen – und wiederum unter Rückbezug auf Alltagsstrukturen – einteilt. Er unterscheidet Begriff, Handlung und Erlebnisausdruck voneinander, denen zwei Verstehensklassen, das 'elementare' Verstehen (Begriff, Handlung) und das 'höhere' Verstehen (Erlebnisausdruck), entsprechen. In jedem Fall aber geht die Bewegung so vor sich, daß das Verstehen nur unter Zugrundelegung des eigenen Erlebens ablaufen kann. Die Figur des *'hermeneutischen Zirkels'* – man kann das einzelne (eine einzelne Lebensäußerung, einen einzelnen Satz, ein einzelnes Werk, einen einzelnen Autor) nur verstehen, wenn man das Ganze bereits verstanden hat – erscheint bei ihm recht eigentlich in der Form einer hermeneutischen Aporie. Denn vorausgesetzt in seinem Modell ist die Selbsthabe, die Gewißheit eigener Erlebnisse und ihr Verständnis. Verstehen kann also nur, wer erlebt und erlebnisfähig ist, und erleben kann nur, wer zugleich versteht.

Mit dieser grundsätzlichen Problematik hängt eng zusammen, was denn verstanden wird und überhaupt verstanden werden kann. Zwar ist es Diltheys erklärte Absicht, über das Verstehen eines (einzelnen) Erlebnisausdrucks – in seiner Spitze: das „wahrhaft große Kunstwerk" (a.a.O., 254) – die Gesamtstrukturen einer (historischen) Epoche auszuleuchten, doch ist fraglich, ob und wie ein Verstehen noch möglich ist, wenn etwa dasjenige, wovon das Kunstwerk Erlebnisausdruck ist, in unserem eigenen Erlebnisschatz noch gar nicht aufgetaucht ist, wenn Handlungsstrukturen und Gefühlsdispositionen uns fremd sind, d.h. nicht unter unsere eigenen Erlebnisse subsumierbar sind und damit verrechenbar werden. Anders ausgedrückt: verstanden werden kann nur das, was – mittelbar oder unmittelbar – in den eigenen Erlebniszusammenhang eingeordnet werden kann; das Fremde wird im Eigenen wiederentdeckt als das andere, das ich selbst bin. Diese Identitätslogik, die alles Verstehbare unter die Macht des Ich und seines Erlebnisses bringt, findet ihre Schranke in der Inkommensurabilität eines Fremden, das sich durch die grundsätzliche Differenz zu mir als Erlebendem bestimmt. Den Assoziationen bietet sich hier ein weites Feld: wie sieht es mit dem Verstehen früherer Kulturen – welcher auch immer – aus? Und was versteht man an (durchaus gleichzeitigen) anderen – wie auch immer entwickelten – Kulturformationen?

Dilthey selbst ist dies nicht zum Problem geworden, da er von einer identischen, kulturinvarianten Menschennatur, dem „Zusammenhang des Allgemeinmenschlichen" (a.a.O., 262), ausgeht. Diese Natur konzentriert sich schließlich in einem identischen Geist, der sich – hegelisch – entäußert in das weite Gebiet des 'objektiven Geistes', das für Dilthey „von dem Stil des Lebens, den Formen des Verkehrs zum Zusammenhang der Zwecke, den die Gesellschaft sich gebildet hat, zu Sitte, Recht, Staat, Religion, Kunst, Wissenschaft und Philosophie" reicht (a.a.O., 256). Jeder einzelne Mensch, damit auch der Hermeneut, partizipiert qua 'subjektiver Geist' an diesem allgemeinen Geist. Der subjektive Geist versteht sich als Schöpfer des 'objektiven Geistes', als gleichzeitig Bestimmender wie Bestimmter.

Unabhängig von den (nur bruchstückhaft gelieferten) methodischen Verfahrensweisen hat Dilthey doch eine Ahnung von dem letzten Endes nicht methodisierbaren Verstehens- bzw. Interpretationsakt, was bei ihm allerdings dem Psychologismus in den Grundannahmen geschuldet ist. Und in zahlreichen beiläufigen Äußerungen – vermutlich mit schlechtem Gewissen vorgebracht, da er vom Objektivitätsideal und einem stringenten methodologischen Aufbau überzeugt ist – redet er der *Genialität des Interpreten* das Wort. Denn wer von der Annahme eines psychologischen Sich-Hineinversetzens in einen zu deutenden (Erlebnis-)Ausdruck ausgeht, kann am Ende, wenn es um Fragen der Dignität und des Werts der Deutung geht, dazu nur die Erlebnistiefe und -fülle des jeweiligen Interpreten bestellen. Deshalb spricht Dilthey auch von der „Vertiefung in sich selbst" (a.a.O., 164), „von der subjektiven Tiefe des Erlebens" (a.a.O., 185). Ja, das Verstehen beruht „auf einer besonderen persönlichen Genialität" (a.a.O., 267). Am Ende schließlich – und dies könnte man gleichsam als Diltheys letztes Wort lesen – haftet allem Verstehen etwas Irrationales an:

„So ist in allem Verstehen ein Irrationales, wie das Leben selber ein solches ist; es kann durch keine Formeln logischer Leistungen repräsentiert werden. Und eine letzte, obwohl ganz subjektive Sicherheit, die in diesem Nacherleben liegt, vermag durch keine Prüfung des Erkenntniswertes der Schlüsse ersetzt zu werden, in denen der Vorgang des Verstehens dargestellt werden kann. Das sind die Grenzen, die der logischen Behandlung des Verstehens durch dessen Natur gesetzt sind" (a.a.O., 269).

3.

„An keiner Stelle in seinem umfangreichen Werk nimmt Georg Simmel direkten Bezug auf Wilhelm Dilthey. Dennoch liegt die Verwandtschaft zahlreicher Begriffsbestimmungen und Argumentationsstrukturen offen zutage" (Gerhardt 1971, 276).

Tatsächlich jedoch durchzieht Simmels Werk untergründig eine fortlaufende Auseinandersetzung mit Diltheys Theorie. Bereits das Buch über 'Die Probleme der Geschichtsphilosophie' – 1892 publiziert, für die weiteren Auflagen (1905, 1907) komplett umgearbeitet –, worin die methodische Grundlegung der Verstehenden Soziologie dargestellt wird (vgl. Helle 1986, 82), enthält eine Diskussion mit Dilthey. Erst in seinen letzten Lebensjahren, in denen Simmel fragmentarische Grundlagen einer neuen Lebensphilosophie ('Lebensanschauung', 1918) entwickelt, kritisiert er nicht allein seine früheren philosophischen und soziologischen Überzeugungen, sondern damit auch deren illusionäre verstehenstheoretische Grundlagen. Ein Kerntext in diesem Zusammenhang ist der Essay 'Vom Wesen des historischen Verstehens' von 1918, in dem er, ohne explizit Diltheys Namen zu nennen, dessen Psychologimus attackiert. Simmels Basissatz hierin ist, daß „(d)ie Struktur allen Verstehens ... innerliche Synthese zweier, von vornherein getrennter Elemente (ist)" (Simmel 1984, 62). Die von Dilthey unterstellte Wesensgleichheit unter den Menschen, ihre identische Menschennatur, sei Fiktion, denn welcher Europäer zum Beispiel vermöge schon die Psyche eines Orientalen zu verstehen, ja mehr noch, selbst der Alltag beweise, „daß gerade zwischen Menschen der allerverwandtesten Naturanlage die allerärgsten Mißverständnisse entstehen" (a.a.O., 64). Man müsse vielmehr von der sozialen Tatsache zweier gleichursprünglich gegebener Elemente, des Ich und des Du, ausgehen, wobei das Du über keine „Projektionstheorie" (a.a.O., 67) dem Ich einfach einverleibt werden könne. Es bleibt das andere, und die Differenz ist unaufhebbar.

„Nicht in demselben Sinne wie jedes andere Objekt kann ich das Du als meine Vorstellung bezeichnen: ich muß ihm ein Für-sich-Sein zusprechen, wie ich es, im Unterschiede zu allen eigentlichen Objekten, nur an meinem eigenen Ich empfinde" (a.a.O., 68).

Das Du ist das andere, das Fremde, das sich in der grundsätzlichen Differenz zu mir bestimmt, zugleich aber auch dasjenige Objekt, das Verstehensprozesse allererst in mir evoziert. Deshalb kann Simmel sagen, daß „(d)as Du und das Verstehen ... eben dasselbe (ist), gleichsam einmal als Substanz und einmal als Funktion ausgedrückt – ..." (ebd.).

Die Suche nach einem alternativen Verstehensmodell bei Simmel verläuft allerdings erfolglos; der Kritik am Psychologismus setzt er keine eigene Theorie gegenüber. Er beläßt es nur bei einem kleinen Hinweis, der jedoch in seiner Behelfs- wie Fragwürdigkeit das ganze Dilemma aller Verstehenstheorien umreißt. An die Stelle der *Einfühlung* nämlich rückt Simmel die „*Intuition"*, mithin einen Begriff, der durch keine wie immer geartete methodische Grundlegung gesichert ist.

„Aber das Verdacht Erweckende, mißbräuchlich Mystische an ihm verschwindet gerade, wenn wir uns klarmachen, daß die Anwendung der Intuition auf das historische Verstehen von ihrem ganz unvermeidlichen Gebrauch in jedem Augenblick des praktischen Lebens umgriffen wird" (a.a.O., 69).

So lapidar der Hinweis auf die faktische Alltagspraxis, die (immer wieder) gelingende und gelungene reibungslose Kommunikation, klingt, so divinatorisch nimmt sie sich heute im Licht moderner Kommunikationstheorien aus. Simmel unterstellt eine kommunikative gesellschaftliche Praxis, die zwar post festum auf ihre Grundlagen und ihr Funktionieren überprüft werden kann und soll, deren Faktizität aber als soziale Tatsache unbestritten ist und auch keiner flankierenden psychologischen oder metaphysischen Weihen bedarf. Verstehen auf dieser ersten, elementaren, alltagspraktischen Stufe erscheint bei Simmel als Verständigungsprozeß zweier gleichberechtigter gesellschaftlicher Akteure, des Ich und des Du, die sich in ihrer grundsätzlichen Andersheit ebenso wahrnehmen wie akzeptieren. Das Resultat dieses Verständigungsprozesses ist die funktionierende Kommunikation, wobei es dann keine Rolle

162

mehr spielt, ob nun tatsächlich – in substantialistischem Sinne – das verstehende Ich die 'wahre' Absicht des Du (den Kern, das Wesen) 'wirklich' erfaßt hat. Das bleibt der Interpretation anheimgestellt, und die unterliegt keinem methodischen Schema. Paradigma ist die gelungene und gelingende gesellschaftliche Praxis.

In den weiteren Kapiteln seines Essays widmet sich Simmel dann dem eigentlichen *historischen Verstehen,* dem, was bei Dilthey unter den Begriff des höheren (Ausdrucks-)Verstehens fiel. Hier nun, wo dem Verstehenden nicht einmal das Du in seiner leiblichen Präsenz gegeben ist, verschärft sich die Verstehensproblematik. Denn der Interpret ist ganz auf das historisch Überlieferte, auf Dokumente und Textzeugnisse angewiesen. Und ebenso wie der psychologistische Schluß vom eigenen auf das fremde Erlebnis fehlgeht, ist es – nach Simmel – auch fatal, von den vorhandenen äußeren (Text-)Zeugnissen auf dahinterstehende innere Dispositionen und substantielle Erlebnisse zu schließen. Gewiß bestreitet Simmel nicht, daß es – etwa bei Künstlern – so etwas wie ein „Urerlebnis" (Nohl) oder einen Keimentschluß gegeben hat, die dann das jeweilige Werk motivieren. Doch verkennt der Psychologismus, das, was Simmel auch die „mechanistische Anschauungsweise" (a.a.O., 82) nennt, die Tatsache, daß, sobald das Werk einmal geschaffen ist, es eine Eigendynamik entfaltet, die die Intention und Erlebnisse seines Schöpfers transzendiert. „In allem was wir schaffen, besteht außer dem, was wir wirklich schaffen, noch eine Bedeutung, eine Gesetzlichkeit, eine Fruchtbarkeit jenseits unserer eigenen Kraft und Intention" (a.a.O., 74). Aus diesem Grund, so schließt Simmel, ist „auch das geistige Verständnis einer solchen Schöpfung prinzipiell kein Problem mit nur einer möglichen Lösung" (ebd.). An einer anderen Stelle vergleicht er eine „Schöpfung des Geistes" mit einem Rätsel, das sein Schöpfer zwar „auf ein bestimmtes Lösungswort hin gebaut hat" – und dies entspräche seiner Intention –, für das es jedoch noch unzählige andere Lösungen geben kann.

„Hat ein Schöpfungsvorgang erst einmal die Form des objektivierten Geistes gefunden, so sind alle und sehr mannigfaltige Verständnisse in dem Maße gleichberechtigt, in dem eine jede in sich bündig, exakt, sachlich befriedigend ist. Auf die individuell seelische Lebenswirklichkeit jenes Schöpfungsvorgangs als Kriterium dieses Bewußtseins brauchen sie nicht zurückzugehen" (a.a.O., 73).

Damit hat sich aber das (historische) Verstehen, insofern dieses sich auf Dokumente, Zeugnisse und Kunstwerke, auf Objektiviertes, bezieht, völlig vom (historischen) Produzenten losgelöst, analog zur Ablösung des Objektivierten vom produzierenden Subjekt. Das Objektivierte – an höchster Stelle das von Simmel immer wieder eingesetzte 'Kunstwerk' – kann nur verstanden werden, insofern es, wie es der junge Lukács ausdrückte, Erlebnisschemata vorführt, die jede Zeit immer neu ausfüllen kann. Das Verständnis eines Kunstwerks ist, so Simmel weiter, „ebenso unendlich variabel wie die Gefühle, die es auslöst..." (a.a.O., 73). Und es gibt keinen Dogmatismus der Wahrheit oder der Methode; verschiedene Deutungen sind möglich, können gleichberechtigt nebeneinander existieren. Die kommunikative Praxis der scientific community, so würden wir heute sagen und ergänzen wollen, wird darüber entscheiden, welche Deutung sich durchsetzt. Ansonsten ist nur gefordert, daß eine jede Interpretation – und das heißt eben auch: jegliche Methode – „in sich bündig, exakt, sachlich und befriedigend" zu sein hat. Andere Normen gibt es nicht, erst recht keine Vorschriften darüber, wie eine Methode – besser: die Methode – auszusehen hat, die dann die gültige Interpretation hervorbringt.

Bei diesem Relativismus und Methodenpluralismus ist Simmel stehen geblieben, einen alternativen Entwurf hat er nicht vorgelegt. Das Werk löst sich in eine Vielfalt von Deutungsmöglichkeiten auf, es ist ein X, das immer wieder neu zu bestimmen ist, wobei es keine fixe Bestimmtheit, sondern nur asymptotische Bestimmungen gibt. Die Frage nach der Intention des Schöpfers ist die am wenigsten interessante aller Fragen, man kann sie „divinieren" oder nicht; was wir erreichen können/sollen bei unserer Interpretation, ist vielmehr unser eigenes Selbst-Verstehen, wozu das Werk uns allererst den Anlaß und seine Struktur ein Schema an die Hand gibt, das wir – rückblickend auf die Historie und vorblickend auf unsere eigene Situation – auszufüllen haben.

Bereits einige Jahre vor Simmels Essay und weit radikaler als dieser hat Georg Lukács in seinem (wenig bekannten) Aufsatz 'Zur Theorie der Literaturgeschichte' (ungar. 1910; dt. 1973) die Verstehensproblematik beantwortet. Noch ganz unter dem Einfluß der Philosophie und Soziologie Simmels liefert er darin auch die theoretischen Grundlagen seines Essaybandes 'Die Seele und die Formen' (ungar. 1910; dt. 1911) nach. Dort hat er – in dem einleitenden fiktiven Brief an seinen Jugendfreund Leo Popper ('Über Wesen und Form des Essays') – den Essay als eigene literarische

Ausdrucksform in der Mitte zwischen Wissenschaft und Kunst begründet und ihm zudem „die Kraft zu einem begrifflichen Neuordnen des Lebens" überantwortet (vgl. Lukács 1971, 7). Dem Kritiker bzw. Essayisten werde die Form, d.h. das geformte Kunstwerk, zum Erlebnis, und er erkenne das Schicksalhafte in ihr. Das Werk sei eine Chiffre, ein Modell, dessen Möglichkeiten der Kritiker für das Leben selbst ausdeute. Aus diesem Grund schließt Lukács auch auf die Variabilität der Deutungen; denn die Interpretation eines Werks, seine Aktualität und Aktualisierbarkeit, werde nicht vom Werk bestimmt, sondern vom Leben, für das das Werk mögliche Antworten bereit halte.

„Es ist also nicht möglich, daß zwei Essays einander widersprechen: jeder erschafft ja eine andere Welt und auch, indem er, um eine höhere Allgemeinheit zu erlangen, darüber hinausgeht, bleibt er in Ton, Farbe, Betonung doch immer in der erschaffenen Welt; er verläßt sie also nur im uneigentlichen Sinne" (a.a.O., 22).

Und weiter heißt es, an eine Erkenntnis der frühromantischen Poetik anknüpfend: „Tatsachen sind immer da und immer ist alles in ihnen enthalten, doch jedes Zeitalter bedarf anderer Griechen, eines anderen Mittelalters und einer anderen Renaissance" (a.a.O., 23f.).

Mit Blick auf das grundsätzliche Verstehensproblem reflektiert Lukács in 'Zur Theorie der Literaturgeschichte' das 'methodisch Unmethodische' seiner Essaysammlung. Gleich im ersten Satz unterstreicht er die Bedeutung von Soziologie und Ästhetik als den flankierenden (Hilfs-)Wissenschaften zur Begründung einer neuen Literaturgeschichte. „Die Synthese der Literaturgeschichte in einer neuen, organischen Einheit ist eine Vereinigung von Soziologie und Ästhetik" (Lukács 1973, 24). Was jedoch Lukács in der Folge entwickelt, ist etwas völlig anderes: er stellt eine Reihe von Grundbegriffen (Form, Stil, Wirkung, Entwicklung) vor, für die aus der Soziologie und Ästhetik wichtige Begründungen gewonnen werden können, zugleich aber führt er deren Argumentationsweisen bis an jene Grenze, hinter der alle Erklärungen versagen und wo dennoch das Kunstwerk als die noch unbestimmte Variable weiter wirkt. Lukács' Ziel läßt sich nach zwei Seiten hin fixieren: er demonstriert ebenso die Notwendigkeit methodischer Verfahren, durch die das Kunstwerk allererst auf einen vorläufigen Begriff gebracht werden kann (seine historische Situierung, Wert und Bedeutung für die Epoche, Ausdruck einer spezifischen Weltanschauung etc.), wie er zugleich die Grenzen des Methodisierbaren aufweist. Der Interpret bleibt am Ende, das ist Lukács' Resultat aus dem letzten Abschnitt seines Aufsatzes, auf sich selbst angewiesen. Soziologie und Ästhetik – allgemeiner ausgedrückt: das jeweilige Niveau wissenschaftlicher Theoriebildung – müssen als notwendige (Hilfs-)Wissenschaften angenommen und übernommen werden, ihr Wissensstand darf nicht unterschritten werden. Dennoch ist mit ihrer Anwendung das Verstehen des Werks noch nicht gesichert; das Werk ist nicht Fall einer Regel, damit subsumierbar und über methodische Verfahrensweisen einhol- und auflösbar, sondern mehr und anders.

„Alle unsere Schematisierungen, alle unsere 'wissenschaftlichen' Bemühungen bleiben gegenüber der Lebendigkeit der Literatur steril; alle unsere Begriffssynthesen, auch die feinsten, erwecken in uns höchstens die Illusion, daß wir nur einen Schritt davon entfernt sind, die Dinge zu fassen, um dann, wenn diese Annäherung eintritt, wieder dasselbe zu spüren. Unsere Begriffe verfälschen im Stoff, worüber sie sprechen wollen, und es gibt keine Möglichkeit, diese Dissonanz zwischen Ziel und Mittel aufzulösen" (a.a.O., 50).

Aufgrund dieses Dilemmas ermächtigt Lukács schließlich die Subjektivität des Interpreten, der, ohne auf den Wissensfundus dessen zu verzichten, was ihm die (Sozial-)Wissenschaften bereitstellen, ja in bewußter Anwendung dieses Vorrats, dennoch mit der Souveränität genialer Intuition urteilt und mit diesem Urteil das Werk versteht. Diese Genialität ist es auch, die Lukács an „den alten Werken" der Literaturkritik hervorhebt.

„Als wahr empfinden wir die blitzartigen Erkenntnisse, die mit der Kraft der Intuition ins Wesen eines Menschen oder einer Frage hineinleuchten und nicht die strengen, 'begrifflichen', 'wissenschaftlichen' Feststellungen" (a.a.O., 51).

Lukács' Schlußfolgerung, deren Radikalität er gewiß ebensowenig gesehen wie – zwangsläufig – für sich selbst übernommen hat (im Gegenteil hat er vielmehr die hier angedeutete Radikalität lebens- und theoriegeschichtlich bereits in seiner neukantianischen 'Heidelberger Ästhetik' [1916-1918] wieder zurückgenommen), läuft darauf hinaus, daß er das, was Dilthey eher verschämt und mit schlechtem Gewissen „geniale Anschauung" genannt hat, radikal positiviert und unter dem Simmelschen Begriff der „Intuition" zur Methode kürt (vgl. ebd.; dazu auch Jung 1988). Die Intuition des Kritikers und Essayisten ist der letzte und nicht methodisierbare

Grund des Kunstverstehens. Seine Arbeit, die Interpretation selbst, ist dessen Beweis; und nur post festum läßt sich dieser methodisieren, wie eben bei den berühmten „alten Werken", ohne daß daraus freilich Regeln und Vorschriften für künftige Deutungen resultieren würden.

4.

Was hat aber diese historische Kontroverse um den Verstehensbegriff mit der aktuellen Hermeneutikdiskussion zu tun? Um es gleich vorweg und in einer abgewandelten Formulierung des jungen Lukács zu sagen: auch wenn die neuere bzw. neueste Hermeneutik bislang nur selten erwähnt wurde, war doch ständig von ihr die Rede. Denn das zentrale Problem der Hermeneutik hat sich bis heute erhalten. Auch nach der hermeneutischen Wende in unserem Jahrhundert, der Wendung der Philosophie zur Hermeneutik bzw. dem Hermeneutisch-werden der Philosophie in der Nachfolge Husserls bei Heidegger und Gadamer, bei Sartre, Merleau-Ponty und Ricoeur, aber auch bei deren Kritikern wie Apel oder Habermas, steht die Begründung bzw. Begründbarkeit des Verstehens weiter im Blickpunkt.

Heidegger hat in 'Sein und Zeit' das Diltheysche Projekt einer Begründung und Methodologie der Geisteswissenschaften auf die dahinterstehende Ontologie zurückgeführt und den Verstehensbegriff „zu einem fundamentalen und universalen Begriff von Hermeneutik" (Lang 1981, 6) ausgeweitet. Verstehen nämlich ist für Heidegger die Seinsweise des Daseins selber bzw. – in den Worten Gadamers – „die ursprüngliche Vollzugsform des Daseins, das In-der-Weltsein ist" (vgl. Gadamer 1975, 245). Heideggers Anliegen von 'Sein und Zeit' ist es, das (historische) Dasein menschlicher Existenz zu begreifen. Inmitten einer Welt der Inauthentizität und Entfremdung, der Welt des Man (das Gerede und Geschreibe), bleibe dem Menschen, um sein Dasein zu bestimmen, dennoch nichts anderes übrig, als sich der Sprache als dem „Haus des Seins" auszuliefern. In der Sprache nämlich zeige sich das Sein. Hermeneutik rückt für Heidegger zur Sprachreflexion auf, und ihre bevorzugten Reflexionsgegenstände, sprachliche Kunstwerke, werden zu Medien, in deren verstehendem Nachvollzug sich dem Interpreten das Sein enthüllt. Trotz der herausragenden Bedeutung,

die Heidegger dem Verstehensakt verleiht, bleibt dieser selbst –
am Ende – nur passiv. Ebenso wie Kunst und Sprache kein Ausdruck eines individuellen Subjekts sind – Sprache wird gesprochen
–, müsse sich auch der (nachverstehende) Interpret dem Text unterwerfen. Er müsse die Autorität des Textes anerkennen und dürfe
ihm nur passiv gegenübertreten bzw. dürfe sich ihm – mit Scho-
penhauer – nur kontemplierend nähern.

Von hier ist der Schritt zu Gadamers Fassung der Hermeneutik
nicht weit. Gadamer reformuliert die Passivität des Interpreten
unter dem Aspekt des Dogmas und der Autorität der *Tradition*, die
sich dem Verstehenden in einem Kanon überlieferter Texte zeigt.
Verstehen ist für ihn der Akt, in dem der *„Bedeutungshorizont"*
des (historischen) Interpreten mit dem *„Horizont"* des Werks verschmilzt. Wiederum aber bleibt das Werk in seiner (grundsätzlichen) Andersheit, in seiner Autorität oder seiner Autonomie und
damit Unabhängigkeit von uns bestehen. Zwar denkt Gadamer den
Verstehensprozeß als produktiven Akt, durch den einem gegebenen, historisch überlieferten Werk – in bezug auf die eigene Zeit
des Interpreten – neue Aspekte, also Deutungsmöglichkeiten abge-
wonnen werden, das Werk selbst aber ist in einer Tradition gegründet, die vorab vorausgesetzt – im Hegelschen Sinne: gesetzt
als nicht gesetzt – ist und fraglos gilt. Spätestens hier wird dann
Hermeneutik dogmatisch, weil sie sich durch diese Voraussetzung
eines 'fremden Reichs' über alle Kritik hinwegsetzt, ja diese zu
immunisieren versucht.

Dies ist schließlich der Punkt, an dem die in den späten 60er
und frühen 70er Jahre geführte Debatte um „Hermeneutik und
Ideologiekritik" eingesetzt hat. Dabei sind freilich die Argumente
der Gadamer-Kritiker (etwa Apel und Habermas), wie sich im
Rückblick zeigt (vgl. Lang 1981, 100ff.), häufig nicht weniger
problematisch. Denn die Überführung von Hermeneutik in Kritik,
von „Verstehen als Kritik" (Wellmer 1969, 52), vermag zwar, wie
Lang nachgewiesen hat,

„als kritischer Maßstab in der konkreten Aneignung der Überlieferung
durchaus in Anspruch genommen zu werden; unakzeptabel ist jedoch der
Anspruch, damit – gegen jeden hermeneutischen Einwand – ein gültiges
Wahrheitskriterium zu haben" (Lang 1981, 132).

Peter Bürger hat deshalb, um den Kurzschluß von Hermeneutik
auf Ideologiekritik zu vermeiden, den weitergehenden Begriff der
Funktionsanalyse vorgeschlagen. In einem ersten Schritt müsse

Hermeneutik in Ideologiekritik überführt werden, sodann aber müsse diese wiederum über sich selbst hinausgeführt und in dem, was Bürger Funktionsanalyse nennt, aufgehoben werden. Denn es genüge nicht, die Institutionalisierung von Kunst und Literatur als Ideologie nur namhaft zu machen, vielmehr müsse die Wirkweise dieser Ideologie in ihrer Widersprüchlichkeit reflektiert werden (vgl. Bürger 1979, 159). Die Funktionsanalyse untersucht dann

„die in einer Gesellschaft (bzw. in einzelnen Klassen/Schichten) geltenden allgemeinen Vorstellungen über Kunst (Funktionsbestimmungen) in ihrer sozialen Bedingtheit" (vgl. a.a.O., 176).

Ausgehend von Heidegger, aber mit einer radikal entgegengesetzten Konsequenz bestimmt Paul Ricoeur das hermeneutische Unternehmen. Wo Heidegger wie auch Gadamer das interpretierende Subjekt als Hüter der Tradition und damit als (passives) Glied einer Reihe gesehen haben, da aktiviert Ricoeur geradezu die Potenzen des Subjekts, dessen Selbst „durch eine Interpretation, die es aus der Verborgenheit holt" (Ricoeur 1973, 131), sich restituiert. Der Leser als Interpret vertieft, indem er sich deutend mit dem Text auseinandersetzt, seine eigene Welterfahrung; er erschließt sich über den Text neue Möglichkeiten, in der Welt zu sein (vgl. Ricoeur 1971, 125). An anderer Stelle heißt es:

„Ich, der Leser, finde mich nur, indem ich mich verliere. Die Lektüre bringt mich in die imaginativen Veränderungen des Ich. Die Verwandlung der Welt im Spiel ist auch die spielerische Verwandlung des Ich" (Ricoeur 1974, 33; vgl. dazu insgesamt Villwock 1982).

Über alle Unterschiede hinweg bleibt jedoch der hermeneutische Verstehensprozeß bei Heidegger, Gadamer und Ricoeur in einen existentialontologischen Bezugsrahmen eingespannt, in dem es um die Erhellung der Daseinsproblematik geht. Die hermeneutische Wende der Philosophie, die den (literarischen) Text zu einem, allerdings ausgezeichneten Reflexionsgegenstand erhebt, ist damit nur uneigentliche Rede über Kunst und Literatur, die zur Eigentlichkeit erst durch die philosophische Daseinsanalytik gekürt wird.

Die hermeneutische Wende der Philosophie hat, wie Eagleton (1988) zu Recht angemerkt hat, zur Voraussetzung spezifische soziale und politische Erfahrungen (1. Weltkrieg, Zusammenbruch der alten Ordnung), die sich zugleich in der Skepsis gegenüber den Paradigmen der Normalwissenschaften (Positivismus und Empiriokritizismus) äußern. Im Gegenzug hat aber diese Krisenverarbeitung auch konkurrierende Wissenschaftsmodelle wie den Strukturalismus – etwa in Viktor Sklovskijs 'Die Kunst als Verfahren' (1917) – hervorgebracht [→ *Semiotische Diskursanalyse*].

5.

Ohne nun deren Entwicklungen bis hin zur strukturalen Linguistik oder zur Semiotik zu verfolgen, wollen wir uns abschließend mit der avanciertesten Position der neuesten Hermeneutik, als deren profiliertester Vertreter Manfred Frank erscheint, beschäftigen. Das Beispiel Manfred Franks zeigt, daß Hermeneutik heute nicht mehr einsträngig die Tradition phänomenologischer bzw. existentialontologischer Konzepte einfach fortsetzen kann, sondern vielmehr – hier bestätigt sich erneut die Forderung des jungen Lukács – den in anderen (Sozial- und Kultur-)Wissenschaften akkumulierten Wissensstand nicht unterschreiten darf. Konkret: Hermeneutik hat sich mit den Methoden und Ergebnissen verschiedenster Disziplinen und konkurrierender Modelle auseinanderzusetzen, sie hat sich kritisch mit der Geschichte der eigenen Disziplin wie mit alternativen Vorstellungen, mögen sie aus dem Repertoire der Linguistik und Semiotik oder – neuerdings – des Poststrukturalismus stammen, zu beschäftigen.

Die Arbeiten Manfred Franks kommen dieser Forderung nach und demonstrieren ein Problembewußtsein, das nicht unterboten werden darf, will die Hermeneutik weiter ihre Stimme und ihr (ohnehin von anderen bestrittenes) Recht auf einen Platz im Konzert der Deutungsalternativen behaupten. Bei verschiedenen Gelegenheiten (vgl. Frank 1977, 1980, 1986, 1989) hat Frank seine Verfahrensweise dargelegt. Es geht ihm darum, im Gegenzug zur traditionellen (lebensphilosophisch-phänomenologisch-existentialontologischen) Hermeneutik die Einsichten anderer Textwissenschaften (wie Sprachphilosophie und Linguistik etwa) zur Geltung zu bringen, zugleich aber auch deren Grenzen unter Rückgriff auf eine an Schleiermacher und Sartre geschulte Hermeneutik sichtbar zu machen. Dabei vermag die Beschäftigung mit linguistischen Fragestellungen (ausgehend von Saussure und Wittgenstein) und Positionen des Strukturalismus (wie Poststrukturalismus) vor allem dazu beitragen, das Verstehensproblem im Licht der Sprachproblematik, die die klassische Hermeneutik nur ungenügend reflektiert hat, neu zu formulieren. Dennoch bleibt am Ende, will man nicht jeden Text in einem Signifikantennetz, in Sprachstrukturen, die sich hinter dem Rücken des Subjekts ausbilden (Sprache spricht sich), verschwinden lassen, das alte Problem weiter bestehen: die Subjektivität bzw. Individualität als Methodenproblem. Denn – und hierin liegt die Pointe Franks – Subjektivität, in einer neueren Publikation spricht er auch von der „Unhintergehbarkeit von Individualität" (Frank 1986), ist der letzte, methodisch nicht einholbare oder gar überbietbare Rest in jedem Verstehensakt. Analog zum Werk, in das sich sein Autor, auch wenn sich dessen Sprache und Weltbild bis zu einem gewissen Grade schematisieren und damit – strukturalistisch etwa – deuten läßt, auf unvergleichliche Weise eingeschrieben hat, muß auch die schöpferische Aktivität des Interpreten, sein kreatives Mitschaffen, akzeptiert werden. Gegen das doppelte Mißverständnis des Strukturalismus, wonach Produzent und Rezipient eines Werkes in Sprachstrukturen befangen bleiben, die sich selbst erzeugen, bringt Frank die Schleiermachersche Einsicht wieder ins Spiel, daß jeder Sprachteilhaber (auf ebenso unverwechselbare wie unvorhersehbare Weise) an und in der Sprache mitwirkt, ja Neues in ihr hervorbringt. In bezug auf den Verstehens- bzw. Interpretationsakt bedeutet das, daß dieser als produktiver Vorgang, als „Schaffen" (im emphatische Sinne) begriffen werden muß. In einem Resümee der Schleiermacherschen Position, die zugleich seine eigene ist, heißt es bei Frank dazu:

„Kunst ist Tätigkeit (nicht Produkt), und zwar eine Tätigkeit, die ihre eigene Logik unvorhersehbar selbst hervorbringt (sie läßt sich nicht 'mechanisieren'); sie ist absichtsvoll, ohne daß ihre Konstruktion eine unabhängig gegebene Regel realisierte ...; sie ist nicht – allgemein, insofern sie nicht Dedukt eines objektiven Gesetzes ist, und doch nicht bloß privativ, insofern sie den Anspruch auf eine begriffslos sich einstellende Zustimmung einschließt (Diskurse und Interpretationen funktionieren nur kraft solcher Intersubjektivität, was einige Theoretiker veranlaßt, von interpretatorischer bzw. literarischer 'Kompetenz' zu sprechen); sie ist nicht durch einen Begriff zu erschöpfen, sondern übertrifft ihn von seiten der Anschauung oder des Individuellen..." (Frank 1977, 349).

Und von anderer Seite, von der Seite des Textes her, bemerkt Frank: „Nicht die Schrift, wir sind für den Sinn verantwortlich" (Frank [2]1989, 158). Dies vor allem deshalb, weil es eben weder eine Grammatik des Stils noch eine des Textes gebe (vgl. a.a.O.,

155). Jede Auslegung, mag sie sich noch so sehr – und dies ist gefordert – Verfahrensweisen und Erkenntnisse (sozial- und kultur-) wissenschaftlicher Disziplinen zunutze machen, bleibt am Ende dennoch auf sich selbst verwiesen, und sie trägt „in letzter Instanz" einen unaufhebbaren hypothetischen Charakter, weil sie über kein objektives Korrelat im Werk (in Gestalt eines gegenstandskonstitutiven Merkmals etwa) verfügt. „Dieser irreduzibel hypothetische Charakter des Verstehens ist es, der die Textauslegung von den methodischen und deduktiven Verfahren des Szientismus unterscheidet" (a.a.O., 151).

Es bleibt also – noch einmal – ein subjektiver, nicht methodisierbarer Rest; es bleibt das Individuum als sinnsetzende (also produktive) Instanz, das *Verstehen* als subjektiver, nicht in Regeln auflösbarer, methodisch-unmethodischer Akt. Am Ende seines Buches über 'Die Unhintergehbarkeit von Individualität' faßt Frank diese Einsicht präzise zusammen:

„Individualität ist eine Instanz, und sie scheint die einzige zu sein, die der rigorosen Idealisierung des Zeichensinns zu einem instantanen und identischen Widerstand entgegenbringt ... Andererseits hat allein sie den Vorteil, als selbstbewußt gesichert zu sein, also Motivationen und hypothetische Urteile, wie es Interpretationen sind, letztlich überhaupt all jene Prozesse verständlich zu machen, in denen die Kategorie 'Sinn' notwendig, d.h. in unersetzbarer Weise, auftaucht. Zugleich erklärt sich die Unableitbarkeit individueller Sinnentwürfe aus semantisch-pragmatischen Typen" (a.a.O., 130).

Damit, so scheint es, sind wir am Ende wieder dorthin zurückgekehrt, von wo wir die Grundproblematik der (neueren) Hermeneutik aufgerollt haben. Was ist Hermeneutik: methodisches Verfahren oder geniale Anschauung? Zieht man die avancierteste hermeneutische Position zu Rate, dann läßt sich diese Frage mit: weder – noch und doch auch – paradox – mit: beides zugleich beantworten. Die doppelte Perspektive, unter der sie den Verstehensakt in den Blick nimmt, unter dem Gesichtspunkt der 'grammatischen' (philologischen) Interpretation und der 'psychologischen' (kunstmäßigen) Interpretation, bringt beides ins Spiel: auf der einen Seite die notwendige und gebotene Reflexion des Wissensbestandes anderer Textdisziplinen und Methoden, die Hermeneutik zur Anwendung bringen muß, auf der anderen Seite die nachdrückliche Betonung des 'subjektiven Faktors', der vielfach von eben diesen anderen Disziplinen und Verfahrensweisen zur quantité négligeable und zum störenden Element degradiert wird. Dazwischen ist die Hermeneutik situiert – eine Hermeneutik, die weder bruchlos an die eine, in unserem Jahrhundert wirkmächtige Tradition von Dilthey, Heidegger und Gadamer einfach anschließen kann, noch sich demütig vor dem Erfolg konkurrierender, alternativer Verstehensmodelle zurückzieht und verabschiedet.

Vielleicht wäre sie in Anknüpfung und Pointierung von Franks Arbeit über die „Unhintergehbarkeit von Individualität" noch am ehesten und bescheidensten weniger als Methode denn vielmehr als das gute oder schlechte Gewissen (je nachdem, wie man will) aller anderen Text- wie Kulturwissenschaften zu bestimmen. Als dasjenige Gewissen nämlich, das das Bewußtsein von der Subjektivität als Methodenproblem ständig wachhält und einklagt, wodurch sie sich am Ende schließlich noch zur Metatheorie qualifizieren mag.

Literatur

Benjamin, Walter, 1974: Gesammelte Schriften, Bd. I/1. Abhandlungen. Hg. Rolf Tiedemann und Hermann Schweppenhäuser, Frankfurt a.M.
–, 1972: Gesammelte Schriften, Bd. III. Kritiken und Rezensionen. Hg. Hella Tiedemann-Bartels, Frankfurt a.M.
Bürger, Peter, 1979: Vermittlung – Rezeption – Funktion. Ästhetische Theorie und Methodologie der Literaturwissenschaft, Frankfurt a.M.
Dilthey, Wilhelm, [4]1964: Gesammelte Schriften, Bd. V. Die geistige Welt, Göttingen.
–, 1981: Der Aufbau der geschichtlichen Welt in den Geisteswissenschaften. Einleitung von Manfred Riedel, Frankfurt a.M.
Eagleton, Terry, 1988: Einführung in die Literaturtheorie, Stuttgart.
Frank, Manfred, 1977: Das individuelle Allgemeine. Textstrukturierung nach Schleiermacher, Frankfurt a.M.
–, 1980: Archäologie des Individuums. Zur Hermeneutik von Sartres „Flaubert", in: ders.: Das Sagbare und das Unsagbare. Studien zur neuesten französischen Hermeneutik und Texttheorie, Frankfurt a.M.
–, 1986: Die Unhintergehbarkeit von Individualität, Frankfurt a.M.
–, [2]1989: Textauslegung, in: Harth, Dietrich/Gerhardt, Peter (Hg.): Erkenntnis der Literatur. Theorien, Konzepte, Methoden der Literaturwissenschaft, Stuttgart.

Gadamer, Hans-Georg, 1970: Hermeneutik, in: Ritter, Joachim (Hg.): Historisches Wörterbuch der Philosophie, Bd. III, Basel/Stuttgart, Sp. 1061-1073.

–, [4]1975: Wahrheit und Methode, Tübingen.

Gerhardt, Uta, 1971: Immanenz und Widerspruch. Die philosophischen Grundlagen der Soziologie Georg Simmels und ihr Verhältnis zur Lebensphilosophie Wilhelm Diltheys, in: Zeitschrift für philosophische Forschung, Bd. XXV, 276-292.

Heidegger, Martin, [15]1984: Sein und Zeit, Tübingen.

Helle, Horst Jürgen, 1986: Dilthey, Simmel und Verstehen, Frankfurt a.M./Bern/New York.

–, 1988: Soziologie und Erkenntnistheorie bei Georg Simmel, Darmstadt.

Hermeneutik und Ideologiekritik. Mit Beiträgen von Karl-Otto Apel, Claus v. Bormann, Rüdiger Bubner, Hans-Georg Gadamer, Hans Joachim Giegel, Jürgen Habermas, Frankfurt a.M. 1971.

Jung, Werner, 1988: Georg Lukács als Schüler Wilhelm Diltheys, in: Dilthey-Jahrbuch für Philosophie und Geschichte der Geisteswissenschaften, Bd. 5, 240-257.

Lang, Peter Christian, 1981: Hermeneutik – Ideologiekritik – Ästhetik. Über Gadamer und Adorno und Fragen einer aktuellen Ästhetik, Königstein/Ts.

Lukács, Georg, 1971: Die Seele und die Formen. Sonderausgabe der Sammlung Luchterhand, Neuwied und Berlin.

–, 1973: Zur Theorie der Literaturgeschichte, in: Text und Kritik, Bd. 39/40. Georg Lukács, München.

Philosophisches Wörterbuch. Hg. Georg Klaus und Manfred Buhr, Leipzig [7]1970.

Ricoeur, Paul, 1971: Interpretation Theory, in: Mary Gerhart: The Question of Belief in Literary Criticism. An Introduction to the Hermeneutical Theory of Paul Ricoeur, Stuttgart 1979.

–, 1973: Hermeneutik und Strukturalismus. Der Konflikt der Interpretationen I, München.

–, 1974: Philosophische und theologische Hermeneutik, in: ders./Jüngel, Eberhard: Metapher. Zur Hermeneutik religiöser Sprache. Evangelische Theologie (Sonderheft), München.

Sartre, Jean-Paul, 1986: Der Idiot der Familie I, in: ders.: Gesammelte Werke. Schriften zur Literatur, Bd. 5. (Hg.) Traugott König, Reinbek.

Schleiermacher, F.D.E., 1959: Hermeneutik, nach den Handschriften neu herausgegeben und eingeleitet von Heinz Kimmerle, Heidelberg.

–, 1977: Hermeneutik und Kritik. Herausgegeben und eingeleitet von Manfred Frank, Frankfurt a.M.

Simmel, Georg, 1984: Das Individuum und die Freiheit. Essais (sic!), Berlin.

Veraart, Albert/Wimmer, Rainer, 1984: Hermeneutik, in: Mittelstraß, Jürgen (Hg.): Enzyklopädie Philosophie und Wissenschaftstheorie, Bd. 2, Mannheim/Wien/Zürich, 85-90

Villwock, Jörg, 1982: Paul Ricoeur: Symbol und Existenz. Die Gewissenserfahrung als Sinnquelle des hermeneutischen Problems, in: Nassen, Ulrich (Hg.): Klassiker der Hermeneutik, Paderborn/München/Wien/Zürich, 270-300.

Wellmer, Albrecht, 1969: Kritische Gesellschaftstheorie und Positivismus, Frankfurt a.M.

VII.
Literaturwissenschaftliche Rezeptions- und Handlungstheorien

Jürgen E. Müller

1. Rezeption als Provokation

Mit seiner Schrift 'Literaturgeschichte als Provokation der Literaturwissenschaft' (1967) eröffnete Hans Robert Jauß ein neues Kapitel literaturwissenschaftlicher Theoriebildung und Forschung. Literaturgeschichte wird von Jauß nicht mehr als isolierte Geschichte von Werken und Autoren verstanden, sondern erfährt eine (hermeneutisch fundierte) Verankerung im Rahmen der allgemeinen Geschichte. Die Provokation seines Vorschlages einer *Rezeptionsästhetik* lag in der Schlußfolgerung, daß Literatur zum konkreten historischen Prozeß erst durch die vermittelnde Erfahrung derer wird,

„die ihre Werke aufnehmen, genießen und beurteilen, die sie damit anerkennen oder ablehnen, auswählen und vergessen, und derart Traditionen bilden, die nicht zuletzt aber auch die aktive Rolle übernehmen können, auf eine Tradition zu antworten, indem sie selbst Werke hervorbringen" (Jauß 1975a, 325).

Rezeptionsgeschichte und *Rezeptionsästhetik* überwanden die Aporien der immanenten und produktionsästhetischen Literaturtheorien und Interpretationsmodelle, die in den Nachkriegsjahren dominierten, und gaben als alternatives und neues Paradigma den Weg frei für die Analyse bislang vernachlässigter Fragestellungen und die Entwicklung handlungs- und kommunikationstheoretisch orientierter Forschungen zur Literatur.

Hans Robert Jauß' Provokation hat eine kaum zu überschauende Fülle von Forschungsvorhaben initiiert, die das Ziel verfolgen, die – in spezifische sozial- und mentalitätsgeschichtliche Zusammenhänge eingebetteten – Prozesse der literarischen Produktion *und* Rezeption zu rekonstruieren. Das historische Verdienst der Rezeptionsästhetik liegt indes nicht allein in der Entdeckung des 'dritten Standes', des *Lesers,* sondern vor allem im Impuls zur Durchführung von Analysen, deren Erkenntnisinteressen dem Ziel unterstellt sind, „die Bedingungen *verschiedener Sinnbildungen* über jeweils einem Text durch Leser mit *verschiedenen geschichtlich und sozial vermittelten Rezeptionsdispositionen* zu verstehen" (Gumbrecht 1975, 390).

Angesichts der Vielzahl von 'Operationalisierungen', Weiterentwicklungen, Re-Akzentuierungen, Differenzierungen und 'bifurcations', welche die Rezeptionsästhetik in den vergangenen 20 Jahren (auch durch Hans Robert Jauß) erfuhr, fällt es gewiß nicht leicht, in einem knapp bemessenen Artikel eine Einführung in 'die Rezeptionstheorie'[1] und deren Beziehungen zu literaturwissenschaftlichen Handlungstheorien vorzustellen.[2] Um diesem Dilemma – zumindest in Ansätzen – zu entgehen, bleibt einzig der Ausweg einer paradigmatischen Vorgehensweise: Wir werden uns einigen Grund-Positionen der beiden Hauptrichtungen der 'Konstanzer Schule der Rezeptionstheorie' (der *Rezeptionsästhetik* und der *Theorie des Leseaktes)* zuwenden, deren Implikationen für die literaturwissenschaftliche Theoriebildung und Forschung andeuten, vor dem Hintergrund dieser beiden Paradigmen zentrale Aspekte handlungstheoretisch fundierter Textmodelle skizzieren und – in der gebotenen Kürze – ein Modell literarischen Handelns vorstellen.

2. Hans Robert Jauß: Rezeptionsgeschichte und Rezeptionsästhetik

Der wissenschaftsgeschichtliche Ausgangspunkt der Rezeptionsästhetik lag in der Erkenntnis, daß die bisher vorherrschenden Darstellungs- und Produktionsästhetiken keine Lösung der Frage anzubieten hatten, „wie die geschichtliche Folge literarischer Werke als Zusammenhang der Literaturgeschichte zu begreifen sei" (Jauß 1970, 169). So können weder die *Prager Strukturalisten,* die die Geschichte von literarischen Texten primär im *literarischen* System verorten, noch die marxistischen Literaturtheoretiker, die den *Widerspiegelungscharakter* von Kunst betonen, Antworten vorweisen, die dem spezifischen Wesen einer Geschichte von Literatur und ihrer relativen Eigenständigkeit gerecht würden.

Die Rezeptionsästhetik will nun den *ästhetischen und histori-*

schen Aspekt der Geschichte von Literatur und deren wechselseitige Vermittlung aufzeigen, um somit den Zusammenhang zwischen *vergangener Erscheinung* der Dichtung und der *gegenwärtigen Erfahrung* durch den heutigen Leser wiederherzustellen. Dabei wird vom Grundsatz ausgegangen, daß der Leser keine passive Instanz, sondern einen aktiven Faktor darstellt, der das geschichtliche Leben von Werken in entscheidendem Maße beeinflußt. Die Rezeptions- und Wirkungsgeschichte[3] eines Werkes kann nicht – wie in 'konventionellen' Literaturgeschichten vorgeführt – auf einem im nachhinein etablierten Zusammenhang sogenannter literarischer 'Fakten' basieren, sie muß sich auf die vorangehenden Erfahrungen dieses Werkes durch die Leser stützen.

Die Untersuchungsmethoden der Rezeptionsästhetik gründen in der hermeneutischen Logik und im hermeneutischen Verfahren von Frage und Antwort; diese gestatten es, Prozesse der Vermittlung zwischen Werk und Rezipient, Wirkung und Rezeption aufzuhellen (vgl. Jauß 1975b, 385; 1987, 7ff.). Jauß leugnet zwar nicht den Erkenntniswert des Produktionsaspektes von Literatur (vor allem von marxistischer Seite wird häufig der Vorwurf erhoben, er vernachlässige die Produktion von Literatur zugunsten deren Konsumtion),[4] er sieht jedoch – in Abgrenzung zu Produktionsästhetiken – die genuine Leistung der Rezeptionsästhetik darin, über die *Bedeutung,* die dem Kunstwerk im historischen Kontext von Produktion und Konsumtion zukommt, Auskunft zu geben. Dabei erweist sich die Rezeptionsästhetik nicht als autonomes methodologisches Paradigma; sie ist auf die Zusammenarbeit mit anderen Wissenschaften angewiesen.[5] Die Notwendigkeit einer Kooperation mit anderen wissenschaftlichen 'Schulen' und Disziplinen (so etwa der Kommunikations- oder Literatursoziologie) darf allerdings nicht als Manko des rezeptionsästhetischen Paradigmas betrachtet werden, impliziert sie doch die Chance zu fruchtbarer interdisziplinärer Forschung, die im Bereich der Rezeptionsgeschichte *literarischer und nicht-literarischer* Texte, aber auch anderer Medien (z.B. dem Film) noch weiter vorangetrieben werden müßte.[6]

Voraussetzung für die Analyse der Vermittlungs-Prozesse zwischen Werk und Rezipient stellt die 'Objektivierung' des *Erwartungshorizontes* der literarischen Erfahrung dar, denn der „Ereigniszusammenhang der Literatur wird primär im Erwartungshorizont der literarischen Erfahrung zeitgenössischer und späterer

Leser, Kritiker und Autoren vermittelt" (Jauß 1970, 173). Jauß übernimmt den Terminus „Erwartungshorizont" aus der Wissenssoziologie Mannheims; im ersten Entwurf der Rezeptionsästhetik fordert er die Rekonstruktion des Erwartungshorizonts aus den Texten selbst. – Diese Eingrenzung des Begriffs und damit des Untersuchungsbereichs wurde von einer Reihe von Literaturwissenschaftlern mit kritischen Kommentaren bedacht.[7] In seinen späteren Schriften hat Jauß dann auch diesen problematischen Aspekt seiner Theorie geklärt, indem er eine Differenzierung des Sachverhaltes anbietet. Er unterscheidet nun zwischen dem *literarischen* Erwartungshorizont (der dem von Naumann geprägten Begriff der *„Rezeptionsvorgabe"*[8] entspricht) und dem Interpretationssystem oder dem *lebensweltlichen Erwartungshorizont des Lesers* (vgl. Jauß 1975c, 348).

Die Rekonstruktion des *literarischen* und *lebensweltlichen Erwartungshorizonts* mittels hermeneutischer Verfahren schließt *empirische* Untersuchungen der Leserdisposition und der Rezeptionsprozesse von literarischen Texten nicht grundsätzlich aus. Empirische Analysen könnten als 'pädagogische Veranschaulichung' und als Absicherung der auf hermeneutischem Wege gewonnenen Ergebnisse dienen. Im Rahmen der Rezeptionsästhetik kommt dem *Erwartungshorizont* eines Werkes nicht zuletzt auch deshalb vorrangige Bedeutung zu, weil über dessen Rekonstruktion Rückschlüsse auf den *Kunstcharakter* des Textes möglich sind:

„Der so rekonstruierbare Erwartungshorizont eines Werkes ermöglicht es, seinen Kunstcharakter an der Art und dem Grad seiner Wirkung auf ein vorausgesetztes Publikum zu bestimmen" (Jauß 1970, 177).

Die Aufnahme eines Werkes durch seine Leser wird entscheidend von seiner *ästhetischen Distanz,* d.h. von seinem „Abstand zwischen dem vorgegebenen Erwartungshorizont und <seiner> Erscheinung" (Jauß 1970, 177) beeinflußt. Die Kategorie der *ästhetischen Distanz* bietet sich zur Analyse des Rezeptionsverhaltens des Lesers an: eine geringe ästhetische Distanz impliziert eine eher genießende Haltung des Rezipienten, die den Text in die Nähe der 'kulinarischen Kunst' bzw. der Unterhaltungskunst rückt, eine große Distanz fordert stärkere Aktivität und Mit-Wirkung. Die Rezeption neuer literarischer Texte (insbesondere mit bislang unbekannten strukturellen Mustern) bewirkt einen Horizont*wandel* beim Publikum.

Re-Konstruktionen des Erwartungshorizontes, der den (historischen) Rahmen für Produktion und (zeitgenössische?) Rezeption eines literarischen Textes bildet(e), erweitern die Erkenntnisinteressen der Rezeptionsästhetik: Der Forscher kann nun Fragen stellen, „auf die der Text eine Antwort gab", und damit erschließen, „wie der einstige Leser das Werk gesehen und verstanden haben kann" (Jauß 1970, 183). Auf diese Weise gerät die *hermeneutische Differenz* zwischen dem *ersten* Verständnis eines Werkes durch seine Leser und dem *heutigen* Verständnis in den Blick des Literaturwissenschaftlers. Eine solchermaßen konzipierte Analyse der Rezeptionsgeschichte eines Textes entlarvt – wie Jauß zu Recht betont – die Rede vom zeitlosen, objektiven und ein für allemal geprägten Sinn, der dem Interpreten jederzeit zugänglich sei, als ein „platonisches Dogma der philologischen Metaphysik" (Jauß 1970, 183). Da dem Text kein zeitloser und fixierter Sinn unterstellt wird, können rezeptionsästhetische Analysen (im Sinne einer deskriptiven Rezeptionstheorie)[9] auch keine Kriterien zur Beantwortung der Frage liefern, welche der historisch erfolgten *Konkretisationen*[10] des Werkes 'richtig' oder 'falsch' sind.[11]

Die Analyse der Rezeptionsgeschichte eines Werkes, die auf der hermeneutischen Differenz zwischen dem ersten Verständnis und der späteren Konkretisation desselben basiert, eröffnet durch die Rekonstruktion der (des) Erwartungshorizonte(s) Perspektiven auf die traditionsbildenden Kräfte der Literatur. Denn „die Tradition der Kunst setzt ein dialogisches Verhältnis des Gegenwärtigen zu dem Vergangenen voraus, demzufolge das vergangene Werk erst antworten und uns 'etwas sagen' kann, wenn der gegenwärtige Betrachter die Frage gestellt hat, die es aus seiner Abgeschiedenheit zurückholt" (Jauß 1970, 188). Mit dem Begriff „Tradition" verbindet Jauß kein „organisch-selbsttätiges Werden, substantielles Sich-Erhalten oder bloßes 'Bewahren des Erbes'"; *Tradition* setzt vielmehr *Selektion* voraus, da „alle Reproduktion des Vergangenen im Bereich der Kunst partial bleiben muß" (Jauß 1975b, 387). Jauß sieht als Ziel seines methodischen Entwurfs der Rezeptionsästhetik, der *Geschichtlichkeit von Literatur* in dreifacher Hinsicht gerecht zu werden: 1. diachronisch, d.h. im Rezeptionszusammenhang literarischer Werke, 2. synchronisch, d.h. im Bezugssystem der gleichzeitigen Literatur wie in der Abfolge solcher Systeme und 3. im Verhältnis der immanenten literarischen Entwicklung zum allgemeinen Prozeß der Geschichte. Diese drei Aspekte bilden gleichzeitig die Grundlage der rezeptionsästhetischen Analyseverfahren.

Die *diachrone Betrachtungsweise* erlaubt es, ein literarisches Werk innerhalb einer *literarischen Reihe*[12] zu verorten und somit seine Bedeutung im Erfahrungszusammenhang der Literatur genauer zu bestimmen. Damit gerät auch die aktive Rezeption des Textes durch andere Autoren in das Blickfeld des Forschers:

„Im Schritt von der Rezeptionsgeschichte der Werke zur ereignishaften Geschichte der Literatur zeigt sich diese als ein Prozeß, in dem sich die passive Rezeption des Lesers und Kritikers in die aktive Rezeption und neue Produktion des Autors umsetzt und in dem – anders gesehen – das nächste Werk formale und moralische Probleme, die das letzte Werk hinterließ, lösen und wieder neue Probleme aufgeben kann" (Jauß 1970, 189).

Rezeption *und* Produktion werden miteinander verknüpft.

Beinhaltet das rezeptionsästhetische Verfahren der diachronen Betrachtungsweise die Chance, verschiedene literarische Reihen in Beziehung zueinander zu setzen und das „evolutionäre Wechselverhältnis der Funktionen und Formen aufzudecken" (Jauß 1970, 190), so ermöglicht die Methode der synchronen Schnitte „die heterogene Vielfalt der gleichzeitigen Werke in äquivalente, gegensätzliche und hierarchische Strukturen zu gliedern und so ein übergreifendes Bezugssystem in der Literatur eines historischen Augenblicks aufzudecken" (Jauß 1970, 194). Die Durchführung verschiedener *synchroner Schnitte* (von Querschnittsanalysen der literarischen Produktion eines bestimmten, eng umgrenzten Zeitraumes), die im Vorher und Nachher der *Diachronie* angeordnet werden, soll die Rekonstruktion des literarischen Strukturwandels gewährleisten. Bei diesen Querschnittsanalysen werden auch quantifizierende Verfahren angewendet (vgl. Jauß 1975d).

Nachdem sich mittels diachroner und synchroner Analysen die Geschichte und Funktion *literarischer* Systeme erfassen läßt, gilt es, das Verhältnis von Literaturgeschichte zur *allgemeinen Geschichte* zu klären. Diese (gewiß nicht leicht zu bewältigende) Aufgabe der Rezeptionsästhetik skizziert Jauß in seiner wohl berühmtesten These folgendermaßen:

„Die gesellschaftliche Funktion der Literatur wird erst dort in ihrer genuinen Möglichkeit manifest, wo die literarische Erfahrung des Lesers in den Erwartungshorizont seiner Lebenspraxis eintritt, sein Weltverständnis präformiert und damit auch auf sein gesellschaftliches Verhalten zurück-wirft" (Jauß 1970, 199).

Rezeptionsästhetische Untersuchungen zielen demzufolge auch auf die Auswirkungen des Lektüreerlebnisses auf das soziale Handeln und Verhalten der Rezipienten. Die Zielsetzung einer Rekonstruktion der *„geschichtsbildenden Funktion von Literatur"* hat – trotz der oder gerade aufgrund der mit ihr verbundenen wissenschaftstheoretischen und –historischen Probleme – die *handlungstheoretische* Fortschreibung der Rezeptionstheorie in entscheidendem Maße beeinflußt und motiviert.

Wenn Literatur auf das Handeln und Verhalten des Rezipienten ein-wirkt, dann muß das literarische Handeln (als *kommunikativer* Akt) im Kontext *alltäglichen* Handelns neu bestimmt werden. So gesehen, bietet Jauß' Entwurf einer Rezeptionsästhetik weitaus mehr als das ihm oftmals vorgeworfene „bequeme Sofa zwischen einer politisch kompromittierten bzw. unbrauchbar gewordenen und einer historisch-materialistischen Literaturwissenschaft" (Warneken 1974, 296); die Rezeptionsästhetik fordert aufgrund ihrer Partialität (Jauß 1975b) den oft mühsamen Dialog zwischen verschiedenen wissenschaftlichen Disziplinen. Dieser Anstoß wirkt – wie wir auch aus unseren Bemerkungen zu handlungstheoretischen Textmodellen ersehen werden – seit mehr als zwei Jahrzehnten fort.

3. Wolfgang Iser: Phänomenologie des Lesens

Auch Iser befaßt sich in seinen wirkungstheoretischen Schriften mit der zentralen Frage des Verhältnisses von literarischem (fiktionalem) Text und sozialer Wirklichkeit. Im Gegensatz zu Jauß, dessen *hermeneutisches* Paradigma sich auf die *Historizität* von Literatur in gesellschaftlichen Zusammenhängen richtet, verfolgt Iser das Ziel, auf *phänomenologischer* Basis (anthropologische) Grundmuster des *Leseaktes* zu rekonstruieren. Wenn wir im folgenden einige grundlegende Aspekte seines Lektüremodells beleuchten, dann wollen wir auf diese Weise auch dem bisweilen anzutreffenden Kurz-Schluß begegnen, die Schriften der 'Konstanzer Schule' seien ein wissenschaftstheoretisch geschlossener, monolithischer Block mit identischen Erkenntnisinteressen: *Historik der*

Literatur und *Kulturanthropologie der Literatur* – dies sind die beiden Pole der 'Konstanzer Schule' und der Rezeptionstheorien.[13]

Mit Ingarden (1965) geht Iser davon aus, daß die Bedeutung literarischer Texte erst im Lesevorgang generiert wird; er entwickelt jedoch eine Neubestimmung der Funktion literarischer Texte. In literarischen Texten entdecken wir seines Erachtens zwar viele Elemente, die in unserer alltäglichen Erfahrung eine Rolle spielen, die im Rezeptionsvorgang konkretisierte *Welt des Textes* besitzt allerdings in unserer Erfahrung *nichts* Identisches. Fiktive Texte sind zusammengesetzt, „sie konstituieren eine uns scheinbar vertraute Welt in einer von unseren Gewohnheiten abweichenden Form" (Iser 1970, 11). Iser wendet sich somit explizit gegen Widerspiegelungsmodelle materialistischer Provenienz; er erblickt in der andersartigen Anordnung verschiedener Elemente unserer Erfahrung in literarischen Texten die Voraussetzung einer durch das Medium „Literatur" bewerkstelligten Transzendenz bzw. Negation der gesellschaftlichen Wirklichkeit des Rezipienten.

Den *Leerstellen* des Textes kommt eine Schlüsselrolle für den zwischen Text und Leser ablaufenden Kommunikationsprozeß zu. Sie befinden sich an den *Schnitten,* die im Text durch die Anordnung verschiedener schematisierter *Ansichten* angelegt sind; zwischen den bestimmten schematisierten Ansichten sind unbestimmte Stellen vorhanden. Ingarden verortete seine Unbestimmtheitsstellen primär in der Schicht der dargestellten Gegenständlichkeiten, in der durch den Leser z.B. einzelne, vom Autor nicht entworfene (und damit *un*-bestimmt gebliebene) physiognomische Merkmale der Protagonisten durch eigene Projektionen zu besetzen waren (vgl. Ingarden 1965, 44). Iser weicht nun von diesem Konzept ab und setzt die Leerstellen des Textes an den Schnittflächen verschiedener schematisierter Ansichten an (vgl. Iser 1976, 167-169, 267-280):

„Zwischen den 'schematisierten Ansichten' entsteht eine Leerstelle, die sich durch die Bestimmtheit der aneinander stoßenden Ansichten ergibt" (Iser 1970, 15).

Leerstellen – und damit die *Unbestimmtheit* von Texten – erweisen sich für Iser als grundlegende Faktoren des Rezeptionsprozesses. Sie bedeuten einen Steuerungsmechanismus, der dem Leser keineswegs völlige Freiheit in deren Besetzung durch eigene Projektionen läßt, sondern in der Struktur des Textes ist bis zu einem gewissen Grad auch deren Füllung vorgezeichnet. Der Unbestimmtheitsbetrag literarischer Texte schafft die notwendigen Freiheitsgrade, „die dem Leser im Kommunikationsakt gewährt werden müssen, damit die 'Botschaft' *entsprechend* empfangen und verarbeitet werden kann" (Iser 1970, 19). Es ist nun als Ziel literaturwissenschaftlicher Forschung anzusetzen, Textstrukturen sichtbar zu machen, durch die im Text Unbestimmtheit entsteht, um dann die aufgedeckten *Appellstrukturen* des Textes mit der Beschreibung *elementarer Leseraktivitäten* zu koppeln.

Als eine weitere Kategorie zur Analyse der 'Textseite' entwickelt Iser den Begriff des *impliziten Lesers*. Er geht dabei von der Annahme aus, daß gesellschaftlich-historische Wert- und Normvorstellungen, die das Repertoire von literarischen Texten bilden, im fiktionalen Kontext des Werkes in der Regel eine differenziert abgestufte Negation erfahren. Die Aktivität des Lesers besteht nun darin, ausgehend von seinem (ihm vertrauten) Horizont, die anders gerichtete Zielrichtung des literarischen Textes zu konstituieren. Diesen sinnkonstituierenden Akt sieht Iser als Grundstruktur zur Literatur (insbesondere des Romans) an; er faßt ihn begrifflich als den impliziten Leser und stellt fest:

„1. Die Struktur kann und wird historisch immer unterschiedlich besetzt sein.
2. Der implizite Leser meint den im Text vorgezeichneten Aktcharakter des Lesens und nicht eine Typologie möglicher Leser" (Iser 1972, 8).

Der implizite Leser bezeichnet demzufolge die im Text vorgezeichnete *Leserrolle*, die als Steuerungsmechanismus des Lesevorganges fungiert.

Als Determinanten des Konkretisationsaktes sind indes nicht allein die Leerstellen des Textes und die vorgezeichnete Leserrolle, sondern auch die eigene *Zeitstruktur* dieses Prozesses anzusetzen. In Anlehnung an Husserls Beschreibung des Zeitbewußtseins und in der Übernahme der Begriffe „Protention" und „Retention" präsentiert Iser eine Schematisierung des Rezeptionsvorganges, mit der der zeitliche Verlauf der Sinnkonstitution im Leseakt gefaßt werden kann. Seines Erachtens ist mit jedem einzelnen *Satzkorrelat* ein bestimmter *Horizont* vorgezeichnet, „der sich aber sogleich in eine Projektionsfläche für das folgende Korrelat wandelt und dadurch zwangsläufig eine Veränderung erfährt" (Iser 1975a, 256). Das einzelne Satzkorrelat verweist in mehr oder minder intensiver Weise auf Kommendes; der von ihm erweckte Horizont enthält „gesättigte Anschauungen" und „Leervorstellungen", die den Charakter von Erwartungen besitzen. Daraus resultieren zwei Entfaltungsmöglichkeiten für die Satzfolge: a) es erfolgt eine Sättigung der Leervorstellungen im Sinne der vom Leser getätigten Annahmen und b) es kommt zu einer Modifikation der Erwartungen. Als Konsequenz dieses Prozesses ergibt sich, daß während der Lektüre ständig Erwartungen modifiziert werden; ein Vorgang, der gleichzeitig mit der fortlaufenden *Resedimentierung von Erinnertem* verläuft. Die *Illusions- und Konsistenzbildung,* die durch das imaginierende Bewußtsein des Lesers geleistet wird, beruht auf Selektionsentscheidungen des Rezipienten. Das durch die Entscheidungen des Lesers Ausgeschlossene bildet seinerseits wiederum einen potentiellen Störfaktor, der die Konsistenzbildungen sprengen kann.

Mit Sartre (1940) geht Iser davon aus, daß sich wahrnehmendes Bewußtsein auf Vorgegebenes bezieht, während das vorstellende Bewußtsein auf ein vorenthaltenes 'Objekt' gerichtet ist. Der Leseakt erweist sich in diesem Sinne als eine Gruppierung von Zeichen, die zur Konstitution des imaginären Gegenstandes und zur Bildung seiner „Gestalt" führt. Hier wird deutlich, daß die Zielrichtung von Isers Theorie nicht in der Beschreibung von Textrealisation, sondern in der Entwicklung einer allgemeinen Texttheorie liegt (vgl. auch Iser 1972, 7). Er konzipiert diese als *allgemeine Wirkungstheorie.*

Damit wendet sich Iser *nicht* bestimmten „historisch ausmachbaren Lesern" (Iser 1976, 8) und deren Urteilen[14] zu (was er als Aufgabe einer Rezeptionsgeschichte ansieht), vielmehr richtet er sein Augenmerk primär auf den „dialektischen Dreischritt von Text und Leser" (Iser 1976, 8, 244) und die zwischen diesen beiden Polen ablaufenden Prozesse, um Sinnvollzüge des Lesers *phänomenologisch* (und intersubjektiv) beschreibbar zu machen.

Bei der Beschreibung des Rezeptionsvorganges und der Entwicklung eines Modells des Leseaktes rekurriert Iser allerdings nicht allein auf Kategorien der Phänomenologie, sondern er berücksichtigt auch Ergebnisse *gestaltpsychologischer Forschung.*[15] Aus gestaltpsychologischen Experimenten resultiert für ihn der Sachverhalt, daß der Rezipient ständig zwischen Illusionsbefangenheit (die nicht erlaubt, sich in dieser Befangenheit zu sehen) und Beobachtung oszilliert; er „erschließt sich die fremde Welt, ohne in ihr gefangen zu sein" (Iser 1975a, 266). Der Leser reagiert im Rezeptionsvorgang fortwährend auf das, was er selbst hervorgebracht hat, denn er nimmt bestimmte Ausgleichsoperationen vor, welche die Tendenzen, die der gebildeten Konsistenz abträglich sind, zu integrieren versuchen. Es werden nicht nur 'vollkommene Gestalten' produziert, sondern auch 'unzulängliche'. Bei diesem Prozeß wirkt die problematische Gestalt als „Verstärkung der Interaktion <zwischen Text und Leser>, um die durch sie nicht gewonnene Stimmigkeit der Zeichenbeziehung durch eine neue Gestalt repräsentierbar zu machen" (Iser 1975a, 269).

Das Interaktions-Verhältnis zwischen Text und Leser[16] ist nun nach Iser dadurch gekennzeichnet, daß im Lektüreprozeß erst der „regulative Code" seines Ablaufes aufgebaut werden muß; es erweist sich deshalb sowohl als „reziprok" (Iser 1976, 271) wie auch als „asymmetrisch" (Iser 1976, 257).

Fassen wir zusammen: Iser sieht das Verhältnis zwischen Text und Leser in drei Aspekten begründet: a) dem Geschehenscharakter des Lesens, b) der Konsistenzbildung und den durch das jeweils Ausgeschlossene gebildeten Störfaktoren und c) dem daraus resultierenden Verstricktsein des Lesers in die von ihm hervorgebrachte Textgestalt. Die fundamentale Voraussetzung für die Anverwandlung des Fremden in den eigenen Erfahrungsbereich liegt seines Erachtens darin, daß wir die Gedanken eines anderen nur deshalb zu einem uns beherrschenden Thema machen können, „weil diese dabei immer auf den virtualisierten Horizont unserer Person und ihrer Orientierungen bezogen bleiben" (Iser 1975a, 274).

In seinen jüngeren Schriften entwirft Iser ein funktionstheoretisches Modell literarischer Texte. Er nimmt eine Auflösung des Oppositionspaares „Fiktion-Realität" vor, zugunsten einer Bestimmung von Fiktion, die das *Mitteilungsverhältnis* fiktionaler Texte zum Ausgangspunkt der Theoriebildung erhebt. Iser interessiert somit nicht mehr, was Fiktion *ist*, sondern was sie *bewirkt*, d.h. die *pragmatische* Dimension des Textes. Vor dem Hintergrund der Austinschen und Searleschen Sprechakttheorie (Austin 1972; Searle 1969) kommt er zu dem Schluß, daß sich fiktionale Rede von alltäglicher Rede vor allem durch die bei ihr *nicht gegebene Situationsbezogenheit* unterscheidet. Für das Gelingen des fiktionalen Sprechaktes können demzufolge auch keine *Konventionen* im üblichen Sinne ausschlaggebend sein, denn die fiktionale Rede durchbricht die vertikale, lebensweltliche Geltung von Konventionen und reorganisiert sie horizontal. In literarischen Texten findet deshalb ein *Entpragmatisierung* (Iser 1975c, 287) statt. – Dieses Argument führt uns bereits zur Diskussion literaturwissenschaftlicher Handlungstheorien.

4. Text als Handlung

In der Nachfolge und Weiterentwicklung von Jauß' Rezeptionsästhetik schlug Karlheinz Stierle vor, den *Handlungsbegriff* zur tragenden Kategorie literaturwissenschaftlicher Textmodelle zu machen:

„Versteht man Texte als Fixierungen von kontinuierlichen Sprachhandlungen, so muß der allgemeinste Bezugsrahmen für die Konstitution von Texten eine Theorie der Handlung sein" (Stierle 1975a, 14).

Stierle überwindet die bei Austin und Searle (noch) vorhandene Eingrenzung auf den einzelnen Sprech-Akt, indem er diesen in eine *allgemeine Handlungstheorie* integriert. Literarische Produktion und Rezeption werden somit als *typische* Handlungsmuster innerhalb eines gegebenen kulturellen Handlungssystems bestimmbar.

Neben Austin, Searle, Wittgenstein ('Philosophische Untersuchungen') und Max Weber ('Wirtschaft und Gesellschaft'), bilden vor allem die phänomenologischen Analysen von Alfred Schütz in seinem Werk 'Der sinnhafte Aufbau der sozialen Welt' das theoretische Fundament von Stierles Vorschlag. Der Schützsche Verstehensbegriff, der sich auf symbolisches Handeln bezieht, läßt nunmehr *Verstehen* und *Erkennen* als Weisen der Rezeption unterscheidbar werden (eine Differenzierung, die in der hermeneutischen Theorie nicht vorgenommen wird, da bei ihr Verstehen und Erkennen als Einheit aufgefaßt werden):

„Wenn Verstehen von Texten bedeutet, daß der in ihnen angelegte Kommunikationsakt gelingt, Produzent und Rezipient an einem identischen Handlungsschema orientiert sind, so bedeutet Erkennen bei Texten eine reflexive Blickwendung einerseits auf die 'Logik des Produziertseins', andererseits auf die Gegegebenheit des Textes im reflektierenden Bewußtsein" (Stierle 1975a, 11).

Das theoretische Postulat vom *Text als Handlung* hat weitreichende Konsequenzen sowohl für 'innerwissenschaftliche Fragen und Prozeduren' als auch für den systematischen Ort der Literaturwissenschaft. So lassen sich etwa Gattungs-Kategorien und literarische Gattungen nicht mehr als ontologisch verfestigte Entitäten ('Lyrik', 'Prosa', 'Drama' ...) bestimmen, vielmehr erweisen sie sich als (typische) Sprach-Handlungs-Muster in spezifischen historischen Zusammenhängen. Literaturwissenschaft und Text-Theorie sind – so lautet die Konsequenz des Postulats – im Rahmen der *Handlungswissenschaften* zu verorten.

Auch Hans Ulrich Gumbrecht teilt mit seinem Entwurf einer *historischen Textpragmatik* diese Prämisse, und ebenso wie bei Stierle ist sein Textmodell zentral durch die phänomenologischen Kategorien der Beschreibung sozialen Handelns (z.B. die Begriffe „Um-Zu-" oder „Weil-Motiv" aus der Schützschen Theorie) geprägt; im Gegensatz zu Stierle bezieht er jedoch in weitaus stärkerem Maße auch *wissenssoziologisch-historische Konzepte* (Berger/ Luckmann 1970) in sein Text-System ein und differenziert diese mit Blick auf eine kommunikationssoziologisch fundierte Methodologie literaturwissenschaftlicher Forschung. Er unterscheidet zwischen einer *normativen Rezeptionsgeschichte* (mit didaktisch-pädagogischen Zielen) und einer *deskriptiven Rezeptionsgeschichte,* die in einer Kommunikations- und Handlungstheorie verankert wird. In dieser Theorie literarischen Handelns kommt der vom jeweiligen Autor intendierten Sinngebung als Vergleichs-Hintergrund und als Verständnis-Rahmen für die vom Leser mit dem Text vorgenommenen Sinngebungen eine entscheidende Bedeutung zu (vgl. Gumbrecht 1975, 398f.). Damit werden konkrete historische Erfahrungs- und Handlungsschemata von Autor *und* Rezipient zum dominanten Untersuchungsgegenstand literaturwissenschaftlicher Forschung (vgl. Gumbrecht 1978b). Das funktionsgeschichtliche Textmodell dient als Basis für die Rekonstruktion von Motiven der Textproduktion und -rezeption und der von ihnen abhängigen Erfahrungsschemata, d.h. für eine Rekonstruktion der spezifischen Sprach-Handlungsschemata an und mit (literarischen) Texten. Als grundlegend für die Analyse des Textes, für die Funktionsbestimmung und -beschreibung[17] erweist sich dessen Situierung im jeweiligen historischen Kontext.

Gumbrechts Modell zeichnet sich durch Klarheit und Transparenz seiner methodischen Vorgehensweise aus. Gewiß können auch auf funktionsgeschichtlichem Wege gewonnene Ergebnisse keinen Anspruch auf 'Objektivität' erheben, aber sie besitzen den Vorteil, daß sie auf intersubjektiv-nachvollziehbare und transparente Art und Weise zustande kommen und somit auf jeder Ebene ihres Entstehens hinsichtlich ihrer *Plausibilität* befragt werden können. Das von Gumbrecht entwickelte Modell soll diese Transparenz durch den methodischen Dreischritt der „funktional-struktural-funktionalen Methode" gewährleisten:

a) Zunächst wird (nach einer 'sichtenden' Lektüre des zu interpretierenden Textes) eine Hypothese über die intendierte Sinnbildung beim Leser, d.h. über die intendierte Textfunktion des spezifischen Textes formuliert. Die Formulierung der Funktionshypothese setzt Wissen über historische und literaturhistorische Prozesse, die den Rahmen der Textproduktion und -rezeption bilden, voraus.

b) In einem zweiten Schritt der Untersuchung, der *Strukturanalyse,* werden sämtliche Textphänomene in Hinsicht auf deren Stimmigkeit mit der formulierten Hypothese untersucht und – in einem weiteren Durchgang – einander zugeordnet. Dabei werden sich Übereinstimmungen oder Nicht-Übereinstimmungen mit der eingangs entwickelten Funktionshypothese ergeben, die dann

c) zu einer Revision, Bestätigung oder Präzisierung der Funktionshypothese führen (vgl. Gumbrecht 1978b).

Mit diesem funktionsgeschichtlichen Interpretationsmodell erhält der Literaturwissenschaftler ein Instrumentarium zur Hand, das intersubjektive nachvollziehbare Ergebnisse generiert. Die *historische Textpragmatik* erlaubt eine kontrollierte *Re-Konstruktion der historischen Funktion literarischer Texte;* d.h. vor dem Hintergrund jeweils spezifischer *gesellschaftlich historischer Wissensstrukturen* werden Hypothesen über *die durch den Lektüreprozeß initiierten Veränderungen des Wissens*(vorrats) *des Lesers* (oder einer Gruppe von Lesern) entwickelt und überprüft.

Bei aller gebotenen Skepsis gegenüber einschnürenden Formalisierungen wollen wir im folgenden ein graphisches Modell eines handlungstheoretisch fundierten Kommunikationsschemas von Literatur in den (Handlungs-)Zusammenhang dieses Artikels integrieren. Es soll – zusammen mit dem begleitenden Kommentar – als 'didaktische Veranschaulichung' der möglichen Relevanz einer Theorie und Methode literarischen Handelns dienen.

Literarische Kommunikation

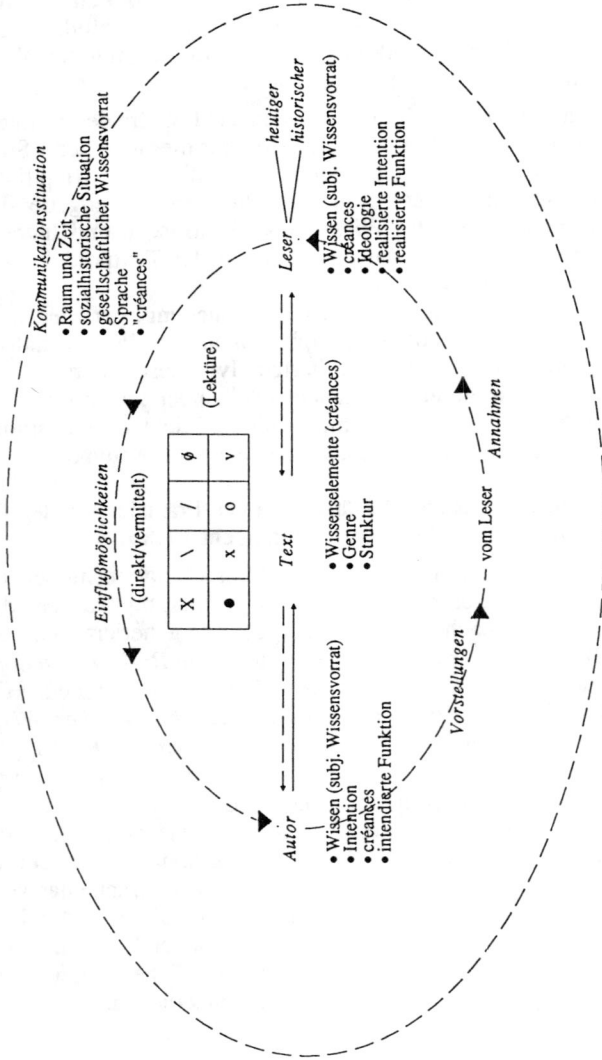

Kommunikationssituation
• Raum und Zeit –
• sozialhistorische Situation
• gesellschaftlicher Wissensvorrat
• Sprache
• "créances"

Einflußmöglichkeiten
(direkt/vermittelt)

(Lektüre)

Autor
• Wissen (subj. Wissensvorrat)
• Intention
• créantes
• intendierte Funktion

Text
• Wissenselemente (créances)
• Genre
• Struktur

Leser   heutiger
         historischer
• Wissen (subj. Wissensvorrat)
• créances
• Ideologie
• realisierte Intention
• realisierte Funktion

| X | \ | / | ∅ |
| • | x | o | v |

Vorstellungen   vom Leser   Annahmen

Texte werden in jeweils spezifischen *Kommunikationssituationen* produziert und rezipiert. Die Situation bildet den *Horizont* (im phänomenologischen Sinne) *des* über das Medium „Text" initiierten *sprachlichen Handelns;* sie ist in ihrer Gesamtheit nicht abschließend – auf welcher wissenschaftstheoretischen Basis auch immer – zu bestimmen oder gar zu 'definieren'. Deshalb die gestrichelte Linie der Graphik, welche das 'Ausfransen' des Horizonts andeuten soll. Trotz der prinzipiellen Offenheit von Situationen und der daraus resultierenden wissenschaftstheoretischen und pragmatischen Probleme, situative Rahmenbedingungen in ihrer Totalität zu fassen, können wir bestimmte Faktoren des situativen Horizonts thematisieren und auf deren Relevanz für das literarische Handeln untersuchen. Diese Faktoren konstituieren die Voraussetzungen für die Entfaltung der sozialen und historischen Funktion von Texten und in Relation zu diesen rekonstruierten Rahmenbedingungen lassen sich *Hypothesen* formulieren. Als Elemente des situativen Horizonts sind zu nennen: raum-zeitliche Grundbedingungen menschlichen Handelns,[18] spezifische sozialhistorische Gegebenheiten und Prozesse (etwa die „question sociale" der französischen Gesellschaft des 19. Jahrhunderts),[19] der *gesellschaftlich-historische Wissensvorrat* (welcher im Sinne der Wissenssoziologie in unterschiedliche Ebenen zu gliedern ist und sämtliche Ebenen des 'Wißbaren', d.h. auch *vor-* und *un*bewußte Wissensformen, umfaßt), *Sprache,* der eine zentrale Rolle bei der gesellschaftlichen Konstruktion der Wirklichkeit zukommt und *Créances* (d.h. üblicherweise unhinterfragte Wissenselemente, die unser Verhalten und Handeln regulieren und die für 'wahr' gehalten werden) (Grivel 1985, 164). Die Rekonstruktion verschiedener Elemente des *gesellschaftlichen Wissensvorrats* und des *subjektiven Wissensvorrats des Lesers,* auf welche die Texte verweisen und Bezug nehmen, bildet die Basis für das Eingrenzen der historischen Funktion von Texten und das Formulieren von Funktionshypothesen.

Wenn wir bislang allgemein von Texten gesprochen haben, ohne eine Unterscheidung zwischen *pragmatischen* und *fiktionalen* (literarischen) Texten zu treffen, so ist an dieser Stelle eine Klärung angebracht: die Rahmenbedingungen des situativen Horizonts gelten – unter jeweils verschiedenen Akzentuierungen, welche jedoch nicht mit dem 'pragmatischen' oder 'fiktionalen' Status der Texte korrelieren müssen – für die Produktion und Rezeption aller

Texte und Gattungen. *Literarische* bzw. *fiktionale Texte* konstituieren allerdings eine spezifische kommunikative Beziehung zwischen Text und Leser. Fiktionalität und Nicht-Fiktionalität lassen sich nicht an werkimmanenten Merkmalen festmachen, vielmehr werden diese vom Leser im Zusammenspiel mit dem Text konstituiert. Der Unterschied zwischen fiktionaler und nicht-fiktionaler Kommunikationssituation im *engeren* Sinne (dem Zusammenspiel von Text und Leser) liegt in der Verpflichtung oder Entbindung von der Pflicht, die im Text entwickelte Sachlage unmittelbar oder mittelbar im Hinblick auf eine Handlungsdisposition 'abzuarbeiten'.[20]

Fiktionale Texte legen dem Rezipienten nahe, eine fiktionale Rolle zu übernehmen; anders gesagt, eine solche Rezipientenrolle aufzubauen, die ihm *nicht* die Verpflichtung zur 'Abarbeitung' der Sachlage auferlegt. *Pragmatische* Texte vermitteln Sachlagen, die als wirklich oder möglich in der Alltagswelt erscheinen und die ein Umsetzen in konkretes soziales Handeln nahelegen. Die Konstitution fiktionaler oder nicht-fiktionaler Kommunikationssituationen (als Text-Leser Relation) wird durch Besonderheiten des Textes mit-gesteuert, wobei die Besonderheiten nicht den Status werkimmanenter Merkmale besitzen und der *Medialität* des Textes eine nicht zu unterschätzende Funktion zukommt.[21] Doch halten wir fest: die Lektüre fiktionaler Texte 'fordert' keine Transformation des Lektüreerlebnisses in konkretes soziales Handeln des Lesers, eine derartige Transformation kann allerdings in späteren Phasen – *nach* der Lektüre – durchaus eintreten. – Abschließend gilt es noch zu bedenken, daß literarische Texte im Zusammenspiel mit dem Leser Kommunikationssituationen konstituieren können, die *Mischungen* aus fiktionalen und pragmatischen Anteilen aufweisen. Es können sich Überlagerungen und Überschneidungen von fiktionaler und pragmatischer Rezipientenrolle ergeben.

Kehren wir zurück zu den Konstituenten unseres Modells literarischer Kommunikation: Wie bereits erwähnt, verstehen wir unter der *Kommunikationssituation* historische Rahmenbedingungen, in welchen sich das literarische Handeln zwischen Autor, Text und Leser entfaltet. Die jeweils spezifischen Prozesse zwischen Autor, Text und Leser haben wir als fiktionale oder pragmatische Kommunikationssituation im *engeren* Sinne bezeichnet. Anhand des Modells lassen sich einige weitere grundlegende Sachverhalte einer handlungstheoretisch orientierten Literaturwissenschaft beleuchten: Der *Autor* befindet sich in einem bestimmten sozialen und historischen Kontext (der *nicht* mit dem des Lesers identisch sein muß), den er mittels seines *subjektiven* Wissensvorrats 'filtert' und interpretiert. Sein subjektives Wissen steht in Beziehung zum *gesellschaftlichen* Wissensvorrat seiner historischen Situation (wir wissen immer nur Ausschnitte des 'Wißbaren'). Dieses Wissen erlaubt ihm über Erfahrungsprozesse die Konstitution bestimmter *Handlungsmotive* und *Handlungsentwürfe,* die immer auch *Vorstellungen von und Annahmen über den prospektiven Leser* enthalten. Zola konnte z.B. den Zeitschriften, in denen seine Erzählungen und Romane publiziert wurden, spezifische Lesergruppen zuordnen. Den historischen Lesern standen ihrerseits direkte und indirekte Möglichkeiten der Einflußnahme auf den Produktionsprozeß des Autors offen, und in nicht wenigen Fällen finden sich etwa Spuren von Leserbriefen in den Kapiteln von Fortsetzungsromanen.

Wenn er die *intendierte Funktion* seines Textes in literarisches Handeln umsetzt, hat sich der Autor für ein bestimmtes Medium und für eine bestimmte Gattung zu entscheiden. Unterschiedliche Gattungsmuster implizieren unterschiedliche Möglichkeiten des Handlungs-Spiel-Raumes zwischen Autor, Text und Leser. Die Produktion literarischer Texte erweist sich allerdings nicht als 'Einbahnstraße' der linearen und bewußten Realisierung von Handlungsmotiven des Autors, sondern die Texte entwickeln eine Eigendynamik, die auf die ursprünglichen Motive der Textproduktion zurückwirkt. (Aus diesem Grunde ist ein unterbrochener Pfeil in unser Schema integriert, der vom Text zurück zum Autor weist.)

Der literarische *Text* ist *gattungsspezifisch* strukturiert; er steht immer in einer *funktionsgeschichtlichen Tradition,* die auf den Erwartungen und dem *Erwartungshorizont* des Lesers gründet. Sein Repertoire spielt mit Elementen gesellschaftlich historischen Wissens; er verweist auf historische Situationen, Mentalitäten und 'offene Fragen' von Gesellschaften – und gewiß, erinnern wir uns nur an die Provokation von Hans Robert Jauß, existiert er *nicht* als Zeichen-Substanz, sondern er benötigt seinen *Leser,* um zum Leben erweckt zu werden.

Ebenso wie der Autor verfügt der *Leser* über einen spezifischen und historischen (subjektiven) Wissensvorrat, der die 'Folie' für seine Motive der Textrezeption und letztendlich auch für die von ihm *realisierte Funktion des Textes* abgibt.

Im literaturwissenschaftlichen Rahmen funktionsgeschichtlicher Forschung kann der Leser/Rezipient allerdings bis zu einem gewissen Grad immer nur ein Konstrukt bleiben. Selbst wenn es uns mit Blick auf den *heutigen* Leser mittels der Methoden empirischer Sozialforschung möglich ist, Elemente seiner Einstellungen, seiner Motive und seines sozialen Wissens zu rekonstruieren, dann können dies nur eng umgrenzte Ausschnitte seines subjektiven Wissensvorrats mit entsprechender Begrenzung der Ergebnisse der Rezeptionsanalysen bleiben. Dieser Sachverhalt gilt in weitaus größerem Maße für die Bemühungen, den *historischen* Leser literarischer Texte zu rekonstruieren. Wir können vor dem Hintergrund mentalitätsgeschichtlicher Forschungen und Re-Konstruktionen lediglich für klar umrissene, schmale Bereiche, Hypothesen zur sozialen Funktion der Texte formulieren, deren Plausibilität es zu diskutieren gilt. Dieses methodologische 'Manko' des handlungstheoretischen Ansatzes (welches jedoch nicht als solches erfahren werden muß, ist es doch ein genuines und legitimes Motiv literaturwissenschaftlichen Forschens, die Plausibilität von Interpretations-Ergebnissen zu erörtern) sollte den Literaturwissenschaftler indes nicht davon abhalten, auch die Frage nach dem „ce que ça nous fait" (Grivel 1983, IV) zu stellen. Damit rückt – auch im Sinne der Rezeptionsästhetik – der Prozeß, *wie* die Texte den *historischen* Leser berührt haben mögen und *wie* sie uns *heute* anrühren, in das Zentrum literaturwissenschaftlichen Interesses. Denn gerade die Suche nach Antworten auf diese Frage erlaubt es, Unterschiede zwischen der historischen Kommunikationssituation vergangener Epochen und unserer heutigen Kommunikationssituation transparent zu machen und Aspekte des *Funktionswandels* literarischer Texte aufzuzeigen.

6. Zur Rezeption der Provokation – oder 20 Jahre danach

Wie eingangs erwähnt, haben wir bei unserer Einführung in die Theorien der Rezeption den Akzent auf zwei dominante Paradigmen und Linien des rezeptionstheoretischen Diskurses sowie auf deren Anfänge und theoretische Prämissen gelegt. Diese Reduktion sollte der Klärung der rezeptions- und handlungstheoretischen Positionen förderlich sein.[22]

In der Rückschau auf die wissenschaftsgeschichtliche Fortentwicklung der Rezeptions- und Handlungstheorien läßt sich heute die Feststellung treffen, daß diese mehr als 'nur' eine vorübergehende Modeerscheinung der Textwissenschaften konstituieren. Deren Provokation wirkt – wenn auch in einer anderen historischen Situation und unter anderen Bedingungen – fort. Jauß und Iser haben ihre Konzepte weiter differenziert, sei es mit Blick auf historisch-theoretische Modelle *ästhetischer Erfahrung* und *Muster der Identifikation mit dem Helden* (Jauß 1982), sei es mit Blick auf eine *Phänomenologie der historischen Funktion von Literatur* (Iser 1988).

Rezeptionstheoretische Modelle haben eine kaum zu überschauende Zahl von Forschungen initiiert, sie erfreuen sich auch weiterhin – insbesondere im angelsächsischen Raum, wo sie im Begriff stehen, post-strukturalistische Paradigmen (die im deutschsprachigen Kontext mit großer zeitlicher Verzögerung und häufig über den amerikanischen Um-Weg rezipiert werden) abzulösen – großer Wertschätzung. Ihr Anstoß zu einer 'Verwissenschaftlichung' der Disziplin hat, auch aufgrund der heftigen Kontroversen, die sie insbesondere in den 70er Jahren zumeist mit Vertretern semiotischer[23] oder materialistischer 'Schulen' provozierte, zu einer wissenschaftsgeschichtlich überfälligen Klärung theoretischer Positionen beigetragen. Die Analyse und Interpretation von Literatur wurde auf ein *wissenschaftstheoretisches Fundament* gestellt, und die Rezeptionstheorien haben literaturwissenschaftlich-interdisziplinärer Forschung neue und zuvor vernachlässigte Felder erschlossen. So trugen sie z.B. entscheidend zu Aufgabe der elitären Fixierung des wissenschaftlichen Interesses auf 'Höhenkammliteratur' bei und ebneten den Weg für Analysen populärer und trivialer Literatur.

Gewiß, es stellt sich mit Gumbrecht die Frage, ob wir in der Rezeptionsästhetik nicht, „trotz ihrer unbestreitbar 'schulbildenden' Wirkung, eine Neuauflage der Divergenzbewegung zwischen historischem Interesse ('Literatur*geschichte* des Lesers') und ästhetischem Interesse ('Literaturgeschichte des *Lesers'*) entdecken können" (Gumbrecht 1989, 8), doch zweifellos kommt ihr das historische Verdienst zu, entscheidend zu einer Revision überkommener literaturwissenschaftlicher Kategorien und Methoden beigetragen zu haben. Selbst wenn sich die Hoffnungen einer empirischen 'Operationalisierung' der Rezeptionstheorie – wie so manch andere irrige Annahme – als verfrüht erwiesen,[24] so hat gerade die handlungstheoretische Fortentwicklung der Rezeptionstheorie zur Neubestimmung *literarischer Gattungen* als *sozialen* Phänomenen geführt.

Transformationen und Übertragungen rezeptions- und handlungstheoretischer Paradigmen auf die Bereiche der Medienforschung und der Literaturdidaktik zeichnen sich – auch im Zeitalter des wachsenden Einflusses post-moderner, post-strukturalistischer und dekonstruktivistischer Theorien – als vielversprechende Aufgaben ab.

Anmerkungen

1 Die Vorstellung *'einer* Rezeptionstheorie' als monolithischem Block erweist sich als wissenschaftliche Fiktion. Wir sollten uns der unterschiedlichen theoretischen und methodologischen Prämissen der Rezeptions-Theorien bewußt bleiben. Vgl. Warning 1975; Gumbrecht 1975; Müller 1981.

2 Auch mit Blick auf literaturwissenschaftliche Handlungstheorien gilt es festzuhalten, daß diese keinen geschlossenen theoretischen „frame" konstituieren und sich auch nicht auf ein einziges handlungstheoretisches Modell reduzieren lassen.

3 Hans Robert Jauß verwendet die Begriffe „Rezeptionsgeschichte" und „Wirkungsgeschichte" (in Anlehnung an Gadamers 'Wahrheit und Methode', Tübingen [4]1975) zunächst synonym. In seinem Aufsatz „Racines und Goethes Iphigenie – Mit einem Nachwort über die Partialität der rezeptionsästhetischen Methode" hat er eine weitere Differenzierung vorgenommen: „Wirkung benennt dann das vom Text bedingte, Rezeption das vom Adressaten bedingte Element der Konkretisation oder Traditionsbildung" (Jauß 1975b, 383). Nach Jauß wäre der Begriff „Rezeptionsgeschichte" vorzuziehen.

4 Vgl. dazu etwa Weimann 1977, S. XXVI und Naumann, M., 1976: „Das Dilemma der Rezeptionsästhetik", in: Poetica, Bd. 8, H. 3-4, 451-466.

5 So hat sie insbesondere durch das Einbeziehen der wissenssoziologischen Theorie (Berger/Luckmann 1970) wertvolle Impulse erhalten.

6 Vgl. Jauß 1975b, 392.

7   Vgl. etwa Pinkerneil, B.: „Literaturwissenschaft seit 1967", in: Kimpel, D./Pinkerneil, B. (Hg.): Methodische Praxis der Literaturwissenschaft, Kronberg/Ts. 1975, 1-84, bes. 62ff.
Auf die Problematik der Rekonstruktion von „Erwartungshorizonten" aus den Texten selbst verweisen auch H. Kinder und H.D. Weber. Vgl. Kinder, H./Weber, H.D.: „Handlungsorientierte Rezeptionsforschung in der Literaturwissenschaft", in: Kimpel, D./Pinkerneil, B. (Hg.), a.a.O., 223-258, hier: 226.

8   Vgl. Naumann, M. u.a. (Hg.), 1975: Gesellschaft Literatur Lesen, Berlin/Weimar, 35: „Die Eigenschaft des Werkes und die Rezeption zu steuern, fassen wir unter dem Begriff *Rezeptionsvorgabe* zusammen."

9   Vgl. Gumbrecht 1975, 398f.

10 Im Sinne von Vodička, F., 1975: „Die Konkretisation des literarischen Werkes", in: Warning, R., 84-112, bes. 90ff.

11 Diese Feststellung wird vor allem von marxistischen Literaturtheoretikern heftig kritisiert und als „Flucht vor der Verantwortung" einer eigenen Stellungnahme gewertet, da Jauß sich am „Relativismus der Standorte" begeistere. Vgl. Weimann, R., 1974: „Gegenwart und Vergangenheit in der Literaturgeschichte", in: Hohendahl, P.U. (Hg.): Sozialgeschichte und Wirkungsästhetik, Frankfurt a.M., 238-268, hier: 258 sowie Barck, K.H.: „Zur Kritik des Rezeptionsproblems in bürgerlichen Literaturauffassungen", in: Naumann, M. u.a. (Hg.): Gesellschaft Literatur Lesen, a.a.O., 99-178, hier: 138.

12 Im Sinne der Prager Strukturalisten. Vgl. Šklovskij, V., [2]1971: „Der Zusammenhang zwischen den Verfahren der Sujetfügung und den allgemeinen Stilverfahren", in: Striedter, J. (Hg.): Russischer Formalismus, München, 37-122.

13 Vgl. Sund, H., 1987: „Ansprache anläßlich der Emeritierung von Hans Robert Jauß", in: Jauß, 1987, 46.

14 In diesem Zusammenhang erinnern wir uns noch an folgende 'Leser-Typen':
    – den „*expliziten* Leser", (Jauß 1975a),
    – den „*historischen* Leser", (Gumbrecht 1975, 390),
    – den „*intendierten* Leser", vgl. Wolff, E., 1971: „Der intendierte Leser", in: Poetica 4, 141-166, hier: 151,
    – den „*informierten* Leser", vgl. Fish, St., 1975: „Literatur im Leser: Affektive Stilistik", in: Warning, R. (Hg.), 196-227, hier: 215,
    – den „*Archi*leser", vgl. Riffaterre, M., 1975: „Kriterien für die Stilanalyse", in: Warning, R. (Hg.), 163-195, hier: 176.
    Im Kontext unseres handlungstheoretischen und funktionsgeschichtlichen Textmodells verstehen wir den „Leser" als „expliziten" (H.R. Jauß) und „historischen" („mit verschiedenen geschichtlich und sozial vermittelten Rezeptionsdispositionen" – H.U. Gumbrecht).

15 Vgl. Gombrich, E.H., [2]1962: Art and Illusion; Arnheim, R., 1961: „Gestalt Psychology and Artistic Form", in: Whyte, W.L. (Hg.): Aspects of Form, Bloomington, 196-208.

16 Zur Problematik dieses Konzepts vgl. Müller 1981, 51ff. und Gumbrecht 1977b.

17 Zum Status dieser Funktionshypothese vgl. Gumbrecht/Müller 1980, 346 und 386.

18 Vgl. Schütz, A./Luckmann, Th., 1975: Strukturen der Lebenswelt, Neuwied/Darmstadt.

19 Vgl. Müller 1985, 1989.

20 Vgl. Gumbrecht 1976, 47ff.

21 Vgl. Winkler/Müller 1982.

22 So haben wir z.B. auf eine detaillierte Erörterung des materialistischen Ansatzes der Ost-Berliner Akademie der Wissenschaften oder strukturalistisch-linguistisch orientierter Rezeptionsmodelle und auch der linguistisch-pragmatischen Texttheorie von S.J. Schmidt (Texttheorie, München 1973) verzichtet.

23 Vgl. etwa: Kloepfer, R., 1979: „Fluchtpunkt Rezeption", in: Kloepfer, R. (Hg.): Bildung und Ausbildung in der Romania, 621-657.

24 Vgl. Müller 1981.

Ausgewählte Literatur

Austin, J.L., 1972: Zur Theorie der Sprechakte, Stuttgart (engl. Originalfassung 1962, Oxford University Press).

Berger, P./Luckmann, Th., 1970: Die gesellschaftliche Konstruktion der Wirklichkeit, Frankfurt a.M.

Escarpit, R., 1961: Das Buch und der Leser, Köln/Opladen.

Fügen, H.N., [2]1966: Die Hauptrichtungen der Literatursoziologie. Ein Beitrag zur literatursoziologischen Theorie, Bonn.

Gadamer, H.G., [4]1975: Wahrheit und Methode, Tübingen.

Grimm, G. (Hg.), 1975: Literatur und Leser – Theorien und Modelle zur Rezeption literarischer Werke, Stuttgart.

Grivel, Ch., 1984: Le Fantastique (MANA I – Mannheimer Analytika, Mannheim-Analytiques), Mannheim.

–, 1985: „Idée du texte", in: Romanistische Zeitschrift für Literaturgeschichte – Cahiers d'Histoire des Littératures Romanes, H. 1-2, 162-179.

Groeben, N., 1980: Rezeptionsforschung als empirische Literaturwissenschaft, Tübingen.

Gumbrecht, H.U., 1973: „Soziologie und Rezeptionsästhetik – Über Gegenstand und Chancen interdisziplinärer Zusammenarbeit", in: Kolbe, J. (Hg.): Neue Ansichten einer künftigen Germanistik, München, 48-74.

–, 1974: Rezension von: Badura, B./Gloy, K. (Hg.): Soziologie der Kommunikation, in: Poetica 6, 103-110.

–, 1975: „Konsequenzen der Rezeptionsästhetik oder Literaturwissenschaft als Kommunikationssoziologie", in: Poetica 7, H. 3-4, 388-413.

–, 1976: „Fiktion und Nichtfiktion", in: Funkkolleg Literatur, Studienbegleitbrief 3, Tübingen, 37-58.

–, 1977a: „Historische Textpragmatik als Grundlagenwissenschaft der Geschichtsschreibung", in: Lendemains, 6, 2. Jg. 125-135.

–, 1977b: Rezension von Iser, W.: Der Akt des Lesens, in: Poetica 9, 522-534.

–, 1978a: Funktionen parlamentarischer Rhetorik in der französischen Revolution, München.

–, 1978b: „Receptie esthetika en handelingstheoretische literatuurwetenschap", in: Grivel, Ch. (Hg.): Methoden in de literatuurwetenschap, Muiderberg, 167-183.

–, 1989: „Ein sperriges Erbe. Literaturwissenschaft in (der Bundesrepublik) Deutschland", erscheint in: Comparative Criticism 11.

Gumbrecht, H.U./Müller, J.E., 1980: „Sinnbildung als Sicherung der Lebenswelt – Ein Beitrag zur funktionsgeschichtlichen Situierung der realistischen Literatur am Beispiel von Balzacs Erzählung 'La Bourse'", in: ders. u.a. (Hg.): Balzac – Ergebnisse eines romanistischen Kolloquiums, München, 339-389.

Hauser, A., 1973: Sozialgeschichte der Kunst und Literatur, München.

Holub, R.C., 1984: Reception-Theory, London.

Ingarden, R., 1965: Das literarische Kunstwerk, Tübingen.

Iser, W., 1970: Die Appellstruktur der Texte, Konstanz.

–, 1972: Der implizite Leser, München.

–, 1975a: „Der Lesevorgang", in: Warning, R. (Hg.): Rezeptionsästhetik, München, 253-276.

–, 1975b: „Im Lichte der Kritik", in: Warning, R. (Hg.): Rezeptionsästhetik, a.a.O., 325-342.

–, 1975c: „Die Wirklichkeit der Fiktion", in: Warning, R. (Hg.): Rezeptionsästhetik, a.a.O., 227-324.

–, 1976: Der Akt des Lesens, München.

–, 1988: Shakespeares Historien, Konstanz.

Jauß, H.R., 1967: Literaturgeschichte als Provokation der Literaturwissenschaft, Konstanz.

–, [2]1970: Literaturgeschichte als Provokation, Frankfurt a.M.

–, 1975a: „Der Leser als Instanz einer neuen Geschichte der Literatur", in: Poetica 7, 325-343.

–,   1975b: „Racines und Goethes Iphigenie – Mit einem Nachwort über die Partialität der rezeptionsästhetischen Methode", in: Warning, R. (Hg.): Rezeptionsästhetik, a.a.O., 353-400.

–,   1975c: „Zur Fortsetzung des Dialogs zwischen 'bürgerlicher' und 'materialistischer' Rezeptionsästhetik", in: Warning, R. (Hg.): Rezeptionsästhetik, a.a.O., 343-352.

–,   1975d: „La douceur du foyer. Lyrik des Jahres 1857 als Muster der Vermittlung sozialer Normen.", in: Warning, R. (Hg.): Rezeptionsästhetik, a.a.O., 401-434.

–,   1982: Ästhetische Erfahrung und literarische Hermeneutik, Frankfurt a.M.

–,   1987: Die Theorie der Rezeption – Rückschau auf ihre unerkannte Vorgeschichte, Konstanz.

Link, H., 1976: Rezeptionsforschung, Stuttgart.

Müller, J.E., 1981: Literaturwissenschaftliche Rezeptionstheorien und empirische Rezeptionsforschung, Frankfurt a.M./Bern.

–,   1985/1989: Emile Zola: Contes et question sociale du 19e siècle, Paderborn.

–,   (Hg.), 1987: Texte et Médialité, (MANA VII, Mannheimer Analytika – Mannheim-Analytiques), Mannheim 1987.

Naumann, M. u.a., 1975: Gesellschaft Literatur Lesen, Berlin/Weimar.

Sartre, J.P., 1940: L'imaginaire, Paris.

Searle, J.R., 1969: Speech Acts, Cambridge.

Schmidtchen, G., 1974: „Lesekultur in Deutschland 1974", in: Börsenblatt für den Deutschen Buchhandel 39, 705-896.

Stierle, K., 1975a: Text als Handlung, München.

–,   1975b: „Was heißt Rezeption bei fiktionalen Texten?", in Poetica 7, H. 3-4, 345-387.

Vodička, F., 1975: „Die Konkretisation des literarischen Werkes", in: Warning, R. (Hg.): Rezeptionsästhetik, a.a.O., 84-112.

Warneken, B.J., 1974: „Zu Hans Robert Jauß' Programm einer Rezeptionsästhetik", in: Hohendahl, P.U. (Hg.): Sozialgeschichte und Wirkungsästhetik, Frankfurt a.M., 290-296.

Warning, R., 1975: „Rezeptionsästhetik als literaturwissenschaftliche Pragmatik", in: ders.: Rezeptionsästhetik, a.a.O., 9-41.

Weber, H.D. (Hg.), 1978: Rezeptionsgeschichte oder Wirkungsästhetik – Konstanzer Beiträge zur Praxis der Literaturgeschichtsschreibung, Stuttgart.

Weimann, R., 1977: Literaturgeschichte und Mythologie – Methodologische und historische Studien, Frankfurt a.M.

Wellek, R./Warren, A., 1971: Theorie der Literatur, Frankfurt a.M.

Winkler, P./Müller, J.E., 1982: „The Constitution of Fictionality in Relation to Spoken and Written Texts: Semiotic Problems of Corpus Analysis", in: Hess-Lüttich, E.W.B. (Hg.): Multimedial Communication, Vol. I, Tübingen 244-262.

VIII.
Systemtheorie und Literaturwissenschaft

Harro Müller

1971 wurde unter der Doppelautorenschaft Jürgen Habermas/ Niklas Luhmann ein Buch publiziert 'Theorie der Gesellschaft oder Sozialtechnologie – Was leistet die Systemforschung?' (Habermas/Luhmann 1971). Es machte den Bielefelder Soziologieprofessor Niklas Luhmann einem breiteren Publikum bekannt und produzierte einen binären Sortierungsschematismus:

Jürgen Habermas = Theorie der Gesellschaft
                = fortschrittlich
                = kritisch
                = emanzipatorisch;
Niklas Luhmann = Sozialtechnologie
                = fortschrittsfeindlich
                = unkritisch
                = affirmativ.[1]

Dieser Schematismus hat sich in manchen Köpfen festgesetzt; in manchen Köpfen hat sich hingegen gar nichts festgesetzt. Zudem haben ja seit 1971 Jürgen Habermas

– „und diese Theorie stellt sozusagen die Hochform eines technokratischen Bewußtseins dar" (Habermas/Luhmann 1971, 401) –

und Niklas Luhmann

– „Vernunft und Herrschaft sind für sie (die Systemtheorie) weder im Sinne der alteuropäischen Lehrtradition kongruent gesetzte, noch im Sinne der dagegen reagierenden Aufklärungstradition kontradiktorische Begriffe; sie sind überhaupt keine brauchbaren Begriffe mehr" (Habermas/Luhmann 1971, 401) –

ihre Positionen als Antipoden weiter ausgebaut, variiert, konturiert und erheblich differenziert. So zeigt Habermas' 'Theorie des kommunikativen Handelns' (1981) deutlich,[2] wieviel er im Hinblick auf evolutionstheoretische Annahmen und in Hinsicht auf eine Theorie systemischer Prozesse nicht nur von Parsons, sondern auch von Luhmann gelernt hat, und seine Auseinandersetzung mit Luhmann, die er in 'Der philosophische Diskurs der Moderne. Zwölf Vorlesungen' 1985 vorträgt,[3] demonstriert ein ganz anderes Niveau als seine Polemik aus dem Jahr 1971. Nun wäre es interessant, spannend und kognitiv außerordentlich aufschlußreich, diese beiden 'Großtheorien', die zugleich Theorien der Moderne sind, in Design und Erklärungskraft miteinander zu konfrontieren. Dies ist im Rahmen dieses Beitrags nicht zu leisten. Vielmehr soll, ausgehend von Luhmanns Hauptwerk 'Soziale Systeme. Grundriß einer allgemeinen Theorie' Anspruch und Design der Luhmannschen Systemtheorie verdeutlicht (1) und ein Haupttheorem – die Theorie der gesellschaftlichen Differenzierung – genauer herausgearbeitet werden (2). Diese beiden Abschnitte bilden den Hintergrund für die geraffte Vorstellung der kunstsoziologischen Arbeiten Luhmanns (3). Am Schluß dieses Beitrags stehen einige Anmerkungen über die Rezeptionsschwierigkeiten Luhmanns in der Literaturwissenschaft und die Markierung literaturwissenschaftlicher Anschlußstellen (4).

1.

In einer azentrisch konzipierten Welt und in einer azentrisch konzipierten Gesellschaft (Luhmann 1984a, 14)[4] ist es schwer, die Suggestion eines archimedischen Punktes, von dem aus und auf den hin Welt und Gesellschaft zu verstehen wären, aufrechtzuerhalten: „Die Welt ist nichts, was aus einem Punkt beschrieben werden könnte" (1987, 120). Ebenso verbietet sich die Annahme einer streng privilegierten extramundanen Beobachterperspektive, die vorausgesetzt werden muß, wenn man z.B. die Kollektivsingulare der Gott, der Geist, die Geschichte, die Natur, der Mensch, das Subjekt, das Individuum, die Intersubjektivität im Zentrum seines jeweiligen Begründungsdiskurses plaziert: „Die Theorielage gleicht also eher der eines Labyrinth als einer Schnellstraße vom frohen Ende" (1984a, 13). Bei ontologischen, metaphysischen, naturalen, anthropologischen, geschichtsphilosophischen, intersubjektivitätstheoretischen Begründungsdiskursen handelt es sich vielmehr um Selbstzuschreibungen, um Selbstsimplifikationen, die funktional erklärungsbedürftig sind. Das beansprucht Systemtheorie als Überbietungsunternehmen zu alteuropäischen, vormodernen

Positionsnahmen zu leisten; deshalb ist Systemtheorie Luhmannscher Provenienz eine Theorie ohne Zentrum, polyzentrisch und infolgedessen auch polykontextural angelegt (1984a, 14). Es gibt keinen Grundbegriff oder einige wenige Grundbegriffe, es gibt auch keine Ausgangsintuition wie bei der Habermasschen Intersubjektivitätskonzeption, auf die die Folgeargumente kausal, deduktiv, teleologisch oder wie auch immer zu beziehen wären. Vielmehr wird versucht, Begriffe wie:

„Sinn, Zeit, Element, Relation, Komplexität, Kontingenz, Handlung, Kommunikation, System, Umwelt, Welt, Erwartung, Struktur, Prozeß, Selbstreferenz, Geschlossenheit, Selbstorganisation, Autopoiesis, Individualität, Beobachtung, Selbstbeobachtung, Beschreibung, Selbstbeschreibung, Einheit, Reflexion, Differenz, Information, Interpenetration, Interaktion, Gesellschaft, Widerspruch, Konflikt" (1984a, 11)

im Bezug aufeinander zu bestimmen, indem sich die Begriffe aneinander schärfen, sich wechselseitig einschränken, ohne daß jeder mit jedem verknüpft ist (1984a, 12). Systemtheorie ist konstruktive Theorie im strengen Sinne, sie ist nicht das Nachzeichnen von Theorie-*Geschichte*. Über diejenigen, die meinen, durch Wiederholung und Vermischung z.B. Marxscher und Max Weberscher Positionen *theoretischen* Zugewinn verbuchen zu können, äußert sich Luhmann zu Recht mit Anflügen von Ironie: „Wiederaufwärmen und Immer-wieder-Abnagen der Knochen der Klassiker" (1987, 28). Systemtheorie ist bewußt zirkulär angelegt, d.h. sie betrachtet sich selbst als einen ihrer Gegenstände; z.B. begreift sie die Theorie der Differenzierung zugleich als ein Resultat von Differenzierung. Sie behauptet nicht, die *richtige* Beschreibung der heutigen Welt, der heutigen Weltgesellschaft zu liefern, sie reklamiert nicht für sich Widerspiegelung der kompletten Realität des Gegenstandes, ebenfalls nicht Ausschöpfung aller Möglichkeiten der Erkenntnis des Gegenstandes, „wohl aber: *Universalität* der Gegenstandserfassung in dem Sinne, daß sie als soziologische Theorie **alles** Soziale behandelt und nicht nur Ausschnitte" (1984a, 9). Als selbsttragende Konstruktion (1984, 11) gebaut, ist sie in ihrer Selbstbeschreibung „eine besonders eindrucksvolle Supertheorie" (1984a, 19), die von vornherein interdisziplinär angelegt ist, Anregungen aus unterschiedlichen Disziplinen (Biologie, Kybernetik usf.) aufnimmt und den Anspruch erhebt, für die Welt, für die heutige Weltgesellschaft eine brauchbare, eine passende Beschreibung zu liefern, die sich durch großes Auflöse- und Rekombinationsvermögen auszeichnet. Ihre begrifflich weit ausgelegte Konstruktionsarbeit stellt sich nicht unter korrespondenztheoretisch orientierte Kriterien, erhebt einen re-konstruktiven Anspruch, der auf wirkliche Welt, wirkliche Gesellschaft verweist.

Gemäß den skizzierten Voraussetzungen können soziale Systeme nicht aus Menschen, unteilbaren Individuen und ihren Interaktionsspielen bestehen, sondern sozialen Systeme bestehen aus „Kommunikation und deren Zurechnung als Handlung" (1984a, 240). Dabei ist „Kommunikation die elementare Einheit der Selbstkonstitution, Handlung ist die elementare Einheit der Selbstbeobachtung und Selbstbeschreibung sozialer Systeme" (1984a, 241). Systemtheorie, die soziale Systeme (Kommunikation) und psychische Systeme (Bewußtsein) analytisch streng trennt – so bestehen zwischen beiden Systemen System/Umweltbeziehungen –, *verfährt* darstellungspraktisch nach einem Muster, das für die Theorie selbst konstitutiv ist: Reduktion von Komplexität. Läßt sich nun die Luhmannsche Reduktion von Komplexität ihrerseits reduktiv behandeln? Das ist ein äußerst selektives und vielleicht auch unzulässiges Unterfangen; dennoch scheint es mir angebracht, einige systemtheoretische Selbstverständlichkeiten nachzuzeichnen, die etwas genauer die Theorie-Tektonik verdeutlichen können. Dabei verzichte ich auf die Beschreibung der diachronen Evolution der Systemtheorie (vgl. Kiss 1986, 4ff.), sondern fasse einige wenige Konzepte synchron zusammen.

Gegenüber allen Kritikern, die Luhmann Systemstabilisierung vorwerfen, ist ernsthaft daran zu erinnern, daß der Funktionsbegriff nicht mit Selbst- und Fremderhaltung gekoppelt ist; die Funktion des Funktionsbegriffs ist Reduktion äußerster Komplexität der Welt. Deshalb ist die funktionale Zugriffsweise mit der Verfremdung herkömmlicher Selbstverständlichkeiten und Normalitäten, ihren Virtualisierungen und der Frage nach den jeweiligen funktionalen Äquivalenten eng verknüpft: „Das methodologische Rezept ... lautet: Theorien zu suchen, denen es gelingt, Normales für unwahrscheinlich zu erklären" (1984a, 162). Methodologisch bedeutet diese Anweisung, daß man zunächst die Funktion der Funktion bestimmen muß und anschließend erst die Frage stellen kann, welche strukturellen oder prozessualen Effekte damit verbunden sind. Das auch in der Literaturwissenschaft sich großer Beliebtheit erfreuende Verfahren

- erstens Bestimmung von Struktur oder Prozeß
- zweitens Bestimmung von Funktion

kann nur einen metaphorisch verwendeten Funktionsbegriff benutzen und ist nicht kompatibel mit einer *funktionell*-strukturellen Systemtheorie. Die Priorität eines reflexiven Funktionsbegriff bedeutet zugleich die Favorisierung eines nicht intentional zurechenbaren Sinnbegriffs (1984a, 92ff.). Sinn und Handlung sind Selektionen, *Steigerung* bedeutende Reduktionen aus dem prinzipiell nicht abschließbaren, nicht beendbaren relationalen Verweisungshorizont von Sinn. Es gibt keine substantielle, keine relational geschlossene Sinnkonzeption; das Sinn-Ereignis, das Kommunikations-Ereignis, das Handlungs-Ereignis, sie alle führen immer nicht verwirklichte Möglichkeiten ohne Verweisungs-Ende mit sich, sind insofern im strengen Sinne des Wortes *kontingent*, weil sie stets auch anders ausfallen könnten. Kommunikative Ereignisse (Sozialsystem) und Bewußtseinsereignisse (psychisches System) sind also bestimmt durch kontingente Selektivität, weil sie stets aus der komplexen Umwelt auswählen *müssen*, ohne von der Umwelt kausal oder wie auch immer in der *Wahlweise* determiniert zu werden. Sie sind auf Anschlußfähigkeit angewiesen, ohne linearisiert, teleologisiert, wert- oder zweckrational als eng oder locker verknüpfte Kette zugeschnitten werden zu können. Soziale Systeme und psychische Systeme sind stets System/Umweltsysteme. Sie stehen – bei wechselseitiger Relationierung – stets unter *doppelten Kontingenzbedingungen* (1984a, 191ff.). Die gegenseitig unterstellte Selektivität bedeutet stets, daß ego weiß, daß alter weiß, daß ego anders sein kann; daß alter weiß, daß ego weiß, daß alter anders kann usf. Diese Kette wechselseitiger Unterstellungen läßt sich ad infinitum fortführen, deshalb muß selegiert werden; über Art und Weise der Verknüpfung von Selbst- und Umweltreferenz, von Geschlossenheit und Offenheit entscheidet das System, das – bei konstitutivem Umweltbezug – Umweltreizungen in den *geschlossenen* Reproduktions-, Produktionsmechanismen einbauen kann. Es gibt keinen direkten, unmittelbaren Kontakt, es gibt keine unmittelbare Beobachtung, es gibt keinen direkt durchgreifenden Schematismus, der jenseits der stets vorauszusetzenden Differenzannahmen Symmetrie verbürgt. Beides sind selbstreferentielle, autopoietische Systeme,[5] deren Geschlossenheit Offenheit ermöglicht; das charakteristische Merkmal autopoietischer Systeme ist, daß sie die Elemente, aus denen sie bestehen, selbst produzieren und reproduzieren können.[6] Außerordentlich unwahrscheinlich ist es, daß ego und alter miteinander kommunizieren können, indem sie Informationen und Mitteilungen verstehen. Daß ihre Abläufe, Selektionen, referentiellen Schließungen und Öffnungen, ihre Systemgeschichte mit dem je spezifischen Zeithorizont auch nur einen einzigen Augenblick identisch sind, ist streng ausgeschlossen. Systeme – soziale und psychische – bestehen aus dem fortlaufenden Prozessieren von Differenzen, aus einer fortlaufenden Kombination von Selbst- und Fremdreferenz. Damit nicht leerlaufende Selbstreferenz und auch nicht leerlaufende Umweltreferenz entsteht, bedarf es generell Reduktionen, *Limitationen* (1984a, 318ff.), die auf Dauer Möglichkeiten eliminieren und zugleich Anschlußmöglichkeiten – ohne Garantie – ermöglichen. Kommunikation, Sprache, Handlung, Prozeß, Struktur, Verhaltensgeneralisierung und Erwartensfixierung (Normen, Werte etc.), Institutionalisierungen, Zwecksetzungen, Organisationen sind grenzziehende Mechanismen, die die prinzipiell vorauszusetzende Beliebigkeit minimieren.

Sodann können Systeme Subsysteme bilden, die in gesteigerter Unabhängigkeit (Independenz) und gesteigerter Abhängigkeit (Dependenz) Umweltkomplexität systemisch behandeln, ohne daß das Gesamtsystem oder andere Teilsysteme funktional eingreifen müßten. Das führt weiter zu einer Theorie der sozialen Evolution (s.u.). Diese Teilsysteme als funktional ausdifferenzierte Teilsysteme sind ihrerseits autopoietisch organisiert und funktional nicht äquivalent ersetzbar. Komplexitätssteigernd verschärfen sie den Selektionsdruck und erhöhen das jeweilige Risiko. Unwahrscheinlichkeit minimieren auch bestimmte ausdifferenzierte Kommunikationsmedien (Macht, Geld, Liebe etc.) (1984a, 222ff.), die reflexiv gewendet werden können. Teilsysteme funktionieren gemäß spezifischen entparadoxierten Codes (z.B. wahr-falsch im Wissenschaftssystem, schön-häßlich im Kunstsystem) (1976, 60ff.) und besitzen spezifische Programme (1984a, 432f.) (z.B. Methodologien im Wissenschaftssystem, Reflexionstheorien wie Ästhetiken im Kunstsystem); sie erbringen für andere Systeme spezifische *Leistungen;* so ist z.B. Kirchenkunst in der Moderne *Kunst* (Code 'schön-häßlich'), erbringt aber für das religiöse System (Code 'immanent-transzendent') eine Leistung.

Wissenschaft ist ebenfalls ein autopoietisches System und zumindest in systemtheoretisch inspirierter Sicht als Beobachtung von Beobachtungen zu installieren; dabei bezeichnet Beobachten ein differenzmarkierendes Bezeichnen (1984a, 406ff.). Diese Beobachtung zweiter Ordnung vermag blinde Flecken in der Beobachtung erster Ordnung zu erkennen, die eigenen blinden Flecken beim Beobachten des Beobachtens allerdings nicht. Über die blinden Flecken der Beobachtung zweiter Ordnung kann man in einer Theorie dritter Ordnung wiederum handeln, usf. Insofern ist auch Wissenschaft auf differenzenmarkierendes Prozessieren angewiesen.

2.

Innerhalb der Systemtheorie heißt Differenzierung Systemdifferenzierung (1985, 119ff.); für ihre Erfassung stellt sie einen Beschreibungsapparat zur Verfügung. Systeme als autopoietische, selbstreferentielle Systeme bilden sich stets durch Differenzmarkierung zur Umwelt aus, die intern verarbeitet wird. Dieser Schematismus ermöglicht auch die Ausbildung von Sub- bzw. Teilsystemen, für die der Rest des Systems dann wiederum interne Umwelt wird. Das Kunstsystem wird zur Umwelt des Wissenschaftssystems und umgekehrt; es geht auch kleinschrittiger: Die Literaturwissenschaft gehört zur Umwelt der Systemtheorie und umgekehrt. Auf diese Weise vervielfachen sich in der funktional ausdifferenzierten modernen Gesellschaft die Perspektiven, ohne daß man noch eine privilegierte Zentralperspektive annehmen und ohne daß man einem Teilsystem – sei es Politik mit dem Kommunikationsmedium Macht, sei es Wirtschaft mit dem Kommunikationsmedium Geld – eine hierarchisch angeordnete Führungsposition einräumen könnte. Kein Teilsystem kann das Ganze repräsentieren und stellvertretend tätig werden; kein Teilsystem kann ein anderes funktional äquivalent ersetzen. Gerade funktionale Differenzierung mit ihren internen Steuerungszugewinnen in den einzelnen Teilsystemen steigert „Unordnung" und Riskanz besonders in den intersystemischen Bezügen. Zudem überschätzen regelmäßig die Teilnehmer in den jeweiligen Systemen ihre Möglichkeiten und rechnen diese auf unzulässige Weise hoch. Vertreter des politischen Systems verknüpfen stets den Machtcode mit dem Moralcode und stilisieren sich zu Vertretern des Gesamtinteresses; im ästhetischen Diskurs ist es eine beliebte Floskel, sich zum Vertreter, zum Stellvertreter authentischer Erfahrungen aufzuschwingen, denen dann transsystemische Generalisierungsfähigkeit unterstellt wird. Man kann sich ebenfalls zum Hüter der Sprache stilisieren, ohne zu sehen, daß man gegenüber dem theologischen Diskurs, der Gottes Wort verwaltet, doch in arger Konkurrenznot steht.

Teilsysteme sind autonom und abhängig zugleich. Wie sollte das Wissenschaftssystem ohne das politische System auskommen – aber auch das politische System ist abhängig von wissenschaftlich bereitgestelltem Wissen. Das Kunstsystem ist abhängig z.B. vom Rechtssystem oder auch vom politischen System; auch hier lassen sich die Abhängigkeiten ohne Schwierigkeiten umkehren.

Diese Form von funktional ausdifferenzierter Gesellschaft mit ihrer je bereichsspezifischen Steigerung von Komplexität, Kontingenz und Riskanz hat es nun nicht immer gegeben. Die jeweiligen Formen der Differenzierung haben sich historisch verändert. Evolutionsgeschichtlich kann man grob drei Stufen unterscheiden (Willke 1987, 51ff.).

Zunächst haben sich *segmentäre* Differenzierungen gebildet, Systeme auf der Basis von Verwandtschaft und eng begrenzter Lokalität. Asymmetrische Strukturen entwickelten sich in *stratifikatorisch* organisierten Gesellschaften mit den Differenzierungen Stadt/Land, Zentrum/Peripherie, Teil/Ganzes; dabei war diese *hierarchisch* durchstrukturierte Gesellschaft noch in einem Repräsentanten abbildbar; und diese stratifikatorische, hierarchisch geordnete, schichtenmäßig spezifizierte Gesellschaft war – was ihre gepflegte Semantik betrifft – besonders gut mit religiösen Kosmologien, aber auch mit ontologischer Metaphysik auf kulturellem Sektor verknüpfbar. Demgegenüber hat die in Europa ausgebildete und von Europa ausgehende moderne Gesellschaft einen völlig neuen Differenzierungszuschnitt, einen völlig neuen Differenzierungstypus entwickelt. Die moderne, *funktional ausdifferenzierte* Gesellschaft ist durch Funktionssysteme ohne Hierarchie und mit einem hohen Maß an Unregulierbarkeit gekennzeichnet. Segmentäre und stratifikatorische Differenzierung besteht weiter fort, ist aber der funktionalen Differenzierung streng nachgeordnet. Die moderne Gesellschaft ist Ergebnis der Evolution mit ihren unterschiedlichen Mechanismen der Selektion, Variation und Stabilisierung; in der modernen Gesellschaft wird im Teilsystem Wissenschaft das Funktionieren der modernen Gesellschaft beschrieben. Nun ist Wissenschaft als Teilsystem der modernen Gesellschaft wie diese selbst Ergebnis der Evolutionsbewegung, die allererst die Beschleunigung, Veränderung, Risiken (z.B. Entdifferenzierung durch Moralisierung bzw. durch Ästhetisierung) bereitgestellt hat.

Auf diese evolutionäre Verortung – die wissenschaftliche Erkenntnis der modernen Gesellschaft ist zugleich Produkt der Evolution der modernen Gesellschaft – kann man sich zurückwenden und damit äußerst plausibel die Vermutung verknüpfen, daß die Selbstbeschreibungen, die in den einzelnen Teilsystemen angefertigt werden, einen Zeitindex tragen müssen, d.h. man muß die Selbstbeschreibungen temporalisieren. Substanzannahmen, metahistorische Wesensannahmen, metahistorisch angelegte Anthropologien, ein metahistorisch eingeführter Erfahrungsbegriff usf., das alles sind Anschauungsformen, die nicht recht mit der funktionalen Ausdifferenzierung verträglich sind. Das betrifft ebenfalls alle Vermittlungskünste zwischen Besonderem und Allgemeinem, sei es nun in der symbolischen oder allegorischen Lesart; und auch das von Manfred Frank beschworene Individuelle als Innovationsmotor zwischen Besonderem und Allgemeinem hilft nicht recht weiter.[7] Das ist alles – aus Luhmanns Perspektive – *alteuropäisches* Gedankengut, das in nicht sehr theoriehaltigen, akademischen Disziplinen sich künstlich am Leben hält und allenfalls mit den fortlaufenden stratifikatorischen Elementen in der modernen Gesellschaft korrelierbar ist. Und wem fielen da nicht viele Beispiele aus der Literaturwissenschaft ein? Jeder mag sie auf seine Weise ausbuchstabieren.

3.

Luhmanns Theorie sozialer autopoietischer Systeme, wo Kommunikation stets Kommunikation erzeugt, läßt sich auch auf Spezifikationen einzelner Teilsysteme ein. So hat Luhmann unter anderem gezeigt, wie das Rechtssystem funktioniert, wie das Wirtschaftssystem mit dem gedächtnislosen Kommunikationsmedium Geld abläuft, und hat auch vier Aufsätze über das Funktionieren des Kunstsystems veröffentlicht, in denen allerdings nie nach einzelnen Kunstsorten spezifiziert wird (1976, 60ff.; 1984b, 51ff.; 1986a, 6ff.; 1986b, 620ff.). Bezieht man die evolutionstheoretische Annahmen auf die Evolution von Kunst, so ist zu vermuten, daß

Kunst in Form von Ritualen usw. in segmentären Gesellschaften
nahtlos mit den jeweiligen Reproduktionsmechanismen verknüpft
war; in stratifikatorisch organisierten Gesellschaften erfolgt eine
weitere Ausdifferenzierung, jedoch ist Kunst noch eng mit Religion, Politik etc. verbunden und ermöglicht Formen symbolischer
Repräsentanz. Sie kann noch relativ problemlos in sich ästhetische, kognitive, normative, ontologische Elemente anordnen. Im
Hinblick auf das Publikum greifen Exklusionsmechanismen, z.B.
ständische.

Ganz neue und in gewisser Weise prekäre Verhältnisse stellen
sich ein, wenn Kunst sich als autonomes, unabhängiges und ab-
hängiges Teilsystem ausdifferenziert, denn nicht alle Teilsysteme
in der Moderne funktionieren gleich gut. Für das Kunstsystem als
ausdifferenziertes Teilsystem – auch hier erzeugt Kommunikation
Kommunikation – ist zunächst, um Respezifikation zu ermöglichen, ein Code notwendig, der Anschlußfähigkeit produziert. Es
ist der disjunktive, asymmetrisch gebaute Code 'schön-häßlich',
der hier subsystemspezifisch wirkt (1976, 60ff.). Weder der Code
'wahr-falsch' (Wissenschaft) noch der Code 'gut-böse' (Moral) sind
konstitutiv für das Kunstsystem; wohl können derartige Problem-
felder aufgrund von System-Umweltreferenzen im Kunstsystem
bequem mitbehandelt werden. Unter *codetheoretischen* Gesichtspunkten zumindest scheint Karl Heinz Bohrers vehementes Plä-
doyer, daß in und seit der Frühromantik sich die ästhetische Produktion auf das Böse umstelle, problematisch zu sein,[8] kann jedoch gut als Argument in der Auseinandersetzung mit jener Art
von Hermeneuten benutzt werden, die sich jeden Morgen vor dem
Spiegel um ihren Hals einen Schillerkragen legen. Auch die für die
Moderne angeblich konstitutiven nicht mehr schönen Künste funktionieren als Kunst nur mit dem Leitcode 'schön-häßlich'. Allerdings reicht der jeweilige Leitcode nicht aus, um Anschlußkom-
munikation zu gewährleisten.

Es bedarf eines Programms, das sich in *Kunstdogmatiken* und
im *Stil* manifestieren kann. Nichtwissenschaftliche und wissenschaftliche Kunstdogmatiken – sofern sich Literaturwissenschaft
als akademische Disziplin mit primären Beobachtungen in mehr
oder weniger systematisierter Form zufriedengibt – und die Sortie-
rungsmöglichkeiten des Stilbegriffs ermöglichen, daß Kunstwerke,
in der Moderne, auf sich selbst überholende Innovation eingestellt,
für Künstler und Publikum anschlußfähig bleiben. Das Prekäre des

210

Kunstsystems liegt unter anderem darin, daß die Programme nicht so robust sind wie z.B. die im Wissenschaftssystem funktional äquivalent benutzten Methodologien. Hinzu kommt, daß Kunstwerke selbst als Programme funktionieren können. Kunstwerke werden in der Moderne nicht mehr von Rhetoriken, Regelpoetiken oder irgendwelchen Mimesis-Konzepten gelenkt, vielmehr sind sie jenseits von ontologischen Annahmen jedweder Provenienz und jenseits der meisten im Kunstsystem angefertigten Selbstbeschreibungen auf Innovationen umgestellte, faktisch allerdings auch immer kopierende System-Umwelt-Einheiten innerhalb des Teilsystems Kunst. Sie sind auf die Präsentation von Individualitätseffekten angelegt und haben an der semantischen Evolution teil, die mit dem Umbau von der stratifikatorischen zur funktional ausdifferenzierten Gesellschaft korreliert (1980ff.).

Ihre Umweltreferenzen können diachron und synchron aus dem Teilsystem Kunst, aber auch aus anderen Teilsystemen bezogen werden, sie werden selbstreferentiell behandelt, zugleich kann sich das System auf diese selbstreferentielle Behandlung selbstreferentiell beziehen. Auf diese Weise akzentuiert die moderne 'moderne' Kunst die Selbstreferentialität und bearbeitet sie in den begleitenden Reflexionstheorien, z.B. mit l'art pour l'art-Konzepten. Dagegen betont die 'realistische' Variante der modernen Kunst die Umweltreferenz und bearbeitet sie in den Reflexionstheorien mit Abbildungsästhetiken bis hin zu Konzepten engagierter Kunst. Allerdings gibt es keine reine Umweltreferenz und keine reine Selbstreferenz; Umweltreferenz ist auf Selbstreferenz, Selbstreferenz ist auf Umweltreferenz angewiesen. Die Literaturwissenschaft täte gut daran, sich in relationalem Argumentieren zu üben; so nützt es nicht viel, die ästhetische Moderne mit Selbstreferenz zu beschreiben, ohne den Stellenwert des Selbstreferenzkonzeptes theoretisch hinreichend zu artikulieren. Kunstwerke sind medial eingefrorene, kommunikative Ereignisse, auf Kompaktkommunikation abgestellt und stets in Form-Kontext-Beziehungen eingelagert.

In keinem anderen System ist die Fähigkeit zum Diskontinuieren so ausgeprägt wie im Kunstsystem. Das hängt nicht zuletzt damit zusammen, daß den auf Innovation umgestellten Kunstwerken, die als abgeschlossene Kunstwerke zugleich Anschluß ermöglichen sollen, ihr Zeitkern deutlich eingeschrieben ist. Je höher auf Innovationsgeschwindigkeit gesetzt wird, desto höher die Veraltensgeschwindigkeit. Die Historizitätsmarkierung des Kunstwerks ist Zugewinn und Verlust zugleich; Zugewinn, weil das Kunstwerk in der Moderne sich sämtlicher ontologischen Absicherungsunternehmen begibt; Verlust, weil ihm das Altern auf die Stirn geschrieben steht. Das mag man bedauern, sollte es jedoch erst einmal zur Kenntnis nehmen und nicht etwa durch das Auffrischen z.B. von – normativen – Klassikkonzepten zu unterlaufen suchen:

„Eine der wichtigsten Folgen der Historisierung ist: daß die **Vergleichbarkeit** von Kunstwerken **Zeitrichtung** erhält und dadurch **eingeschränkt** wird. Die traditionelle Kunsttheorie hatte **alle** Kunstwerke an gemeinsamen Perfektionsidealen gemessen und sie **daraufhin**, wie in den Viten des Vasari zu lesen, in eine zeitliche Abfolge gebracht. Die Zeit führte zur Perfektion hin – oder als Verfallszeit auch von ihr weg. Statt dessen gewinnt jetzt die historische Plazierung den Vorrang. Sie wird tief in das Kunstwerk selbst hineinverlegt. Es vergleicht sich selbst mit voraufgegangener Kunst, sucht und gewinnt Abstand, zielt auf Differenz, schließt etwas aus, was als möglich schon vorhanden ist. Dadurch definiert es seinen Stil oder seine Stilzugehörigkeit. Dagegen hat der in die Zukunft gerichtete Vergleich keinen Sinn. Das Kunstwerk kann sich selbst nicht im Abstand von künftigen Möglichkeiten definieren, die noch gar nicht sichtbar sind" (1984b, 61).

Zudem sichern Kunstwerke ein Mindestmaß an Einheitlichkeit und Wechselbezüglichkeit der auf sie bezogenen Kommunikationen. Kommunikationsverkürzung, Diskrepanzverdeckung, Kommunikationsvereinheitlichung, Beteiligungsorganisierung, Erwartungsregulierungen sind weitere Effekte. Fürs Publikum gibt es prinzipiell keine Exklusionsregeln, wie jeder am politischen System durch Wahl partizipieren kann, kann jeder zumindest prinzipiell am Kunstsystem teilnehmen. Faktisch funktionieren jedoch Exklusionsregeln, schnell bilden sich Experten heraus, das wird noch einmal verkompliziert, weil z.B. der Experte für konkrete Poesie zugleich Laie in atonaler Musik sein kann. Niklas Luhmann faßt seine Überlegungen zur Formierung des Teilsystems Kunst in der Moderne wie folgt zusammen:

„*1.* zunehmende Ausdifferenzierung eines Funktionssystems für Kunst;
2. zunehmende Autonomie dieses Systems von Profis und Publikum für eigenverantwortliche Selbstreproduktion ihrer Kommunikation an Hand von Kunstwerken;

3. Entwicklung von Reflexionstheorien, von „Ästhetik" im neuen Sinne, zur Kontrolle dieser Autonomie und zur Lösung der unvergleichbaren Eigenprobleme dieses Bereichs; damit in Gang gesetzt

4. Individualisierung der Kunstwerke, bis schließlich ab Mitte des 18. Jahrhunderts die Einmaligkeit des Objekts zur Anerkennungsbedingung wird;

5. damit: Problematisierung der Selbstreproduktion und Einschwenken der mit der Unterscheidung von Stil und Werk zur Verfügung stehenden Sinnebenendifferenz auf die Lösung dieses Problems;

6. Verwendung der Sinnebene Stil zur Begründung der Autonomie in Differenz zur (und das heißt immer auch: in Abhängigkeit von der) gesellschaftlichen Umwelt und zur Inklusion/Exklusion von Teilnehmern; und schließlich durch all dies ausgelöst:

7. Die Volltemporalisierung der Komplexität des Systems mit der Folge, daß

8. der Zeitstellenwert der Stile und sogar der Objekte die Sachkriterien der Schönheit (die man, wenn überhaupt, nur noch in Selbstreferenz bestimmen könnte) zu verdrängen droht" (1984b, 68f.).

4.

Ähnlich wie Foucaults Diskurstheorie [→ *Historische Diskursanalyse*] – allerdings theoretisch-methodisch wesentlich kompakter ausgestattet – impliziert Luhmanns Systemtheorie den Abschied von allen ontologischen subjekt-transzendentalen und epistemologischen Positionen, zudem den Abschied von herkömmlichen humanistischen Auffassungen, die auf *den* Menschen bzw. auf einen normativen Individualismus setzen und die für ihre gesellschaftstheoretischen Modellbauten stets von Interaktionsmodellen ausgehen. Diese Abkehr von alteuropäischen Konzeptionen –

„Zu wissen, wo es lang geht, zu wissen, was der Fall ist, und damit die Ansicht verbinden, man habe einen Zugang zur Realität und andere müßten dann folgen oder zuhören oder Autorität akzeptieren, das ist eine veraltete Mentalität, die in unserer Gesellschaft einfach nicht mehr adäquat ist" (1987, 29).

– mag einer der Gründe sein, weshalb die Literaturwissenschaft, die Luhmanns Systemtheorie in der Umwelt situiert, häufig auf diese mit schlichter *Indifferenz* geantwortet hat. Allerdings werden ja minder komplex angelegte Theorien und Konzepte häufig mit großer Umschlaggeschwindigkeit in die Literaturwissenschaft importiert; die kleinen und mittleren Importeure können so neue Waren vorzeigen und dieses Verhalten ihrer Individualität gutschreiben; bei der Systemtheorie beschränken sie sich – wenn sie überhaupt wahrgenommen wird – auf folgenloses Flirten. Über die Rezeptionsbedingungen seiner theoretischen Arbeit, die nicht abgeschlossen ist und die in nicht allzuweiter Ferne eine umfassende *Wissenschaftstheorie* und eine ausgefaltete *Gesellschaftstheorie* verspricht, hat Luhmann sich im Hinblick auf die Literaturwissenschaft selbst geäußert:

„Es gibt wohl verschiedene Möglichkeiten der Erklärung. Eine ist, daß es tatsächlich eine in hohe Abstraktionsgrade getriebene Theorietechnik ist, die zum Beispiel ihre Ressourcen nicht mehr eindeutig lokalisiert in bestimmten Fächern, so daß man eigentlich von dem Leser erwarten müßte, daß er sich über die Kybernetik und die französische Lyrik, über Renaissance-Politiktheorie und über Banken gleichermaßen informiert – was bei mir sicher auch wiederum nur sehr dilettantisch geschehen kann, aber jeden Leser natürlich vor die Frage stelle: Woher weiß der das? Wie soll ich das kontrollieren? Das ist nicht mein Gebiet. Daß die Spezialisierung einer Theorie in die Konfiguration der Begriffe gelegt wird und nicht in die Einzugsbereiche, das ist eine der Schwierigkeiten und der Zumutungen an einen Rezipienten. Eine zweite Frage ist natürlich, welche zeitlichen Erwartungen man überhaupt haben kann. Wie schnell kann man als Soziologie erwarten, daß ein solches Gebilde rezipiert wird? Ist das eine Frage der Generationen?" (1987, 92).

In der Tat steckt die Rezeption der Luhmannschen Systemtheorie in der Literaturwissenschaft noch in den Kinderschuhen: „Niklas Luhmanns Arbeiten zu einer Applikation des Systembegriffs auf Kunst und Literatur sind von den Literaturwissenschaftlern kaum wahrgenommen worden."[9] Dennoch möchte ich auf einige vielversprechende Ansätze hinweisen.

So hat z.B. Gerhard Plumpe in seinem Aufsatz 'Systemtheorie und Literaturgeschichte mit Anmerkungen zum deutschen Realismus im neunzehnten Jahrhundert' versucht, „die selektiven Mechanismen der Literatur als Subsystem in einer komplexer strukturierten Umwelt in *Funktion* (für das soziale System insgesamt) und *Leistung* (für kontemporäre Subsysteme) zu analysieren".[10]

Hans Ulrich Gumbrecht hat sich in einem weiträumig angelegten Aufsatz bemüht, die Ausdifferenzierung des Kunstsystems exemplarisch nachzuzeichnen, wobei er – anders als Luhmann – den Akzent auf das Verhältnis zwischen Systemfunktion und der Entwicklung von Systemcodes-Systemprozessen legt,[11] während Georg Stanitzek in seinem Buch 'Blödigkeit. Beschreibungen des Individuums im achtzehnten Jahrhundert' den allgemeinen Problemhorizont der Geschichte der Blödigkeit aus den Thesen zur Gesellschafts- und Semantik-Evolution gewinnt, die von systemtheoretischer Seite formuliert worden sind.[12] Besonders das Buch von Georg Stanitzek ist ein eindrucksvolles Zeugnis, welchen Zugewinn das Auflöse- und Rekombinationsvermögen der interdisziplinär angelegten Systemtheorie bietet, wenn man es mit anderen Verfahren – z.B. diskursgeschichtlichen – verknüpft.

Auf dem Felde pragmatisch orientierter Aneignung bestimmter Ausschnitte der Systemtheorie ließen sich mittelfristig viele anregende und innovative Arbeiten schreiben; wollte man eine Literaturwissenschaft entwerfen, welche das literaturwissenschaftliche Design, die literaturwissenschaftliche Begrifflichkeit systemtheoretisch umschreibt und die streng funktionale Verfahren präferiert, müßte sich die Literaturwissenschaft von vielen liebgewonnenen – scheinbaren – Selbstverständlichkeiten lösen, ein sicherlich kognitiv außerordentlich gewinnversprechendes, aber auch langfristig kaum mit kommunikativem Erfolg durchsetzbares Unternehmen, zumal wenn man bedenkt, daß sich in der Literaturwissenschaft nach 1945 kein durchgreifender Paradigmawechsel im nichtmetaphorischen Sinne des Wortes ereignet hat und daß im Wissenschaftssystem innerhalb der akademischen Disziplin Literaturwissenschaft Diskontinuität nicht in der Weise prämiiert wird, wie es im Kunstsystem der Fall ist.

5.

Von Gert Mattenklott, der in den siebziger Jahren mit materialistischen Positionen nicht nur geflirtet hat, las ich jüngst: „Im Verhältnis zu Kunstwerken wirkt ein doppelter Impuls in entgegengesetzte Richtungen: Frömmigkeit und Neugier". Sodann plädiert er emphatisch für die „ursprüngliche Erfahrung von Ergriffenheit".[13] –

Bei Niklas Luhmann, dessen Leitmotto tagsüber „guter Geist ist trocken" (1987, 98) ist und dessen experimentelles Denken und konstruktive Phantasie auch für die Literaturwissenschaft als 'Haltung' nützlich sein könnten, findet sich folgender Satz: „Man kann – in der modernen Gesellschaft! – sehr gut ohne Religion und vielleicht ohne Kunst leben. Man kann aber nicht ohne Recht und ohne Geld leben" (1987, 79).

Anmerkungen

1   Vgl. Podak, Klaus: Ohne Subjekt, ohne Vernunft. Zu Niklas Luhmanns Hauptwerk „Soziale Systeme", Merkur H. 429, 1984, 733f.
2   Habermas, Jürgen: Theorie des kommunikativen Handelns, 2 Bde., Frankfurt 1981.
3   Habermas, Jürgen: Der philosophische Diskurs der Moderne, Frankfurt 1985, 426ff.
4   Die Arbeiten Luhmanns erscheinen im fortlaufenden Text nur mit dem Erscheinungsjahr.
5   Vgl. zum Autopoiesis-Begriff: Maturana, Humberto R.: Erkennen. Organisation und Verkörperung der Wirklichkeit, Braunschweig 1982.
6   Maturana, Erkennen, 158ff.
7   Vgl. Frank, Manfred: Was ist Neostrukturalismus?, Frankfurt 1983.
8   Vgl. Bohrer, Karl Heinz: Die Kritik der Romantik, Frankfurt 1989, 18.
9   Gumbrecht, Hans Ulrich: Pathologien im Literatursystem, in: Theorie als Passion, Hg. D. Baecker u.a., Frankfurt 1987, 137.
10 Plumpe, Gerhard: Systemtheorie und Literaturgeschichte. Mit Anmerkungen zum deutschen Realismus, in: Epochenschwellen und Epochenstrukturen im Diskurs der Literatur- und Sprachhistorie, Hg. H.U. Gumbrecht und U. Link-Heer, Frankfurt 1985, 251.
11 Gumbrecht, Pathologien, 139.
12 Stanitzek, Georg: Blödigkeit. Beschreibungen des Individuums im 18. Jahrhundert, Tübingen 1989, 5f.
13 Mattenklott, Gert: Kanon und Neugier, in: Wozu Geisteswissenschaften, Kursbuch 91, 1988, S. 99.

Literatur

Habermas, Jürgen/Luhmann, Niklas, 1971: Theorie der Gesellschaft oder Sozialtechnologie – Was leistet die Systemforschung?, Frankfurt a.M.

Luhmann, Niklas, 1970ff.: Soziologische Aufklärung, 4 Bde., Köln.

–, 1976: Ist Kunst codierbar?, in: Schmidt, S.J. (Hg.): „schön": Zur Diskussion eines umstrittenen Begriffs, München, 60-95.

–, 1980ff.: Gesellschaftsstruktur und Semantik, 3 Bde., Frankfurt a.M.

–, 1984a: Soziale Systeme. Grundriß einer allgemeinen Theorie, Frankfurt a.M.

–, 1984b: Das Kunstwerk und die Selbstreproduktion der Kunst, Delfin III, 51-69.

–, (Hg.), 1985: Soziale Differenzierung: Zur Geschichte einer Idee, Opladen.

–, 1986a: Das Medium der Kunst, Delfin VII, 6-15.

–, 1986b: Das Kunstwerk und die Selbstproduktion von Kunst, in: Gumbrecht, H.U./Pfeiffer, K.L. (Hg.): Stil: Geschichte und Funktionen eines kulturwissenschaftlichen Diskurselementes, Frankfurt a.M., 620-672.

–, 1987: Archimedes und wir, Hg. D. Baecker und G. Stanitzek, Berlin.

Kiss, Gábor, 1986: Grundzüge und Entwicklung der Luhmannschen Systemtheorie, Stuttgart.

Theorie als Passion. Niklas Luhmann zum 60. Geburtstag, 1987. Hg. D. Baecker u.a., Frankfurt a.M. (enthält ein Verzeichnis der Schriften Luhmanns einschließlich 1987).

Willke, Helmut, 1987: Systemtheorie, 2. erw. Aufl., Stuttgart.

–, 1989: Systemtheorie entwickelter Gesellschaften. Dynamik und Riskanz gesellschaftlicher Selbstorganisation, München.

217

IX.
Feministische Literaturwissenschaft

Vom Mittelweg der Frauen in der Theorie

Barbara Hahn

Im Spektrum der Beiträge des vorliegenden Buches bezeichnet allein die „feministische Literaturwissenschaft" keine theoretische Strömung, sondern eine Art Schnitt durch verschiedene Felder der Theoriebildung, überlagert von politischen Ansprüchen, die sich auf den Grundsatz der Gleichheit berufen und von da aus gegen den Ausschluß der Frauen aus der Wissenschaft protestieren. Es wäre daher von vornherein verfehlt, sich auf eine Lektüre der Texte zu beschränken, die eine Definition „feministischer Literaturwissenschaft" versuchen oder in den entsprechenden Sammelbänden publiziert wurden.[1] Da sich in dieser Tendenz nicht nur Theoretisches und Ideologisches, sondern auch Politisches, und besonders Hochschulpolitisches, fast unentwirrbar miteinander verbindet, haben auch die Literaturwissenschaftlerinnen damit zu tun, die diese Bezeichnung nicht für ihre Texte benutzen. „Feministische Literaturwissenschaft" signalisiert nämlich eine Art Arbeitsteilung zwischen den Geschlechtern, und zwar sowohl auf dem Feld der Theorie als auch in den damit verbundenen Institutionen.

In Blick auf die inzwischen bald fünfzehn Jahre alten Versuche von Frauen, sich unter mehr oder weniger präzise definierten Bannern wie „feministische Wissenschaft", „frauenspezifische Fragestellung" oder auch „Frauenforschung" zu sammeln, um gemeinsam gegen den konstatierten Ausschluß vorzugehen, wäre ein anklagender Ton allerdings grundfalsch. Am Anfang konnte man verblüfft oder auch erschrocken feststellen, daß eine akademische Laufbahn für Männer viel leichter einzuschlagen ist als für Frauen, daß innerhalb verschiedenster Wissenschaften bornierende Gegenstandsbestimmungen nachweisbar sind, die Frauen zur quantité négligeable machen. Doch inzwischen hat sich einiges geändert.

Frauen werden aktiv gefördert, zumindest auf den ersten Blick. Wir leben im Zeitalter von „Frauenprofessuren" und Ausschreibungstexten, in denen Frauen ausdrücklich aufgefordert werden, sich zu bewerben; manche versprechen sogar, Frauen bei gleicher Qualifikation zu bevorzugen. Es scheint aber, als ob diese spezifische Förderung nur die Kehrseite eines weit effektiveren Ausschlusses wäre: Der Anteil von Frauen am akademischen Personal nimmt eher ab als zu, und mehr und mehr haben Frauen nur noch auf den sogenannten Frauenstellen eine Chance. „Feministische Literaturwissenschaft" oder „Frauenforschung"[2] zu betreiben oder nicht, ist also nicht mehr dem Interesse oder Desinteresse einzelner Forscherinnen anheim gestellt; heute kann man jeder Frau nur dringendst anraten, sich mit „Frauenforschung" zu befassen, wenn sie die Aussicht auf eine akademische Karriere nicht von vornherein aufgeben will. Dies hat unter anderem dazu geführt, daß man an den Universitäten einem neuen Frauentyp begegnet: der Konvertitin. Solche „Bekehrungen" sind notwendige Begleiterscheinungen einer bedrohlichen Einengung. Weil die Identifizierung von Forscherin und Gegenstand rapide zugenommen hat, ist der Spielraum von Frauen – als Individuen und in der Wahl ihrer Forschungsgegenstände – enorm eingeschränkt. Man redet und schreibt als Frau nur noch über „Frauen", egal womit man sich befaßt und wie man schreibt, oder anders gesagt: Wir haben keine Wahl mehr, alle wissen immer schon, wer „Frauen" sind und was sie tun.

Dieser Typ des Wissens scheint das einzig Neue gegenüber früheren Ausschlußmechanismen zu sein: Heute wissen alle Beteiligten, was sie tun. Vollzog sich der Ausschluß von Frauen früher eher stumm, „von allein", und damit ein Stückweit hinter dem Rücken der Akteure, so wird er heute von endlosen Debatten über Frauen und Männer begleitet. Keine Entscheidung über eine Berufung ohne Nachdenken über das Geschlecht der Kandidaten, keine Publikation, bei der das Geschlecht des Schreibers nicht mitgelesen werden würde. Diese Selektion funktioniert keineswegs neutral: Die Frauen repräsentieren das Geschlecht schlechthin, sie verkörpern die Ausnahme, die anderen, das andere. Heute wird man im akademischen Bereich immer und fast unentrinnbar als „Frau" identifiziert. Diese Entwicklung richtet sich nicht einfach *gegen* Frauen. Im Gegenteil. Sie ist auch Effekt ihres Engagements. Sicher war und ist der Zusammenschluß von Frauen die einzige Möglichkeit, sich innerhalb der Universitäten Stimme und Gehör zu verschaffen. Und vielleicht war es anfangs auch tatsächlich unumgänglich, sich zu definieren und dadurch festzulegen, damit überhaupt sagbar war, was die Frauen wollen und was sie nicht wollen. Doch bei diesem Zusammenschluß vermengten sich von Anfang an unüberbrückbare Gegensätze: Der Ausschluß traf und trifft uns alle, doch gemeinsame theoretische oder auch politische Strategien von Frauen sind nur als ideologische Konzepte zu entwerfen, die Differenzen rigoros einebnen.[3]

Aus der Naivität des Anfangs sind inzwischen handfeste Strategien mit ebenso handfesten internen Ausschlußmechanismen geworden: Frau ist eben doch nicht Frau. Über das mangelnde schwesterliche Solidarität beim Kampf um Stipendien und Stellen, bei Verlags- und anderen Kontakten können viele inzwischen ein trauriges Lied singen. Gerade da, wo Gemeinsamkeit am dringendsten wäre, fällt sie aus. Die unentrinnbare Zuschreibung „Frau", die alle Frauen im akademischen Bereich trifft, unabhängig davon, womit sie sich befassen und wie sie sich verhalten, wird von Frauen selbst auf die Spitze getrieben, indem sie „falsche" von „richtigen" Frauen unterscheiden. Und in diesem Machtspiel der Machtlosen – alle wichtigen Entscheidungen werden ja nach wie vor fast ausschließlich von Männern getroffen – hat die sogenannte „feministische Literaturwissenschaft" ihren Einsatz. Mittels spezifischer diskursiver Strategien, die im folgenden genauer analysiert werden sollen, verhindert sie das Aufbrechen von theoretischen Kontroversen, in deren Folge die Zuständigkeiten von Männern und Frauen für unterschiedliche Arbeiten im Bereich der Theorie verschoben werden könnten. „Feministische Literaturwissenschaft" ist inzwischen der Name eines Selbstausschlusses, einer kollektiven Dequalifizierung von Frauen, eines Bescheidens auch im Hinblick auf die nach wie vor eklatante Unterrepräsentiertheit von Frauen im akademischen Bereich. Über diesen Selbstausschluß etabliert sich der Feminismus als Herrschaftswissen über „Frauen".

1. Eine verschwiegene Geschichte: Literaturwissenschaftlerinnen in Deutschland

Wir sind gewohnt, die Geschichte einer feministischen Literaturwissenschaft vor ungefähr fünfzehn Jahren beginnen zu lassen. Im Zuge der „Neuen" Frauenbewegung – allein die Benennung signalisiert das Phantasma eines Anfangs – gerieten auch Institutionen wie die Universitäten unter Druck. Eine außeruniversitäre und weitgehend politisch bzw. kulturkritisch determinierte Bewegung formulierte bald auch innerhalb verschiedener Disziplinen eine Kritik an den dort ausgebildeten Wissens- und Arbeitsformen. Dieser Gestus der Kritik unterscheidet den Ort, der Frauen innerhalb der Universitäten heute zugewiesen ist, von dem ihrer Vorgängerinnen. Mit diesen scheint sie jedoch auch einiges zu verbinden. Im Vergleich zu anderen Ländern ist der Anteil von Frauen unter den Hochschullehrern in der Bundesrepublik besonders niedrig. Es scheint also eine besondere Geschichte des Ausschlusses in Deutschland zu geben, weshalb ein Blick auf die weitgehend verdrängte Geschichte unserer Vorgängerinnen auch die Merkwürdigkeiten der Situation heute schärfer zeigen könnte: Die Lage der Frauen ist anders, doch ist sie nicht unbedingt besser.

Das Verhältnis von Frauen und Hochschule ist nicht erst in den letzten Jahren ein Feld massivster Interventionen geworden, vielmehr haben diese gerade in Deutschland eine lange Tradition: Frauen wurden erst nach langen Auseinandersetzungen und im Vergleich mit anderen Ländern verspätet zum Hochschulstudium zugelassen – in Preußen geschah das 1908. Mit der Zulassung war die Möglichkeit zur Promotion, nicht aber die zur Habilitation gegeben, der entscheidenden Hürde, wenn man Wissenschaft zum Beruf machen will. Die erste Frau, die sich habilitieren wollte – Edith Stein – scheiterte 1919/1920 an drei verschiedenen deutschen Hochschulen und trotz einer Eingabe beim 'Minister für Wissenschaft, Kunst und Volksbildung'. Zwar führte dieser in seinem Erlaß aus, „daß in der Zugehörigkeit zum weiblichen Geschlecht kein Hindernis gegen die Habilitierung erblickt werden darf" (Boedeker/Meyer-Plath 1974, 5), doch für jüdische Deutsche bestanden besondere Hürden. Erst 1926 erhielt Melitta Gerhard als erste Frau die venia legendi für neuere deutsche Literaturwissenschaft (206).

Durch das 'Gesetz zur Wiederherstellung des Berufsbeamtentums' vom Frühjahr 1933 verloren die Frauen ihre gerade erst erhaltenen Professuren und Dozenturen wieder, und in der Koppelung mit den Nürnberger Rassegesetzen wurden viele Jüdinnen, die gerade in der Literaturwissenschaft wichtige Arbeit leisteten, aus Deutschland vertrieben. Die Jüdinnen, die nicht fliehen konnten oder wollten, wurden ermordet, unter ihnen Edith Stein und Helene Herrmann. Nach den Recherchen von Elisabeth Boedeker und Maria Meyer-Plath, die eine Dokumentation '50 Jahre Habilitation von Frauen in Deutschland' zusammenstellten, kehrten viele Emigrantinnen nach dem Krieg nicht nach Deutschland zurück, von anderen verlor sich die Spuren, weil sie im Exil andere Berufe ergriffen.[4]

In Deutschland gab es bereits gegen Ende des Krieges wieder Stellen für Frauen, und zwar vorwiegend an den sogenannten „Frontuniversitäten" im Osten. Die Themen der Qualifikationsarbeiten dieser Frauen unterscheiden sich allerdings erheblich von denen vor 1933 verfaßten: Sie werden peripherer und nebensächlicher.[5] Nach 1945 nahm der Anteil von Frauen am Lehrpersonal dann langsam wieder zu, aber der Einschnitt von 1933 wirkte weiter: An deutschen Universitäten fehlten zwei Generationen von Frauen, und dieser Verlust konnte nicht wieder aufgeholt werden. Am schärfsten zeigt sich dies an den Arbeitsbereichen von Frauen. Vor 1933 war die Vielfalt von Themen und Gegenstandsbereichen bei Aufsätzen und verschiedenen Qualifikationsarbeiten am größten; Frauen waren also nicht auf ein Thema bzw. ein spezifisches Arbeitsfeld beschränkt, oder anders gesagt: die Kategorie „Frau" steuerte nicht die Autorschaft an bestimmten Texten mit bestimmten Gegenständen. Und insgesamt scheint es, als ob eine akademische Laufbahn vor 1933 eher leichter einzuschlagen war als heute. Danach setzte eine Marginalisierung ein, die bis heute nicht aufgehoben werden konnte. Denn seither gibt es wechselnde „Frauenbereiche", die von der Beschäftigung mit Kinder- und Jugendliteratur über die Fachdidaktik bis hin zur „Frauenforschung" reichen. Und durchweg sind das Arbeitsbereiche, die im Spektrum des Faches kein hohes Ansehen genießen.

In dieser Entwicklung spielt die „feministische Literaturwissenschaft" eine prekäre Rolle, gerade weil sich Anspruch und Arbeitsweise dieser Tendenz von früheren „Frauenbereichen" grundlegend unterscheiden. Hier wird nicht bescheiden an den Rändern der Disziplin gearbeitet, sondern offensiv und im Zentrum; hier verschwinden keine vereinzelten Frauen in der Mühle des Wissenschaftsbetriebes, vielmehr werden Kritik und Forderungen kollektiv und lautstark vorgetragen. Doch gerade über diese Wege stabilisiert sich eine neue Art der Arbeitsteilung zwischen den Geschlechtern: „Frauen" sind nicht mehr die, die Dienstleistungsfunktionen im Feld der Theorie erbringen, „Frauen" garantieren heute gerade durch die Identifikation mit ihrem Forschungsgegenstand eine Vermittlung zwischen divergierenden Wissensfeldern und stabilisieren so die Einheit eines Faches, das auseinanderzufallen droht. Indem ein spezifischer Arbeitsbereich zum Eigentlichen verabsolutiert wird, verengt sich der vorher schon eng bemessene Spielraum für Frauen weiter. Damit leisten die „Feministinnen" selbst einer Tendenz Vorschub, die jede Frau in diese Arbeitsteilung zwingt. Die akademische Laufbahn ist dadurch nicht einfacher, sondern schwieriger geworden: „Feministische Literaturwissenschaft" ist bis auf wenige Ausnahmen, die man an einer Hand abzählen kann, ein Mittelbauphänomen. Ganze Generationen von promovierten Frauen scheinen nach der Dissertation in andere Berufe abgewandert zu sein; die Habilitation erweist sich als kaum überwindbare Hürde.[6]

„Feministische Literaturwissenschaft" ist deshalb bislang eine Sammelband- und Dissertationskultur. Natürlich hat das Gründe, die auch Männer treffen: Akademikerarbeitslosigkeit, Stellenstreichungen, weniger Forschungsmittel für die sogenannten Geisteswissenschaften. Doch ein Hang zur Repräsentation scheint Bemühungen um langfristige Forschungsförderung zu überlagern: Auf spektakulären Kongressen, die die „Frauen in der Literaturwissenschaft"[7] organisieren, wird ein Großteil der Beiträge von Frauen beigesteuert, die „freiberuflich" arbeiten, für ihre wissenschaftliche Arbeit also nicht bezahlt werden.

2. Die Suche nach Geschichte

Seit Frauen Zugang zu akademischer Ausbildung haben, verfaßt jede Generation theoretisch arbeitender Frauen eine Art „intellektueller Autobiographie", in der sie ihren eigenen Ort aus der Spiegelung in immer denselben Epochen der deutschen Literatur gewinnt: Die Zeit der Romantik und des demokratischen Aufbruchs vom Vormärz bis zur Revolution von 1848 haben seit den 1880er

Jahren absolute Priorität. Auch in der Wahl von Genres bzw. Schreibweisen zeigen sich Übereinstimmungen: Beliebt sind die Biographik und ein literaturgeschichtlich orientiertes Schreiben, das sich auf Schriftstellerinnen als Personen, nicht aber auf ihre Texte konzentriert.

Dieses Lektüreprinzip steuert mehr oder weniger ausgeprägt auch zwei Literaturgeschichten, die in den letzten Jahren erschienen und von Frauen geschriebene Literatur zum Gegenstand haben.[8] Für beide Projekte gilt die Prämisse, daß die Kategorie Frau bzw. Schriftstellerin seit Anbeginn des überlieferten Schreibens signifikant ist. Besonders prekär ist das in dem von Gnüg/Möhrmann herausgegebenen Sammelband, weil hier „Frau" als eine die Welt und die Geschichte umspannende „Kategorie" fungiert. Die Kritik an vorliegenden Literaturgeschichten, in denen „das literarische Werk von Frauen ... allzu oft unterrepräsentiert ist", schlägt dabei in eine neue Spielart von imperialen Zugriffen um, und zwar gerade da, wo mit politischen Kriterien argumentiert wird. So wird beispielsweise die Literatur, die in anderen Kulturen und deshalb auch anderen Zeiten entsteht, umstandslos an die „euro-amerikanische Frauenbewegung" (XIV) adressiert:

„Ebenfalls sollen die Stimmen jener Autorinnen gehört werden, die im Begriff sind, sich innerhalb der westlichen Kulturen ihre eigenen Schreibräume zu erobern, wie die schwarz-amerikanischen Schriftstellerinnen, die Lateinamerikanerinnen, die gegen Diktaturen anschreiben, oder Autorinnen aus Schwarzafrika, die erste Proteste gegen die alten Stammeskulturen richten" (XIII).

Der „Feminismus" schließlich zementiert die Teilung der Welt in Ost und West, wenn Autorinnen aus der DDR als „schreibende Frauen" apostrophiert, ihre Kolleginnen aus der BRD dagegen unter dem Stichwort „Feministische Aufbrüche" abgehandelt werden. Die Rede von der Vernachlässigung und vom Übergehen der von Frauen geschriebenen Literatur ist hierbei nur die Kehrseite davon, daß der Ausschluß und das Übergehen im Diskurs selbst um so wirkungsvoller funktionieren.

3. Übersetzen und vermitteln: Die Arbeit der Frauen in der Theorie

In der Selbstdefinition einer „feministischen Literaturwissenschaft" wird selten über den merkwürdigen theoretischen und politischen Ort dieser Wissenschaft im Chor universitärer Stimmen nachgedacht. Seit ein paar Jahren findet man in einigen Texten, die sich selbst nicht mit dem Prädikat des Feminismus schmücken, Warnungen vor ideologischen Sackgassen und dem Rückzug auf eine „Nischen"-Wissenschaft.[9] Vielleicht ist dieser Mangel an Reflexion einer der Gründe dafür, daß die „feministische Literaturwissenschaft" keine theoretische Innovation auslöste. Bisher wird mit diesem Namen ein Amalgam verschiedenster und aufeinander folgender literaturwissenschaftlicher Moden bezeichnet; veränderbar scheint dabei lediglich das Mischungsverhältnis einzelner theoretischer Partikel zu sein.

Nicht zufällig fiel der Zusammenschluß von Frauen in eine Zeit der Umstrukturierung theoretischer Felder innerhalb der Literaturwissenschaft. Die „Germanistik", die auch nach einer Welle von Kritik in den 60er und 70er Jahren ihre mehr oder weniger stark ausgeprägte ideologische Orientierung nicht aufgab, wurde einem Schub sozialgeschichtlicher Renovierung ausgesetzt. Im Prozeß dieser Umstrukturierung traten die „Frauen" genau zu dem Zeitpunkt auf den Plan, als deren Prämissen ins Wanken gerieten: der Glaube an Fortschritt und Emanzipation und damit an Geschichte als kontinuierlichen Prozeß. In der ersten Selbstdefinition einer „feministischen Literaturwissenschaft" fehlen dagegen jegliche Zweifel und Unsicherheiten; „Frauen" wurden vielmehr als Stabilisatoren innerhalb bröckelnder Diskurse gesehen. In Sigrid Weigels programmatischem Aufsatz 'Der schielende Blick. Thesen zur Geschichte weiblicher Schreibpraxis', der um den Begriff des Feminismus zentriert ist, heißt es euphorisch:

„Insofern ist die Geschichte einer weiblichen literarischen Tradition zu beschreiben als schrittweise Befreiung des Schreibens aus männlicher Perspektive hin zu einer authentischen weiblichen Schrift und Sprache" (Weigel 1983, 87).

In Weigels Text wird in altbekannten und in anderen Kontexten ausgearbeiteten Begriffen gesprochen, weshalb sich alle Kategorien einer geistesgeschichtlich determinierten Sicht von Geschichte in „fortschrittsgläubiger" Variante bestätigen. Der Effekt des

„Neuen" ergibt sich lediglich daraus, daß der Platz des Akteurs von Geschichte umbesetzt wird. Früher regierte der Geist die Hegelsche Triade, jetzt entwickelt sich die „Weiblichkeit" von der Unterdrückung über die Befreiung zur Authentizität; auch sind nicht länger die Geschichte oder – wie in späteren Umschriften des Hegelschen Modells – die Arbeiterklasse der Repräsentant dieser Entwicklung, sondern die Frauen. Dieser Prozeß des Fortschreitens bildet den Universalschlüssel für alles Konkrete, das lediglich als „Ausdruck" des Allgemeinen gefaßt werden kann. Die Literatur ist deshalb nichts anderes als Illustrationsmaterial für historische Prozesse, und Schreiben ist ein wichtiges Mittel dafür, der Geschichte als zielgerichteter Entwicklung, als Befreiung aus Bevormundung und Unterdrückung konkrete Gestalt zu verleihen. Die Geschichte der Literatur muß also nicht konstruiert werden, sondern ist *vor* einer genaueren Analyse bereits bekannt. Sie ist ein Sonderfall der allgemeinen Geschichte und wird deshalb in Weigels Text, der seinem Anspruch nach Hypothesen einer Untersuchung allererst umreißen soll, als Ergebnis schon vorausgesetzt: Frauen entwickeln sich hin zum Authentischen, vom Verborgenen zum Offenen – der Text steht in einem Sammelband mit dem Titel 'Die verborgene Frau' –, vom Uneigentlichen hin zum Eigentlichen. Die Wissenschaft von der Literatur bleibt damit in doppelter Hinsicht im Status eines Herrschaftswissen: einmal weil sie von einer anderen ideologisch determinierten Theorie, der Geistesgeschichte, ihre Kategorien vorgeschrieben bekommt, und dann, weil dieses Wissen konkreten Untersuchungen vorausgeht. Feminismus als „parteilicher" Blick – ein zweiter Leitbegriff des Textes – wird in ein Universalmuster transformiert, das kulturelle Aktivitäten anderer Provenienz in seine Wertungsraster zwingt. Eine Perspektive, die unter der Maßgabe einer Befreiung entwickelt worden war, erweist sich so als eine Art Diskurspolizei, festschreibend und universal. Beides, die Argumentationsfiguren und die Schreibweise des „kritischen" Textes, unterscheiden sich nicht von denen „männlicher" Repräsentanten des Fortschritts. Der neue Text ist nur ein Spiegel des kritisierten Alten.

Diese spezifische Art der Übersetzung geistesgeschichtlicher Kategorien in eine feministische Terminologie determiniert die Suche nach der „verborgenen Frau". Die „Frau" fungiert dabei als Inbegriff einer Spaltung und gleichzeitig als Garant der Aufhebung dieser Spaltung: Sie erscheint doppelt, einmal in Frauenbildern, als

Figur in der von Männern produzierten Literatur also, und dann als Frauenliteratur, als Autorin von Texten, die den schon skizzierten Entwicklungsgang hin zur Authentizität vorzeichnen. Die „Frau" als Einheit dieser Spaltung konstituiert sich schließlich im „feministischen" Text:

„Feministische Literaturwissenschaft ... bezieht ihre Suche nach der verborgenen Frau auf literarisches Material von Männern und Frauen (auf Texte, den Schreibprozeß und die Lektüre). Ihre Untersuchungen gelten den Auswirkungen der Geschlechtsrolle auf die Bedeutung, Funktion und die Möglichkeit der Teilhabe an der kulturellen Produktion der patriarchalischen Gesellschaft. Dies bezieht sich letztlich auf alle literaturwissenschaftlichen Gegenstände und hat eine Durchforstung aller Methoden und Werturteile zur Folge. Zunächst aber und vor allem geht es um die Genese von Weiblichkeit im Zusammenhang literarischer Praxis, d.h. um den Entwurf und die Entwicklung von Weiblichkeitsmustern in der Literatur und den Beitrag, den Frauen selbst – schreibend und rezipierend – dazu leisten. *Frauenbilder und Frauenliteratur,* das ist Schwerpunkt und Ausgangspunkt feministischer Literaturwissenschaft" (Stephan/Weigel 1983, 6f.).

Feministische Literaturwissenschaft ist damit in eine Ambivalenz von Marginalität und universellem Anspruch verfangen und wiederholt so den prekären Ort der Frauen an der Hochschule in ihrer Selbstdefinition. *Alle* literaturwissenschaftlichen Gegenstände sollen „letztlich" untersucht und *alle* Methoden und Werturteile überprüft werden. Doch umgekehrt bilden „Frauenbild" und „Frauenliteratur" als Wegweiser der Lektüre eine erhebliche Einschränkung dessen, was überhaupt lesbar ist. Unlesbar sind alle Texte, die nicht an einen Autor gekoppelt werden können, unlesbar sind Texte, die nicht narrativ und ohne Figurationen gearbeitet sind. Wie sucht man das Frauenbild in Goethes 'Farbenlehre', in Celans Gedichten oder in Texten der klassischen Avantgarde? Gehört der berühmte Brief, mit dem Ricarda Huch 1933 ihren Austritt aus der Preußischen Akademie der Künste erklärte, zur „Frauenliteratur"? Statt eine Erweiterung des Literaturbegriffs zu initiieren, führen diese Termini zu einer Einengung; sie rekurrieren gerade auf *die* Kategorie, die spätestens seit der literarischen Moderne obsolet geworden ist und in literarischen ebenso wie in theoretischen Texten immer neu destruiert wird: der Autor als mit sich selbst identisches und damit identifizierbares Subjekt – als Repräsentant von Wahrheit.

Diese affirmative Übersetzung metaphysischen Denkens in feministische Terminologie wurde inzwischen vielfach kritisiert, und zwar unter anderem auch von der zitierten Autorin selbst. Allerdings wird man in Weigels Kritik vergeblich einen Hinweis darauf suchen, daß sie mit ihrem Namen genau solche Texte zeichnete, die sie nun verwirft.[10] Diese intellektuelle Unredlichkeit kann als Indiz dafür gelesen werden, daß sich die Komponenten des feministischen Amalgams inzwischen geändert haben. Übersetzt wird mittlerweile nicht mehr bloß von der traditionellen Geistesgeschichte in den Feminismus, sondern von einer poststrukturalistischen Theoriebildung zurück in die Geistesgeschichte. Die entscheidende Kategorie für diese Übersetzung ist nach wie vor das Geschlecht des Autors. Als modernisierte Art des Interpretierens läßt sich diese Umschrift zwar von der Terminologie des Poststrukturalismus [→ *Dekonstruktion*] und der Psychoanalyse [→ *Strukturale Psychoanalyse*] infizieren und operiert mit Begriffen wie Schrift, Weiblichkeit etc., doch diese Begriffe sind einfach an die Stelle der abgelegten alten getreten; die Konstitution des theoretischen Gegenstands und die Schreibweise des literaturwissenschaftlichen Textes werden davon nicht berührt.

So sind „Gegenstand" und „Schreibweise" in den Texten zwar präsent, aber als Problematiken, die im anderen, in diesem Falle in einem poststrukturalistischen Text gelesen werden, in einem Text also, der wie in hermeneutischen Verfahren den „Gegenstand" der eigenen Lektüre bildet. Besonders beliebt ist deshalb das Referieren von theoretischen Standpunkten, wie zum Beispiel dem, daß im behandelten Text ein Denken in polaren Gegensätzen unterlaufen würde:

„Es geht ihm (Derrida – Vf.) um einen Bruch gegenüber der Dominanz des Einen und Eindeutigen, um eine Bewegung des Denkens, die sich der Unterordnung unter die 'Frage des Eigenen' ... widersetze. Zu diesem Zweck entwickelt er ein Verfahren, in dem das Weibliche offenbar die Gewähr dafür bieten muß, daß sich die Bewegung des Entziehens, die die Festlegung verhindern soll, tatsächlich ereignet" (Weigel 1985, 117).

Doch allein schon dieser Typ der Aussage restituiert im Metatext eine Schreibweise, die im dekonstruierenden Verfahren gerade aufgelöst wird. In Weigels Ansatz hat „Derrida" eine Intention – „es geht ihm um einen Bruch" –, und um dieser Intention Ausdruck zu verleihen – „zu diesem Zweck entwickelt er ein Verfahren" – erfindet er etwas, worüber uns die Interpretin nun Aufschluß gibt. Leider, so Weigels Resümee, ist Derrida in seinen Bemühungen nicht erfolgreich, denn „der Mann entwickelt einen Diskurs über das weibliche Verfahren, in welchem er den Nicht-Ort der Frau *einsetzt,* aus dem Motiv eigenen Unbehagens am Zwang zur Eindeutigkeit" (117). Da Frauen offenbar von anderen Motiven getrieben werden, sind sie in ihren Versuchen, eine Theorie von Weiblichkeit zu entwickeln, erfolgreicher. Julia Kristeva und Luce Irigaray ernten in Weigels Lektüreversuchen Lob, keine Kritik.

„Ich sehe zumindest in diesem von Irigaray eingeführten doppelten Ort der Frau einen wichtigen Ausgangspunkt, der die Probleme der kulturellen Produktion wirklich aus der Perspektive der Frau zu betrachten ermöglicht" (116).

Gegenstand des Metatextes sind nicht Texte mit ihren Ambivalenzen, Bewegungen und Hypostasierungen, denn Texte werden hier immer durch Referenzen auf Außertextliches erklärt. Wir erfahren, daß ein „Mann" seinen Intentionen und Motiven nicht entrinnen kann und von ihnen daran gehindert wird, einen Text mit „richtigen" Positionen zu schreiben, während eine „Frau" offenbar von solchen psychischen Regungen nicht geplagt wird, deshalb zu brauchbaren Ergebnissen kommt und vom Autor-Ich gelobt wird. Die Tautologie dieser Resultate verdankt sich einem einfachen Verfahren: Ob ein theoretischer Text von einer „Frau" oder von einem „Mann" geschrieben wurde, ist am Geschlecht des Autorvornamens (wieder)erkennbar. Ob z.B. „Meyer" richtige oder falsche Dinge schreibt, können wir offenbar erst dann entscheiden, wenn wir wissen, ob Meyer ein Mann oder eine Frau ist. Im Gestus der „Kritik" wird der Autor in ein biographisch identifizierbares Individuum verwandelt, das ein Geschlecht hat, sich irrt und Recht behält, sich entwickelt und verändert. Diese Konstitution eines Textes als Ausdruck von Intentionen führt theoretisches Schreiben auf die Instanz „Autor" zurück, während ein Merkmal dekonstruierender Texte gerade darin besteht, daß diese Instanz nicht wirkt. Deshalb wird auch die Sprache getreu einer wesentlichen Hypothese des metaphysischen Denkens als Ausdruck des Psychischen, als Mittel, als abgeleiteter Prozeß imaginiert – mit einer wesentlichen Modifikation. Die von dieser Spaltung zwischen Innen und Außen, Intention und Text hervorgebrachte Differenz wird auf seiten des Mannes lokalisiert, während die Frau als Instanz der Einheit fungiert: Ein „weiblicher Text" ist ein Text ohne Differenz. Im Prozeß dieser vereinnahmenden Lektüre konstituiert sich „Weiblichkeit" als ideologisches Konzept.

Eine wesentliche Figur dieser Substitution in feministischen Adaptionen dekonstruierender Texte ist ein naives Schreib-Ich, das mit einem Textsubjekt kommuniziert:

„Für mich ist das Vergnügen, das 'L'empire des signes', 'Fragments d'un discours amoureux' und 'La chambre claire' bereiten, deshalb größer als Derridas Sprachspiele, weil das sprechende Subjekt im Prozeß sichtbar wird" (Ecker 1988, 11).

Dem Leser eines solchen Bekenntnisses bleibt nur die Wahl, die Autorin wegen dieser Aussage zu mögen oder nicht, so wie sie uns weiter erklärt, daß sie den späten Barthes, von dem die angeführten Titel stammen, mehr möge als den frühen. Kritisches Schreiben schlägt damit in einen Prozeß des Äußerns von Gesinnungen um, denen die Leser zustimmen können oder auch nicht.

Neben diesem Gestus des immer neuen Umschreibens von Diskursen durch schlichte Substitution findet man in jüngsten Arbeiten eine Argumentationsfigur, die die skizzierte Übersetzung in eine andere Art der Übertragung verwandelt: Feministische Literaturwissenschaft wird als Vermittlungsinstanz zwischen einem sozialgeschichtlichen und einem poststrukturalistischen Ansatz eingeführt, zwischen zwei theoretischen Feldern also, die schlechterdings unvereinbar sind:

„Trotzdem kann die Trennung zwischen einerseits der relativ konventionell als Sozialgeschichte und Ideologiekritik verfahrenden Analyse von 'Frauenliteratur' und andererseits der hochgradig abstrakten Diskurskritik, wie sie häufig als eine Konsequenz aus dem Dilemma beobachtet werden kann, keine Lösung sein. Ganz im Gegenteil könnte eine mittlere Ebene von 'Weiblichkeitspoetik' vielleicht aus sich heraus Impulse geben, die einen Ausblick aus dem oben skizzierten Metaphorisierungsproblem gestatten" (Lersch 1988, 502).

Voraussetzung dieser Vermittlung ist ein Einebnen weitgehender methodischer und theoretischer Unterschiede sowohl in den Texten, die sozialgeschichtlich arbeiten, als auch in denen, die eine Theorie der Weiblichkeit entfalten. So findet Barbara Lersch in so unterschiedlichen Texten wie denen von Eva Meyer, Renate Lachmann und Elisabeth Lenk, deren Differenzen sie ausführlich diskutiert, dann doch „unübersehbare Übereinstimmungen im intellektuellen Ansatz" (501). Von „Übereinstimmungen" kann man jedoch nur dann sprechen, wenn Texte auf Positionen hin gelesen werden, wobei deren Schreibweise unberücksichtigt bleibt. Am Beispiel von Eva Meyers Texten ist dieses Lektüreprinzip fatal, weil diese nicht von den logischen bzw. rhetorischen Figuren wie Argumentieren, Verwerfen und Bestätigen hervorgebracht werden; vielmehr zeigen sie ein Spektrum von Versuchen, gerade nicht eine andere Meinung zu „Weiblichkeit" etc. zu vertreten, sondern eine Schreibweise zu praktizieren, die aus diesem Typus des Meinens und Widersprechens, von wahr und falsch ausschert. Die Nivellierung solcher Differenzen, die theoretische Texte heute prägen, bringt ein wesentliches Problem zum Verschwinden: Das Problem der Schreibweise in der Theorie, das gerade in poststrukturalistischen Texten praktiziert wird.

Im Umgehen dieses Problems liegt die wesentliche Blockade im feministischen Denken. Die Suche nach identifizierbaren Positionen und ihre Bindung an Autoren und damit Autorisiertes verhindert, daß Frauen ein Spektrum unterschiedlichster Theorien entfalten können, die ebensowenig miteinander vermittelbar sein müssen, wie die der „Männer". Die Gemeinsamkeiten von Frauen als Autorinnen wissenschaftlicher Texte betreffen nicht die Kategorien und Schreibweisen, sondern die unentrinnbare Zuschreibung „Frau" und die damit verbundene gemeinsame „Realität" von Frauen an der Hochschule. Und von diesem Gesichtspunkt her gesehen ist es völlig unwichtig, ob die „feministische Literaturwissenschaft" recht oder unrecht hat; im Rahmen einer pluralen Wissenschaftskonzeption mag sie ihre Berechtigung haben wie alle anderen Richtungen auch. Doch indem der Feminismus die unterschiedlichsten Theorien mit dem Gestus der Kritik vom Tisch wischt, etabliert sich eine diffizile und höchst zeitgemäße Spielart der Affirmation: „Frauen" sind innerhalb der Theoriebildung die, die recht haben. In diesem fatalen Spiel von wahr und falsch wird kritisches Denken von vornherein gebunden und damit auch die Möglichkeit, Feminismus als Theorie und nicht als Ideologie zu entwickeln. Solange „feministische Wissenschaft" diese Bindung aufweist, repräsentiert sie etabliertes Herrschaftswissen, so marginalisiert ihre Vertreterinnen auch immer sein mögen.

Anmerkungen

1   Vgl. die in der Bibliographie angeführten Beispiele.

2   Theresa Wobbe vermutet, daß Frauenforschung „eine Chiffre für die Zugangssperren von Frauen in akademischen Institutionen geworden ist" (Wobbe, Theresa: Zwischen Verlautbarung und Verwaltung. Überlegungen zum institutionellen Kontext von Frauenforschung, in: Feministische Studien Nr. 1, 6. Jg. 1988).

3   Vgl. zur Kritik an der „Substantialisierung von Weiblichkeit" als theoretisches Konzept des Feminismus vor allem Schuller, Marianne: Vergabe des Wissens. Notizen zum Verhältnis von „weiblicher Intellektualität" und Macht, in: Konkursbuch 12, 13-21, 1984, und in der Politik Kolkenbrock-Netz, Jutta: Frauen in der Politik und/oder autonome Politik der Frauen, in: Moderne Zeiten, 3. Jg. H. 6/7, 1983.

4   Vgl. S. 201-235 und eine Auflistung von Emigrantinnen auf S. 369, wo drei Dozentinnen der Literaturwissenschaft genannt werden.

5   Vgl. die Biographien der um ca. 1936 bis 1943 habilitierten Frauen bei Boedeker/Meyer-Plath 1974.

6   Auf eine C 3-Stelle für Frauenforschung an der Freien Universität Berlin haben sich Anfang 1989 lediglich acht Frauen beworben, von denen zwei habilitiert waren.

7   So der Name eines Zusammenschlusses von Literaturwissenschaftlerinnen mit Sitz in Hamburg.

8   Die erste Literaturgeschichte, die sich mit schreibenden Frauen befaßt, wurde nicht etwa im Zuge der „Neuen" Frauenbewegung, sondern bereits 1898 von Ella Mensch vorgelegt. Der Gestus des Neuen, der eine wichtige Legitimationsbasis für die Arbeit von Frauen heute abgibt, basiert zumindest ein Stückweit auf Unkenntnis.

9   Vgl. Kolkenbrock-Netz, Jutta: Interpretation, Diskursanalyse und/oder feministische Lektüre literarischer Texte von Frank Wedekind, in: Becher, Ursula A.J./Rüsen, Jörn (Hg.): Weiblichkeit in geschichtlicher Perspektive, Frankfurt a.M. 1988, 397-422 und: Kolkenbrock-Netz, Jutta: Literatur und Weiblichkeit. Alte Kritik, neue Wissenschaft und feministische Lektüre am Beispiel Frank Wedekind, in: Pelz, Annegret u.a. (Hg.): Frauen – Literatur – Politik, Hamburg 1988, 60-74, vgl. auch Link-Heer, Ulla: „Männliche Hysterie": Eine Diskursanalyse, in: Becher, Ursula A.J./Rüsen, Jörn (Hg.): Weiblichkeit in geschichtlicher Perspektive, Frankfurt a.M. 1988, 364-398.

10 Eklatante Beispiele hierfür sind Weigels Auseinandersetzungen mit den Implikaten eines ideologiekritischen Verfahrens in ihrem Aufsatz 'Das Weibliche als Metapher des Metonymischen', wo sie die eben kritisierte Position durchweg nur an Texten anderer AutorInnen bemängelt, aber verschweigt, daß sie an der Entwicklung dieses Verfahrens entscheidend mit beteiligt war (Weigel 1985, 108f.), oder auch

ihre Kritik an der Kategorie „Parteilichkeit", die sie früher ebenfalls als entscheidenden Begriff einer feministischen Literaturwissenschaft entwickelt hatte; vgl. Stephan/Weigel 1983, 11 bzw. Weigel 1987, 17.

Literatur

Boedeker, Elisabeth/Meyer-Plath, Maria, 1974: 50 Jahre Habilitation von Frauen in Deutschland, Göttingen.
Brinker-Gabler, Gisela (Hg.), 1988: Deutsche Literatur von Frauen. Erster Band: Vom Mittelalter bis zum Ende des 18. Jahrhunderts; Zweiter Band: 19. und 20. Jahrhundert, München.
Ecker, Gisela, 1985: Poststrukturalismus und feministische Wissenschaft. Eine heimliche oder unheimliche Allianz?, in: Berger, Renate u.a. (Hg.): Frauen – Weiblichkeit – Schrift, Hamburg, 8-20.
–, 1988: Spiel und Zorn. Zu einer feministischen Praxis der Dekonstruktion, in: Pelz, Annegret u.a. (Hg.): Frauen – Literatur – Politik, Hamburg, 8-22.
Gnüg, Hiltrud/Möhrmann, Renate (Hg.), 1985: Frauen. Literatur. Geschichte. Schreibende Frauen vom Mittelalter bis zur Gegenwart, Stuttgart.
Kolkenbrock-Netz, Jutta, 1983: Frauen in der Politik und/oder autonome Politik der Frauen, in: Moderne Zeiten, 3. Jg. H. 6/7.
–, 1988a: Interpretation, Diskursanalyse und/oder feministische Lektüre literarischer Texte von Frank Wedekind, in: Becher, Ursula A.J./ Rüsen, Jörn (Hg.): Weiblichkeit in geschichtlicher Perspektive, Frankfurt a.M., 397-422.
–, 1988b: Literatur und Weiblichkeit. Alte Kritik, neue Wissenschaft und feministische Lektüre am Beispiel Frank Wedekind, in: Pelz, Annegret u.a. (Hg.): Frauen – Literatur – Politik, Hamburg, 60-74.
Lersch, Barbara, 1988: Der Ort der Leerstelle. Weiblichkeit als Poetik der Negativität und der Differenz, in: Brinker-Gabler, Gisela (Hg.): Deutsche Literatur von Frauen. Zweiter Band: 19. und 20. Jahrhundert, München.
Link-Heer, Ulla, 1988: „Männliche Hysterie": Eine Diskursanalyse, in: Becher, Ursula A.J./Rüsen, Jörn (Hg.): Weiblichkeit in geschichtlicher Perspektive, Frankfurt a.M., 364-398.
Mensch, Ella, 1898: Die Frau in der modernen Literatur. Ein Beitrag zur Geschichte der Gefühle, Berlin.
Meyer, Eva, 1983: Zählen und Erzählen. Für eine Semiotik des Weiblichen, Wien/Berlin.
–, 1984: Versprechen. Ein Versuch ins Unreine, Frankfurt a.M.
–, 1985: Architexturen, Frankfurt a.M.

Schuller, Marianne, 1979: Die Nachtseiten der Humanwissenschaften. Einige Aspekte zum Verhältnis von Frauen und Literaturwissenschaften, in: Dietze, Gabriele (Hg.): Die Überwindung der Sprachlosigkeit. Texte aus der neuen Frauenbewegung, Darmstadt/Neuwied, 31-50.

–, 1984: Vergabe des Wissens. Notizen zum Verhältnis von „weiblicher Intellektualität" und Macht, in: Konkursbuch 12, 13-21.

–, 1985: Erfolg ohne Glück? Über den Widerspruch von Weiblichkeitsrolle und Karriere, in: Kursbuch 58, 101-113.

Weigel, Sigrid, 1983: Der schielende Blick. Thesen zur Geschichte weiblicher Schreibpraxis, in: Stephan, Inge/Weigel, Sigrid: Die verborgene Frau. Sechs Beiträge zu einer feministischen Literaturwissenschaft, Hamburg [2]1985, 83-137.

–, 1984: Frau und „Weiblichkeit" – Theoretische Überlegungen zur feministischen Literaturkritik, in: Stephan, Inge/Weigel, Sigrid (Hg.): Feministische Literaturwissenschaft, Hamburg, 103-113.

–, 1985: „Das Weibliche als Metapher des Metonymischen". Kritische Überlegungen zur Konstitution des Weiblichen als Verfahren oder Schreibweise, in: Stephan, Inge (Hg.): Frauensprache-Frauenliteratur. Akten des VII. Internationalen Germanisten-Kongresses, Bd. 6, Göttingen, 108-118.

–, 1987: Das Lächeln der Medusa. Schreibweisen in der Gegenwartsliteratur von Frauen, Dülmen-Hiddingsel.

Wobbe, Theresa, 1988: Zwischen Verlautbarung und Verwaltung. Überlegungen zum institutionellen Kontext von Frauenforschung, in: Feministische Studien Nr. 1, 6. Jg.

234

X.
Dekonstruktion – Lektüre:
Derrida literaturtheoretisch

Bettine Menke

Das Problem, die strukturalistische „Invasion" zu einem „Gegenstand der Ideengeschichte" zu machen, hat Derrida zu Beginn von 'Kraft und Bedeutung' wie folgt umrissen:

> „Der Historiker würde sich aber irren, ließe er sich darauf ein: denn schon durch ihre Geste, sie als einen Gegenstand anzusehen, würde er den Verlust ihres Sinns herbeiführen. Er vergäße, daß es sich in erster Linie um ein Wagnis in der Sehweise handelt, um eine Veränderung in der Art Fragen an jeden Gegenstand zu stellen, und zwar im besonderen ... entgegen aller Gewohnheit an den literarischen Gegenstand" (1972b, 9).[1]

Was zum Gegenstand einer Darstellung gemacht werden soll, ist die „ungeheure Bewegung einer Unruhe über die Sprache – die nur eine Unruhe *der* Sprache und *in* der Sprache selbst sein kann" (ebd.). Irritationen, in die eine Darstellung der Theorie Derridas[2] sich verwickeln lassen muß, sind in dieser historisch verschobenen Thematisierung durch Derrida selbst angesprochen.

1. 'Derrida lesen'

Der Titel dieses Beitrags soll auf den zentralen Zusammenhang von Lesen und Dekonstruktion in der 'Lektüre Derridas' hinweisen: „Derrida lesen", dieses Postulat, das S. Kofman zum Titel ihrer Darstellung macht, ist das des textuellen Charakters der Texte selbst, die hier zu lesen sind, der Frage nach ihrer Lesbarkeit und ihrer Referierbarkeit. Sie haben mit dieser Frage zu tun, in dem, was sie zum 'Gegenstand' haben, und in dem, was sie tun: Texte stellen die Frage nach der Lesbarkeit, indem sie diese durch ihre textuellen Strategien in Frage stellen. Sie behaupten und inszenieren mit der Heterogenität der Schrift die des Textes: „Die Schrift ist zahlreich oder sie ist nicht" (1972a, 396; dtsch. Kofman 1987,

15). Sie ist „zahlreich" zum einen, weil die Schrift der Texte nicht eingeht in den 'einen Sinn' des Textes, sich nicht in diesem ein- und auflöst. Sie ist „zahlreich" zum andern, weil jeder Text Lektüre anderer Texte ist: Die Schrift des Textes „geht gänzlich in der Lektüre anderer Texte auf" (1986b, 34). Das ist der (zweite) Zusammenhang von jener Theorie, die 'Dekonstruktion' genannt wird, und Lektüre: dekonstruktive Lektüren, wie die Derridas, lesen Texte *als* heterogene; dieses ihr Lesen *ist* Dekonstruktion. Was Derridas Texte als dekonstruktive Lektüre (oder 'disseminative' Lektüre) entwickeln oder darstellen: „inszenieren", dem entziehen sie sich selbst nicht und wollen sie sich nicht entziehen; ja, sie unternehmen schließlich alles, damit sie dieser, also der von ihr produzierten Heterogenität nicht entzogen werden können.

2. 'Schrift'

Schrift wird hier schon verwendet als *der* Name für den Text, der nicht von einem Autor kontrolliert wird und nicht einem, von diesem intendierten, Sinn untersteht. Und *Schrift* ist seit 'Die Schrift und die Differenz', 'Die Stimme und das Phänomen' und 'Grammatologie' das Stichwort, das mit Derrida am ehesten in Verbindung gebracht wird. Nicht ganz zu Unrecht. Um dies zu verdeutlichen, wollen wir mit den frühen Texten Derridas einsetzen – so problematisch eine Geschichte früherer und späterer Texte insbesondere hier ist. In frühen Texten finden sich nämlich (1) systematische Demonstrationen dessen, was dekonstruktives Lesen genannt werden kann, und (2) Exemplifizierungen, die insbesondere dessen sprachtheoretische Relevanz ausspielen. Gemeint sind vor allem: 'Die Stimme und das Phänomen', 'Kraft und Bedeutung', 'Zeichen und Spiel', 'Ellipse', 'Grammatologie' und 'différance'. Spätere Texte, Ergebnisse einer Lektüre von Platon, Hegel, Nietzsche und Heidegger, aber auch von Mallarmé, vermeiden zunehmend diese 'systematisch' genannte De-Konstruktion: ihre Lektüre ist vagabundierender; sie durchstreift Texte. Zunehmend organisieren sich Derridas Texte als textuelle Hintertreibungen, die auch die eigenen Texte und deren fixierende Lektüren nicht auslassen.

Der Begriff der *Schrift* steht in einer Kette von sich ablösenden, aufeinander verweisenden, sich kommentierenden Begriffen: *Spur, Gramma, Zeichen: Marke, Ritzung, Markierung* gehören dazu, später dann auch: *Pfropfung, Pharmakon, Hymen*. Sie alle markieren die primäre, die ursprüngliche und als solche 'undenkbare' Abwesenheit. Der Begriff *der Schrift* ist Derridas strategischer Einsatz gegen das, was er den fundamentalen *Phonozentrismus* der Philosophie nennt, „die Privilegierung der Stimme", die „verschmilzt mit der historischen Bestimmung des Sinns von Sein überhaupt als Präsenz (d.i. *eidos, arche, telos, energeia, ousia, aletheia* [Transzendentalität, Bewußtsein, Gott, Mensch usw.])" (1972b, 424). Der Glaube an die Priorität des Ersten, des Einen, Reinen, der sich im 'Phonozentrismus' manifestiert, ist exemplarisch für die Modelle und Konstruktionen, die zum Gegenstand der Derridaschen 'De-Konstruktion' werden; dieser Glaube funktioniert nur durch die komplementäre Vorstellung eines Anderen, des 'Zweiten', das als die Komplikation, Negation, Manifestation oder Zerstörung des 'Ersten' zu denken ist. Symptomatisch für diese Modelle ist die Abwehr der 'verderbenden' Schrift, die sich der „lebendigen Rede" nicht nur parasitär auflagert, sondern diese auch infiziert. *Schrift* steht der Illusion der Durchsichtigkeit der Sprache, die sich als Transportmittel in der Botschaft möglichst restlos auflösen sollte, entgegen, die – seit Platon (Phaidros, 274b-275e) – mit dem Vorrang der Stimme und einer Abwehr der Schrift gekoppelt ist:

„In dieser Perspektive wird die Schrift zum Außen, Gegenständlichen, Nichttranszendentalen, und die Gefahr der Schrift besteht dann darin, daß die Verfahren, die nichts weiter als Ausdrucksmittel sein sollten, die Bedeutung, die sie repräsentieren sollen, affizieren" (Culler 1988, 101).

Schrift weist darauf hin, daß die Sprache kein transparentes Medium ihr vorgängiger Gedanken oder Gefühle ist; sie ist Markierung, die sich vom Autor und dessen Intention ablösen kann und die damit auf ein Funktionieren aller Zeichen als solcher hinweist: „die Schrift deckt im allgemeinen den gesamten Bereich der Zeichen" (1974a, 78).

3. Der doppelte Gestus der Dekonstruktion I

Im Begriff des *Zeichens,* wie der Schrift, ist (auch traditionell) die entwendete, entfernte, abwesende Präsenz mitgedacht: Bezeichnet wird, was nicht da ist. Das Zeichen bleibt aber in seiner 'klassischen' Fassung noch an die Fiktion einer möglichen Ankunft bei (oder Herkunft aus) einer Präsenz gebunden und durch diese bestimmt:

„Das Zeichen stellt das Gegenwärtige in seiner Abwesenheit dar. Es nimmt dessen Stelle ein. Wenn wir die Sache ..., das Gegenwärtige ... nicht fassen oder zeigen können, wenn das Gegenwärtige nicht anwesend ist, bezeichnen wir, gehen wir über den Umweg des Zeichens ... Das Zeichen wäre also die aufgeschobene (différée) Gegenwart ... die Zirkulation der Zeichen (schiebt) den Moment auf (diffère), in dem wir der Sache selbst begegnen könnten" (1976, 13).

In diesem Konzept ist das Zeichen immer (noch), und zwar in bezug auf eine unterstellte mögliche Präsenz, das nur „Sekundäre" oder „Vorläufige":

„Gemäß einer solchen klassischen Semiologie ist das Ersetzen der Sache selbst durch das Zeichen, zugleich sekundär und vorläufig; sekundär nach einer ursprünglichen und verlorenen Präsenz, aus der sich das Zeichen abgeleitet hat; vorläufig zu jener endgültigen und fehlenden Präsenz, angesichts derer das Zeichen sich in einer vermittelnden Bewegung befinde" (a.a.O., 14).

Derrida spricht auch von einer *Temporisation* oder dem *ökonomischen Umweg;* in ihm unterliegt das Zeichen einer zweiwertigen Logik, nach der es als „Zeichen von –" (etwas anderem) gedacht ist. Diesen Aufschub, der im Bezug auf eine vorausliegende oder endlich eintretende Präsenz, als ein vorübergehender gedacht wird, radikalisiert Derridas Lektüre dieses Modells zu dem eines Umwegs ohne Ankunft und ohne Rückkehr. In dieser Radikalisierung des Konzepts des Zeichens löst sich das Zeichen aus dem zweiwertigen Modell und tritt, als das diesem Modell zufolge Sekundäre und Vermittelnde, an die Stelle von etwas, das selbst nie war, das nie von ungebrochener Präsenz war, bevor es sich re-präsentierte. Was hier, im Vorgriff, zunächst 'Radikalisierung' genannt wurde, muß genauer als das 'dekonstruktive' Vorgehen, als das Lesen Derridas bestimmt werden: Die Lektüre der klassischen Semiologie Saussures vollzieht sich in einem Doppelschritt, der diese als de-konstruktive auszeichnet, oder sie prägt sich aus, wie Derrida selbst formuliert, in „einer *doppelten Gebärde*"[3] seines Textes. Sie ist zugleich die doppelte Einführung und Bestimmung des Begriffes der *différance* unter dem Aspekt der *Temporisation* einerseits und dem der *Verräumlichung* andererseits (vgl. 1976, 12ff.). Weil „différer" in seiner genannten Bedeutung als *Temporisation:* „etwas auf später verschieben", „auf die zeitliche und verzögernde Vermittlung eines Umwegs rekurrieren", auf das (vorläufig) Aufgeschobene bezogen bleibt, als erwartete Ankunft, als vollständige Präsenz, die als arché oder telos gedacht wird, bleibt sie einer „Metaphysik der Präsenz" (d.i. *die* Metaphysik) verhaftet: der Vorstellung einer ungeteilten, restlos bei sich seienden, mit sich identischen Anwesenheit, deren Möglichkeit (und deren Vorrang) allein innerhalb der hierarchisierenden Opposition von Präsenz und symmetrisch dieser zugeordneter und insofern depotenzierter Absenz gedacht werden kann. *Différance* , in ihrem zweiten Aspekt der *Verräumlichung*, bestimmt Derrida mit Saussures Modell des Funktionierens der Sprache als Zeichensystem, in dem „*Intervall, Distanz, Verräumlichung* ", das, was („aktiv dynamisch und mit beharrlicher Wiederholung") „*zwischen* den verschiedenen Elementen" entsteht (1976, 12), jene: die „Elemente" selbst allererst hervorbringt: sie als identifizierbare, als 'etwas' konstituiert. In der Formulierung Saussures sind sprachliche Elemente, 'Zeichen' (Signifikanten und Signifikate) „rein differentiell" gegeben, d.h. „nicht positiv durch ihren Inhalt, sondern negativ durch ihre Beziehungen zu den anderen Termen des Systems definiert. Ihr genauestes Charakteristikum ist, daß sie das sind, was die anderen nicht sind" (139, 140). Das Zeichen, jedes sprachliche Element, 'gibt es' insofern nur innerhalb des „Netz(es) der Oppositionen, die sie voneinander unterscheiden und aufeinander beziehen" (1976, 15). An die Stelle der Begründung der 'Differenz' durch ein dieser vorangehendes Sich-selbst-Gleiches tritt die Begründung dieses durch jene: die Differenzen produzieren erst, was allenfalls als Element, als 'Etwas' auftreten kann. Es *ist* erst durch dieses, durch das also, was es *nicht* ist. Die differentielle Bestimmtheit aller sprachlichen Elemente hat diese selbst schon immer ergriffen: jedes Gegenwärtige 'ist' nur in dem und durch das, was es nicht ist. Die Verweisungen, Bezüge und Unterscheidungen, die es erst konstituieren, schreiben sich in dieses ein, markieren es und spalten/differieren es von sich selbst; es ist ein 'ursprünglich' Nicht-(mit-sich-)Identisches (vgl. 18, 19). Insofern ist der Begriff der Präsenz und des Präsenten abgeleitet, „nachträglich":[4] ein „Effekt" von Differenzen (vgl. a.a.O., 23). Damit wird nicht nur die Vorstellung einer vollständigen Präsenz, sondern zugleich die „ihres einfachen symmetrischen Gegenteils, der Abwesenheit oder des Fehlens" (und deren Opposition) umgestürzt (a.a.O., 14). Beide werden an das 'Netz der Oppositionen', der Bezüge und Unterscheidungen zurückverwiesen, das bei Derrida nicht „systematisch" geschlossen, sondern im Begriff der *différance* unendlich offen gedacht wird: *Différance* benennt die alles 'Etwas' erst produzierende spaltende, vervielfältigende Einschreibung des konstitutiven, unterscheidenden Bezuges eines Elements auf das, was es nicht ist, und insofern „jene *Bewegung, durch die* sich die Sprache oder jeder Code, jedes Verweisungssystems im allgemeinen 'historisch' als Gewebe von Differenzen konstituiert" (18).[5] Sie macht die (hierarchisierende) Opposition von ungeschiedener Identität und (sekundärer, aus dieser nämlich erst durch Abfall und Zerfall hervorgehenden) Vielheit unhaltbar und holt diese ein.

Die Nachträglichkeit aller Identitäten irritiert die Möglichkeit zu bedeuten: 'Bedeutung' 'gibt' es nur innerhalb jener „Bewegung des Bedeutens", die diese nicht als selbst-identische zuläßt. Insofern unterminiert die differentielle Bestimmtheit aller sprachlichen Elemente bei Saussure jenes Modell des Zeichens als „Zeichen von –", das in der begrifflichen Opposition von Signifikat und Signifikant und deren hierarchischem Zusammenhang auftritt. Diese ist im Zeichen insofern behauptet, als die Signifikation, der Prozeß des Bedeutens, als abschließbar gedacht wird und ihm als sein telos ein 'Signifikat' unterstellt wird: Das Signifikat ist erst dadurch als solches/transzendentales denkbar, daß es entweder die Signifikanten in sich auflöse „oder, was dasselbe ist", sie von sich ablöse. Und insofern schreibt sich das Konzept des Zeichens in die Reihe der metaphysischen Oppositionen wieder ein:[6] von Außen und Innen, Körper und Seele, Geist und Buchstabe, Vermittelndem und Unmittelbarem, Präsenz und deren Verstellung. In ihrer implizierten Hierarchisierung sucht die 'metaphysische' Opposition selbst ihre eigene Auflösung: als „Rückkehr, in Form einer Idealisierung" (oder endliche Ankunft), als Wiederherstellung des ersten und (r)einen Innen und als Heilung der Differenz, die nur als das bedrohliche Außen gedacht wird.

Eine ganz andere Auflösung oder „Transgression" der hierarchisierenden Opposition (d.i. *das* Modell oder: *die* Geste der 'Metaphysik') unternehmen die Texte Derridas: Sie stellen „das System selbst", in dem diese Oppositionen und deren Reduktion funktioniert, in Frage. Sie subvertieren die Oppositionsbildung selbst, nicht nur – in deren Umwertung – die Hierarchie innerhalb der Opposition. In Umsturz *und* Überschreitung (oder Tilgung) der

Oppositionen besteht die genannte *doppelte Gebärde* der De-konstruktion.[7] Hier, für die Entgegensetzung von Signifikat und Signifikanten, heißt das: Mit Saussure/gegen Saussure weist Derrida auf, daß es das Signifikat nicht 'gibt', weil jedes 'Signifikat' sich als Signifikant in die 'Bewegung des Bedeutens' zurückgestellt sieht: „daß der Bewegung der Signifikanten im Grunde nichts entgeht und daß die Differenz zwischen dem Signifikat und dem Signifikanten in letzter Instanz nichts ist" (1972b, 426).

Derridas Lektüre von Saussure entwickelt im Begriff der *différance* die Ambivalenz des (klassischen semiologischen) Konzepts des Zeichens bei Saussure, an der auch diese Lektüre selbst noch teilhat: Sie zieht die Differenz von 'Signifikat' und 'Signifikant' ein – und auch wiederum nicht: Denn die 'dekonstruktive' Version der „Transgression" der Zweiwertigkeit des Zeichens, die zeigt, „daß die Differenz zwischen dem Signifikat und dem Signifikanten in letzter Instanz *nichts* ist", läuft „Gefahr", so formuliert Derrida, wo sie „durch keinen Diskurs vorbereitet ist", „zur Formulierung der Regression selbst zu werden" (1974a, 42). Die „befremdende Nicht-Differenz" „unerbittlich" zu denken (ebd.) heißt nicht, „den Begriff des Zeichens" zu „erledigen":

Denn „wir können auf seine metaphysische Komplizenschaft nicht verzichten, ohne gleichzeitig die kritische Arbeit, die wir gegen sie richten, aufzugeben und Gefahr zu laufen, die Differenz in der Identität eines Signifikats mit sich selbst auszustreichen" (1972b, 426).

Darum besteht Derrida auf der 'doppelten Gebärde' des theoretischen (Um-)Wegs über den Begriff des Zeichens. Was die Theorie verdeutlichen will, 'hat' sie nicht im 'Resultat' der Differenzlosigkeit, sondern sie muß es vorführen: in der 'doppelten Gebärde' der De-Konstruktion des repräsentationslogischen, zweiwertigen Modells (des Zeichens). Dieser 'Umweg' der Theorie ist kein 'ökonomischer' Umweg, der in einem Resultat suspendiert wäre. Von Heidegger hat Derrida die Figur der *Durchstreichung*[8] der 'metaphysischen' Oppositionsbildung übernommen: „unter ihren Strichen verschwindet die Präsenz eines transzendentalen Signifikats und bleibt dennoch lesbar" (1974a, 43). Der doppelte Um-Weg löst die Oppositionen auf, indem er sie wieder-holt; innerhalb des Textes 'wiederholt' sich darum bei Derrida die unauflösliche Spannung von Metaphysik und Nicht-Metaphysik.

Diese Spannung hat Derrida an einer berühmten Stelle[9] als die einer „unversöhnbaren" und „unentscheidbaren" „Alternative" von zwei einander widersprechenden und gleichzeitigen Interpretationen der Nicht-Präsenz formuliert: 1. eine *negativistische* Interpretation der Dezentrierung, die Derrida auch „negative Exzentrizität" nennt, d.i. die melancholische Betrachtung des Spiels der Sprache als Exil, als Verlust von Wahrheit (als reiner Präsenz) und 2. eine *affirmative* Variante der Ursprungslosigkeit, der „Interpretation, der Struktur, des Zeichens und des Spiels" (an der Stelle des 'Ursprungs'). In diesen beiden Interpretationen und deren Gleichzeitigkeit ist das Zeichen *zugleich* (1) Bezeichnung der Stelle des Fehlens *und* (2) dessen affirmative Uminterpretation als „Überfluß" (1986b, 95). Die Nicht-Präsenz als Fehlen begründet die in der Sprache statthabenden Substitutionen und Bewegungen im „Mangel" (1972b, 437), in der Abwesenheit des 'Ursprungs', also jener zentrierenden Mitte des „Gewebes aus Differenzen", in der die Substitutionen, die Verschiebungen, die differentiellen Beziehungen stillgestellt und dadurch zugleich begrenzt wären. Die „affirmative" Version der De-Zentriertheit affirmiert dieses 'Spiel' der Ersetzungen, Verschiebungen, der sprachlichen Verkettungen, die alle Einheiten produzieren, weil es das immer schon Zugrundeliegende ist – das einzige Erste und nicht der Verlust von Präsenz. Insofern „überschreite" diese „Affirmation" das 'metaphysische' Modell von Ursprung und Abwesenheit und sprenge seine Oppositionen. 'Dekonstruktion' ist eine doppelte Gebärde, „dissymétrie stratégique" (1972a, 235).

„Eine erste Geste kehrt die metaphysischen Hierarchien um, 'vertauscht oben und unten', indem sie einen der beiden Gegenpole – den von der Tradition am meisten in Mißkredit gebrachten – Allgemeinheit verleiht. Diese Geste wahrt den alten Namen, aber durch die Generalisierung, die sie mit sich bringt, verschiebt sie den Sinn." „Die andere Geste schreibt entweder den alten Namen von neuem in ein altes Spiel ein oder aber sie läßt einen neuen Begriff zutage treten, der sich nicht mehr ... einer idealisierenden und sublimierenden Aufhebung unterziehen läßt" (Kofman 1987, 31, 32).

„Différance" ist, als 'Paläonym' (1986b, 138, 139), selbst Benennung, Ausprägung und Schauplatz eines solchen doppelten Operierens der Texte Derridas. Obwohl Derrida explizit auf der Unentscheidbarkeit dieser Alternative bestanden hat (1972b, 441, 442), unterliegt die erste, „melancholische" Interpretation der Dezentrierung in den Texten Derridas wiederholt dem Verdacht, im Modell der Metaphysik der Präsenz zu verharren, nämlich dem Verdacht, „die volle Präsenz, den versichernden Grund, den Ursprung und das Ende des Spiels" nostalgisch zu imaginieren; sie scheint insofern eine bloß vorläufige Stufe der Argumentation zu sein. Ich habe daher darauf aufmerksam zu machen versucht, daß mit dieser Alternative nicht nur der gedoppelte Ausgang der Argumentation, sondern deren Verlauf selbst bestimmt ist. Das Motiv des „Mangels" kann nicht umstandslos einem Modell der Überschreitung eingeschrieben werden, in dem „der Durchgang durch eine negative Exzentrizität freilich notwendig, aber nur für den Anfang" wäre (1972b, 446) und bei der Affirmation ankäme. Nicht die 'nostalgische' Idee vollständiger Präsenz, sondern die „Begierde nach dem Zentrum" (447) erhält sich in der Bewegung dekonstruktiver Lektüre: Die Spaltung *dazwischen* − nun zwischen 'negativer Exzentrizität' und 'Affirmation' der Ursprungslosigkeit − wird selbst zum unverzichtbaren Moment noch der „Affirmation". Denn die 'Bejahung' ist nicht wiederum 'Position', sondern 'es gibt' sie nur im/als Übergang zu ihr, als Übergang und als „Zögern" in diesem Übergang, als „grenzenloses" „Zögern" „auf der Schwelle" „zwischen der Schrift als Dezentrierung und der Schrift als Bejahung des Spiels" (ebd.). Was traditionell als ein 'Jenseits' (Ursprung, Telos, Zentrum) gedacht wurde, bleibt als „Begierde nach dem Zentrum" erhalten − im Text: als ein Nicht-Ort, als Durch-Furchung: Spaltung/Spalte, die den Text in jedem seiner Elemente durchzieht; insofern bleibt der 'metaphysische Text', die metaphysische Oppositionsbildung (immer noch) lesbar: „Er wird von seiner Grenze nicht umgeben, sondern durchzogen, in seinem Innern von der vielfachen Furche seines Randes markiert" (1976, 33).

4. Lesen/Aufmerksamkeit für Schrift

Mit der Dekonstruktion ist keine neue Position und kein neues Paradigma erreicht; es 'gibt' keinen Rand zwischen dem Text Derridas und dem Text der Metaphysik, den er liest, jenseits dessen der Text sich befinden könnte, keinen „entscheidenden Bruch " mit der Metaphysik und ihren Oppositionen:

„Ich glaube nicht an den entscheidenden Bruch, an die Einmaligkeit eines 'epistemologischen Einschnitts', von dem heutzutage oft die Rede ist. Die Einschnitte geraten fatalerweise immer wieder in das alte Gewebe, das man endlos weiter zerstören muß. Diese Endlosigkeit ist weder zufällig noch kontingent; sie ist wesentlich, systematisch und theoretisch" (1986b, 63).

Der Bruch mit der Metaphysik der 'Präsenz', den etwa das Konzept des Zeichens implizierte, verlor sich auch wiederum an diese: mit dem repräsentationslogischen Modell des „Zeichens von –" (etwas anderem), in dem die Bewegung des Verweisens von Zeichen zu Zeichen fixiert und die Verkettung der Zeichen begrenzt ist. Die 'Ambivalenz' hat Derridas Lektüre der Semiologie Saussures geprägt und damit deren (selbst-)dekonstruktive Implikation, daß der Begriff des Zeichens, in dessen differentieller Bestimmtheit, jene Bewegung enthalte, die ihn und seine „metaphysische Zugehörigkeit" selbst um(ge)stürzt (haben wird). Die 'implizite' 'Dekonstruktion' des Modells des Zeichens war also einerseits in diesem selbst – im Zeichen-Begriff und seinem 'semiologischen Einsatz – 'schon immer' mitzulesen. Andererseits aber weist sie auf den Zwang, (lesend/schreibend) zu wieder-holen, hin. Das 'de-kon-struierende' Lesen weist die Unentscheidbarkeit dieser Ambivalenz auf und ist der Ort ihrer Inszenierung – und hat insofern an dieser selbst endlos teil. Dies bindet das, was nicht Derridas 'Position' werden kann und will, an die de(kon)struktive Lektüre, die endlos weiter zerstört und sich endlos weiter in „das alte Gewebe" (wieder) einschreibt.

5. Schreibvorgänge – „Vorsichtsmaßnahmen"

Die interne Arbeit der Texte Derridas, 'Schauplatz' dieser 'endlosen' Bewegung, ist ein (zweiter) Aspekt der „Aufmerksamkeit" für den Text, deren 'Ausarbeitung' vielleicht das einzige 'Programm' der Texte Derridas ist (1986b, 34-36; vgl. 1972b, 40). Dieser (zweite) ist unmittelbar verflochten mit dem schon angesprochenen (ersten) eines schreibenden Lesens anderer Texte,[10] da sich dieses in den doppelten 'Strategien', 'Gesten' der Texte Derridas ausprägt. Zu den Auffälligsten gehört die Ver-/Ent-/Wendung von 'Namen' (zu Paläonymen: einen alten Namen für einen neuen Begriff), dessen Fälle *'Schrift'* und *'différance'* (vgl. 1974, 99) vorgeführt wurden und auf deren 'zweischneidigen' Charakter mit Kofman hingewiesen werden konnte. Diese Bildungen sind instabil; in ihnen prägt sich, insofern das Paläonym, wenn auch umwertend, an seine alte Verwendung zurückgebunden bleibt, die 'Ambivalenz' der Lektüre/Fehllektüre[11] aus.

„Diese Begriffe sind 'Scheineinheiten', die sich dem philosophischen Oppositionsprinzip widersetzen, die seiner Organisation zuwiderlaufen; dennoch handelt es sich nicht um Begriffe dritter Art, um 'Aufhebungen' der beiden entgegengesetzten" (Kofmann 1987, 32).

Die 'Rhetorik' des *Weder/Noch* in Derridas Texten *(weder* innen *noch* außen)[12] versucht einen a-topischen Ort (des Un-Denkbaren) zu markieren, ohne diesen rekuperierbar zu machen. Darum unterliegen seine Texte einer doppelten Vermeidungsstrategie oder „Vorsichtsmaßnahmen" (1986b, 50f.): sie hintertreiben sowohl die Restitution 'identischer' Begriffe als auch den Gestus des 'vielsagenden' Schweigens (des Geheimnis' und des Wissens für Eingeweihte), denn das ist, wie Derrida zeigt, eine *Rhetorik* der Unsagbarkeit, die Rhetorik 'negativer Theologie.[13]

Die Paradoxalität, die 'Unhaltbarkeit' von 'begrifflichen' „Scheineinheiten" wie 'Ur-Spur', (ursprüngliches) Supplement, „ursprüngliche Ursprungslosigkeit"/*différance,* die die präsenzmetaphysische, identitätsstiftende Ordnung des Ersten und Zweiten, der Wiederholung umstürzt, wird in diesen zugleich inszeniert; sie werden zu Schauplätzen einer 'anderen' Logik des Supplements: Supplementierung ist Wiederherstellung der Präsenz durch die Sprache (1974a, 226; 1972b, 437), die diese nicht erreicht, sondern beständig verstellt und darum die Ergänzung und Hinzufügung immer wieder von neuem notwendig macht. „Denn diese Anwesenheit wird ebenso stark herbeigesehnt wie gefürchtet. Das Supplement überschreitet und respektiert zugleich die Versagung" (a.a.O., 268). „Die befremdliche Struktur des Supplements erzeugt nachträglich das, woran dieses sich angeblich anfügt" (Kofman 1987, 13; vgl. 1979b, 145ff.). Oder: Die 'befremdliche Struktur' der Spur erzeugt nachträglich das, wovon es angeblich Spur ist (ein ehemals Anwesendes) (1974a, 108). Die 'befremdliche Struktur' der Schrift ist schon immer die Struktur dessen gewesen, wovon diese angeblich die Wiederholung und (parasitäre) Fixierung ist: die 'lebendige' Rede (1974a, 74, 99). Der darin implizierte 'andere' Begriff der Wiederholung erklärt das Erste zum Produkt seiner Wiederholung, seiner Ersetzung und Ergänzung, seiner Re-präsentation, d.i. aber (mindestens) die Entzweiung (1974a, 536, 537): Was als ein Eigentliches (als ein nicht erreichtes Erstes) gedacht wurde, ist selbst immer schon 'infiziert', parasitär.[14] Die

„Logik der Identität", die den Mangel nur als das bedrohliche Draußen des reinen, erfüllten Innen denken kann, wird subvertiert von einer „Logik der *Supplementarität*",

„in der das Draußen drinnen ist, das andere und der Mangel sich wie ein Mehr zu einem vervollständigenden Weniger hinzufügen, das, was an eine Sache sich anfügt, für den Fehler dieser Sache einspringt, der Fehler als das Draußen des Drinnen bereits innerhalb des Drinnen ist" (1974a, 371; 1972a, 213-235).

Nach dieser 'befremdlichen' 'Logik der Supplementarität' ist auch das 'Lesen' als 'Wiederholung' nicht Wiederherstellung oder Wiedergewinnung einer vorausliegenden Ursprungsschrift, eines 'ursprünglichen Sinns'.

Denn „zu glauben, man könne durch Abschaben zu einer allerersten Schrift, zu einem durch Interpretation freigelegten Text erster Hand und von da aus zum wahren unter der Deckschicht lebendigen Sinn gelangen, ist eben nur ein Glaube" (1980c, XVI).

Dieser „Glaube, das Trugbild einer Lektüre", ist „Interpretation der Selbstauslöschung der Interpretation", ist Interpretation, die im Gang auf ein Erstes, Reines, Ursprüngliches, das sie nie erreicht, sich selbst auszulöschen sucht. Wenn das Erste aber kein Ganzes ist, jede Formation oder Konstruktion schon immer inkomplett, unvollständig, ungenügend war, dann wird es eine „Vervollständigung" oder Totalisierung (eine Rückkehr an den 'Ursprung' des Textes) nicht geben, dann sind alle Lektüren vielmehr (immer schon) „jenseits aller hermeneutischen virginité": Interpretation wird auf Interpretation folgen, und jede ist wiederum erneute Hinzufügung von 'Schrift', erneute Verstellung des 'Ursprungs'.[15]

„Stets gibt es ein Übergewicht an Schrift, und nur indem man ihr (noch) etwas hinzufügt, kann man sie analysieren (d.h. die oder jene Kraft von ihr abtrennen). Eben dies bedeutet (nun) Urschrift: nicht eine allererste Schrift als Gegenstand einer Archäologie, sondern stets schon eine Schrift unter Schriften, auf gleicher Höhe" (a.a.O., XVII).

Die Begriffe Derridas sind ihrerseits „in das endlose Spiel der Supplementarität und der différance, der Spur, hineingezogen", das sie markieren; jeder „ist auf die anderen gepfropft, alle bilden ein 'barockes und veränderliches Glossar'" (Kofman 1987, 43): *Spur, différance, Pfropfung, Pharmakon, Supplement, Hymen, Gramma, Verräumlichung* (vgl. 1986b, 90, 91). Die Texte werden so (zunehmend)[16] zu Schauplätzen permanenter Hintertreibung 'begrifflicher' Restitution, einer Restitution, die zugleich nie vermieden werden kann; das „Nicht-sagen-Wollen dessen, was einfach Sache des Verstehens wäre", organisiert sich in textuellen Vermeidungsstrategien, umständlichen, sich hinzufügender, „Vorsichtsmaßnahmen" (vgl. 1986b, 50, 51).

6. Das Andere-im-Selben lesen

Die *Aufmerksamkeit* für die Sprachlichkeit oder Textualität unseres 'Wissens' stellt 'als solche' die Stabilität jeder Bedeutung und jeden Wissens 'von etwas' in Frage; sie ist *als* „Textarbeit" „disseminativ". Die 'Arbeit' des Textes: „die offene und produktive Fortbewegung der Textkette" wird *gegen* deren Fixierung auf und in Aussagen beobachtet. Diese Lektüre findet im Innern der Texte deren Außen auf, das also, was sie fernhalten wollen und müssen: statt der 'Grenze' nach außen Furchungen, die im *Innern* verlaufen: 'das Andere *im* Selben'.[17] Sie exponiert den Text als eine 'Oberfläche' mit Faltungen und Stülpungen (vgl. 1986b, 94-96). Die Lektüren Derridas (Heideggers, Nietzsches und Hegels und desjenigen, der hier immer fehlen wird: Freuds) führen 'philosophische' Texte *als* „heterogene Texte" vor (vgl. 1986b, 126). Der Text selbst enthält – so die Behauptung Derridas – „notwendigerweise" jene Reste, „Schriftreste", die er im 'Inhalt' 'restlos' aufgehen lassen wollte (a.a.O., 148). Mit diesen internen Rissen im Text markiert er, daß er nicht abgeschlossen ist, daß er die 'Gewißheit' des Verhältnisses von Innen und Außen, die er behaupten will, als Text nicht teilt. Kein philosophisches Konzept kann den Schreibvorgang 'restlos' tilgen; dieser ist vielmehr eine Bewegung, mit der der Text „sein Sagen-Wollen überschreitet" und die Schrift die Grenzen des Buches sprengt.

„Die Lektüre ... muß ein bestimmtes, vom Schriftsteller selbst unbemerktes Verhältnis zwischen dem, was er an verwendeten Sprachschemata beherrscht, und dem, was er nicht beherrscht, im Auge behalten. Dieses Verhältnis ist jedoch nicht durch eine bestimmte quantitative Verteilung von Schatten und Licht, Schwäche oder Stärke gekennzeichnet, sondern durch eine *signifikante Struktur, die von der Lektüre erst produziert werden muß*" (1974a, 272, 273).

Die Frage nach dem Verhältnis von 'Dekonstruktion' und „Text-Arbeit", das Problem der selbst-dekonstruktiven Geste der Texte, tritt also auch und gerade für philosophische Texte auf[18] und stellt sich danach auch für literarische neu. Derridas produktive Lektüre der philosophischen Texte als heterogene hat ihm den Vorwurf eingetragen, er lese sie *als* ästhetische Texte; und die eingestandene, gar inszenierte, Rückstellung seiner Theorie in deren textuelle Verfaßtheit kennzeichne sie selbst als ästhetische (vgl. 1986b, 134, 135).

7. Das Literarische I

Die Frage nach dem Verhältnis von Dekonstruktion und Literatur/-wissenschaft wurde unter dem Gesichtspunkt der „Einebnung des Gattungsunterschiedes zwischen Philosophie und Literatur" (Habermas 1985, 219ff.) zum philosophischen Verdikt über die Texte Derridas. Selbst wenn man davon absähe, Derridas Texte, die „weder in ein 'philosophische' noch in ein 'literarisches' Raster gehören" wollen (1986b, 138), 'für die Philosophie' zu retten,[19] wäre zu verdeutlichen, daß die Aufmerksamkeit Derridas gar nicht „Forderungen ... ästhetischer Art" (Habermas) gilt.[20] Die dekonstruktive Lektüre ist keine quasi-literaturkritische von Texten, die *als* philosophische den literarischen Standards widersprächen, sondern findet in den Texten das, was sie *weg*schreiben, und sie zeigt, wo und inwiefern sie etwas ausplaudern (können und müssen), was sie nicht sagen wollen: Jeder Text gibt etwas zu lesen, was nicht im Inhalt quasi-'semantisch' aufgeht und einlösbar wäre. Derridas Lektüren sind zuallererst philosophische, wenngleich gegen die gängige Lektüre philosophischer Texte gerichtet; aber deren Implikationen holen auch die sog. 'literarischen' Texte ein. Derrida schreibt: „Die Literatur erscheint mir nicht sicherer vor dekonstruierenden Fragen als die Philosophie" (1986b, 30, vgl. 137 und 1972b, 26).[21]

8. Ein anderes Feld (de Man)

Eine Formulierung, wie die des amerikanischen Literaturwissenschaftlers Atkins: „A major force in contemporary literary criticism is Jacques Derrida" (16), würde in der Bundesrepublik sicherlich vor allem Verblüffung auslösen und verdeutlicht insofern die ganz andere Diskussionslage innerhalb der amerikanischen Literaturwissenschaft.[22] Sie weist auf ein der vorgestellten Derridaschen Dekonstruktion analoges Unternehmen für literarische Texte hin, das zwar mit dem Namen und den Texten Derridas verbunden, aber in seinen interessantesten Ausprägungen nicht eine Frage der Übernahme des Konzepts der 'Dekonstruktion' in den Rahmen der Literaturwissenschaft ist, sondern vielmehr eine nach der eigenständigen theoretischen Entwicklung *für* Literatur, insbesondere in den Texten (und der Lehre) de Mans.[23] Das Angebot der dekonstruktiven Strategien Derridas für die Literaturkritik besteht, einem Hinweis de Mans zufolge, vielleicht vor allem darin, daß sie solche einer sich ausarbeitenden 'Aufmerksamkeit' für den Text sind.[24] Da diese, entgegen traditionell-philosophischen Lektüren, die 'Schriftlichkeit' der Texte wahrnimmt, kann die Hinwendung dekonstruktiver Lektüre zu literarischen Texten nicht als Derivat der Ansätze Derridas verstanden werden, wenn diese auch mit jenen (kompliziert) zusammenhängt.

B. Johnsons Programm der Lektüre literarischer Texte verdeutlicht, inwiefern sie 'dekonstruktiv' genannt werden kann:

„Den Ausgangspunkt bildet oft eine binäre Differenz, die sich im folgenden als Illusion erweist, die von viel schwieriger festzustellenden Differenzen erzeugt wird. Es zeigt sich, daß Differenzen zwischen Entitäten (Prosa und Poesie, Mann und Frau, Literatur und Theorie, Schuld und Unschuld) auf Verdrängung von Differenzen innerhalb der Entitäten ruhen, darauf also, wie eine Entität von sich selbst differiert. Die Weise aber, wie ein Text derart von sich selbst differiert, ist niemals einfach: sie hat eine gewisse rigorose, kontradiktorische Logik, deren Wirkungen bis zu einem gewissen Grad gelesen werden können. Die 'Dekonstruktion' einer binären Opposition ... ist ... der Versuch, den subtilen, mächtigen Effekten von Differenzen nachzugehen, die in der Illusion einer binären Opposition bereits am Werk sind" (Johnson 1980, X, XI; deutsch zit. b. Culler 1988, 273).

Zu den 'binären Oppositionen', die im Text (figural) entworfen und abgebaut werden, gehört nicht zuletzt die von männlich/weiblich, und der Art und Weise, wie die Texte mit dieser de-kon-struktiv umgehen, widmet sich die 'dekonstruktive' Literaturkritik von Frauen wie Johnson, Felman, Spivak u.a.[25] Zu diesen Oppositionen gehört die von Innen-Außen, die die traditionellen 'metaphorischen' Modelle von Literatur und ihrer Lektüre strukturiert.[26] Dieses Operieren von und mit Texten müßte im einzelnen verfolgt werden, um dessen Funktionieren und dessen Plausibilität sichtbar zu machen; auf die Vielzahl von Untersuchungen, die inzwischen zu Texten aus großen Bereichen der Literaturgeschichte vorliegen, kann hier nur verwiesen werden.[27]

9. 'Literatur' II

Obwohl beide, Derrida und de Man, eine prinzipielle Differenz zwischen philosophischen und literarischen Texten verneinen, bleibt als Frage, ob und inwiefern sich literarische und philosophische Texte zu ihrer textuellen Bestimmtheit unterschiedlich verhalten. Dieses Problem müßte in der Konfrontation Derridas und de Mans ausgetragen werden.[28] De Man differenziert insofern, als

„die Beziehung und der Unterschied zwischen Literatur und Philosophie nicht in Begriffen der Destruktion zwischen ästhetischen und epistemologischen Kategorien erfaßt werden kann. Alle Philosophie ist in dem Maße, wie sie von 'uneigentlicher' Sprache abhängt, verurteilt, literarisch zu sein, alle Literatur, als Depositorium genau dieses Problems, in gewissem Umfang philosophisch. Die offenkundige Symmetrie dieser Feststellungen ist nicht ganz so beruhigend, wie es scheint, denn was Literatur und Philosophie miteinander in Verbindung setzt, ist ... ihr *gemeinsamer Mangel* an Identität und Bestimmtheit" (1983, 437).

De Man nennt „*literarisch*" und „*Literarizität*", was Derrida den „Schriftrest" jener Texte, die Schrift ohne Rest in ihrer Mitteilung aufgehen lassen wollen, nannte, ohne daß damit (noch) das 'ästhetische' Moment der Texte bezeichnet wäre. Literarizität heißt bei de Man die „*'Befreiung' der Sprache* von den Einschränkungen in den Möglichkeiten der Bezugnahme" (auf 'Referentialität'), die die Sprache „in erkenntnistheoretischer Hinsicht äußerst fragwürdig und unbeständig" macht (1987, 91). Dieser Fragwürdigkeit im Hinblick auf das Interesse der Sicherung der (Identität der) Mitteilung durch die Durchsichtigkeit oder zumindest die Kontrollierbarkeit ihres sprachlichen Ausdrucks gilt das Interesse de Mans. Weil und insofern de Man *dieses* Moment (gerade in seiner Lektüre epistemologischer Texte 'großer' Philosophen, die er in der 'Epistemologie der Metapher' vorträgt) „literarisch" nennt, ist jeder 'literarische' Text zugleich Metatext (oder „Depositorium") dieses Problems. Andere Lektüren Derridas sog. literarischer Texte situieren sich gleichfalls, aber auf ganz andere Weise, im Zusammenhang der Frage nach dem Verhältnis von Philosophie und Literatur. So stellt Derrida in 'Devant la loi', einer Lektüre von Kafkas 'Vor dem Gesetz', die Frage, *was* und *wer* einen literarischen Text der *Literatur* angehören lasse (1984a, 175) und impliziert, daß ebensowenig, wie dieser durch seinen Gegenstand (und eine thematische Lektüre) zu erfassen ist, er durch seine 'Form' (Signifikantenstruktur o.ä.) zum 'literarischen' wird. Er wirft die Frage nach dem 'Gesetz' der Literatur und dem Verhältnis der literarischen Texte zu diesem auf, nach den 'Grenzen', die sie der Literatur angehören lassen und die sie *auch* überschreiten.

10. Dekonstruktion II – das Konzept de Mans

'Dekonstruktiv' ist eine Lektüre, die sich der Teleologie des kontrollierten/kontrollierenden Sinns nicht mehr unterwirft, sondern im Text die Widerstände gegen diesen wahrnimmt: die „Sprache als Instanz der Disjunktion" (de Man 1988, 1985) – und zwar jener Momente, deren Deckungsgleichheit in der 'semantischen' Lektüre vorausgesetzt werden muß: Signifikat und Signifikant, Literalität und Figuralität, performative und konstative Funktion (vgl. de Man 1985, 41). Diese Inhomogenität macht Literatur (d.i. „Sprache über Sprache") zum „Ort", „an dem sich das negative Wissen von der Verläßlichkeit sprachlicher Äußerung" zeigt (de Man 1987, 91). Für solche Lektüren spielt, vor allem mit und nach de Man, der Begriff der *'rhetorischen'* oder 'tropologischen' (Dimension der) Sprache eine spezifische Rolle.[29] Diese tritt nicht nur auf als Aufschub des Dekodierens, sondern führt jede Lektüre in irritierende Unentscheidbarkeiten.

„Verstehen heißt in erster Linie, den referentiellen Modus eines Textes bestimmen; und wir tendieren dazu, als selbstverständlich anzusehen, daß dies möglich ist ... Solange wir zwischen wörtlicher und rhetorischer Bedeutung unterscheiden können, können wir die rhetorische Figur in ihren eigentlichen Referenten zurückübersetzen" (de Man 1979, 201; dtsch. Culler 1988, 282).

Die identifizierbare rhetorische Figur würde deren semantische Übersetzbarkeit implizieren und im 'referentiellen Kurzschluß' einen Zusammenhang von Sprache und Realität unterstellen. De Mans Lektüren zeigen aber, daß die (aufeinander angewiesenen)

„Dimensionen" der Sprache, mit ihren quer zueinanderstehenden Bedeutungseffekten in *unentscheidbarer* Weise gleichzeitig sind:

„Es ist nicht einfach so, daß es einfach zwei Bedeutungen gäbe, eine buchstäbliche und eine figurative, und daß wir nur zu entscheiden hätten, welche von beiden Bedeutungen in dieser bestimmten Situation die richtige wäre. Die Verwirrung kann nur durch die Intervention einer außersprachlichen Intention aufgelöst werden..." (de Man 1988, 38, 39, vgl. 42).

Insofern ist diese Ambiguität nicht (bloß) Merkmal semantischen Reichtums, sondern das einer prinzipiellen Irritation von semantischem Lesen.[30] Wer die Verwirrungen scheiden wollte und die Entscheidbarkeit der Lesarten unterstellt, muß auf eine Instanz der Macht setzen, aufs 'Machtwort', das die „schwindelerregende(n) Möglichkeiten referentieller Verirrung" (a.a.O., 40), in die das Lesen der einander irritierenden, sich in ihrer Bedeutungsbildung gegenseitig ausschließenden, Dimensionen führt, fixiert.[31] Die *hermeneutische* Unterstellung [→ *Neuere Hermeneutikkonzepte*] eines (und sei es zeitweiligen) 'einen' Sinns, seiner Lesbarkeit, ist nicht unschuldig.[32]

Jede 'thematische Aussage' kann, so zeigen die Texte in der Lektüre de Mans, von ihren eigenen Ausdrucksmitteln unterminiert werden – und gegen diese Möglichkeit gibt es keine Absicherung. Alle Textpassagen haben 'als Ausdrucksmittel' einen 'metalinguistischen' oder metapoetischen Status, so daß sie als solche, als (performative) metatextuelle Kommentare ihrer selbst, der (semantischen) Bindung von Thematisiertem und 'Ausdrucksmittel' widersprechen können.[33] „Das Paradigma aller Texte ist eine rhetorische Figur (oder ein System solcher Figuren) und deren Dekonstruktion" (de Man 1979, 205). Die Lektüre im double-bind von Figuration und Defiguration verhindert die Fixierung der („ideologischen") „Verwechslung von Sprache mit natürlicher Realität, von Bezugnahme auf ein Phänomen mit diesem selbst", „indem sie den Mechanismus ihres Funktionierens *entblößt"* (de Man 1986, 93) – als einen referentiellen Kurzschluß. Texte lassen sich als die 'Orte' dieser 'Entblößung' lesen, als die Orte dieses 'notwendigen' Kurzschlusses *und* der 'Entblößung' seines Funktionierens, das ihn aufschiebt/zurücknimmt (aber nicht ungeschehen macht). Lesen, das die *unentscheidbare* Gleichzeitigkeit der „grammatischen" und der „rhetorischen", der rhetorischen und der referentiellen, der figurativen und der metafigurativen „Dimensionen" der Texte, als beständige Irritation ihrer Lesbarkeit realisiert, ist „negativer Prozeß", der verdeutlicht und vorführt, „wieso man von allen Texten, *als Texten,* stets sagen kann, daß sie Niederlagen sind, Fehlschläge";[34] die „Geschichte" der Texte als (rhetorisch/grammatische) „Fehlschläge", als 'Dekonstruktionen' ihrer eigenen Modelle (die auch Derrida etwa bei Mallarmé liest), hat die Literaturwissenschaft zu „erzählen" (vgl. de Man 1988, 46, 47).

11. Lesen/Unlesbarkeit

Lesen re-inszeniert als „negativer Prozeß" das Verhältnis von *'Blindness'* und *'Insight'* der Texte, der Konstitution *und* des Abbaus (der Dekonstruktion) von Sinn:[35] Das Modell einer rhetorischen Figur und ihrer Defiguration kann durch keine endgültige Lektüre abgeschlossen werden, auch nicht durch eine (metafigurative) 'Erzählung (zweiten Grades) der eigenen Dekonstruktion'; sondern auch diese erzeugt ihrerseits wiederum eine supplementäre rhetorische Überlagerung, welche die Unlesbarkeit der vorherigen Erzählung erzählt.[36]

„Was auf dem Spiel steht, ist die Möglichkeit, die Widersprüche der Lektüre in eine Erzählung einzuschließen, die fähig wäre, sie zu ertragen. Solch eine Erzählung hätte die universelle Bedeutung einer Allegorie des Lesens" (a.a.O., 105, 106).

Allegorien des Lesens aber sind solche ihrer Unlesbarkeit.

„Die Allegorie des Lesens erzählt die[37] Unmöglichkeiten des Lesens. Aber diese Unmöglichkeit erstreckt sich notwendigerweise auch auf das Wort 'Lesen', das so einer referentiellen Bedeutung überhaupt beraubt ist ... es (ist) für immer unmöglich, LESEN zu lesen" (a.a.O., 110, 111).

In 'double séance', einer Lektüre Mallarmés,[38] einem der wichtigsten der nicht ins Deutsche übersetzten Texte Derridas (in: 1972a), *'liest'* Derrida die *dissémination,* die zerstreuende Auslöschung des Thematischen: Das 'Nichts' des *Zwischen*raums, zwischen den sprachlichen Elementen, den nicht 'gegebenen' Zeichen, läßt sich disseminativ in diese, die es generiert, ein und zerstreut sie (vgl. 1972b, 111, 112). Was zu lesen ist, ist das Schreiben *und* dessen Tilgung – die unmögliche A*null*ierung. Angesichts dieser (nichtentscheidbaren) Doppelmarkierung des Textes, die bei Derrida auch Komposition und Dekomposition oder Geschlossenheit und Offenheit u.a. (1972a, 283) heißt, liegt die Frage nach dem Verhältnis zum Modell de Mans nahe, die Frage nach der Funktion des Rhetorischen und d.i. mit de Man auch der Lektüre in beider Konzeptionen. Wenn Derrida das *Nichts* semantischer Leere, das zugleich Fülle des nicht situierbaren 'Zwischen' ist, also das schlechthin Unentscheidbare = Unlesbare[39] 'liest', so liest auch er die 'metatextuelle' 'Faltung' des Textes auf(/in) sich selbst, in der der Text zum 'Tropus' seiner selbst wird. 'Unlesbarkeit' oder dissémination ist, in der Figur einer „mise en abîme" sich in den Text faltendes, nicht mehr thematisches 'Thema' des Textes, das sich nicht (mehr) metasprachlich stabilisieren läßt.

Anmerkungen

1   Alle Nachweise ohne Namensangabe beziehen sich auf Texte Derridas.
2   Auf sehr verschiedene Weise einführend: Derrida: Positionen, 1986b; Culler: Dekonstruktion, 1988 und Kofman: Derrida lesen, 1987.
3   Vgl. 1986b, 133ff.; 1974, 42; 1972b, 344.
4   Derrida formuliert die „radikale Andersheit im Verhältnis zu jeder möglichen Gegenwart", die „sich im irreduziblen Effekt des Nachher, der Nachträglichkeit" äußert, wiederholt im Zusammenhang mit oder im Anschluß an *Freud* (vgl. 1976, 29 und 1972b). Vgl. 'Freud oder der Schauplatz der Schrift', 1972b und dessen Lektüre von Kofman 1987, 50ff. (Vorbehalte zu/gegen Freud: 1976, 28f.; 1982/7 2. Lfg.).
5   Différance 'ist' „Produktion eines Systems von Differenzen" (1986b, 68, 70). „Sie, die différance ist demnach eine Struktur oder eine Bewegung, die sich nicht mehr von dem Gegensatzpaar Anwesenheit/ Abwesenheit her denken läßt. Die différance ist das systematische Spiel der Differenzen, der Spuren von Differenzen, der Verräumlichung mittels derer sich die Elemente aufeinander beziehen. Diese Verräumlichung ist die zugleich aktive und passive Herstellung der Intervalle, ohne die die 'vollen' Ausdrücke nicht bezeichnen, nicht funktionieren würden (das a der différance weist auf jene Unentschiedenheit in bezug auf Aktivität oder Passivität und auf das, was sich noch von diesem Gegensatz her bestimmen und in diesen Gegensatz einordnen läßt" (a.a.O., 67, 68).
6   „Der Zeichen-Begriff ist einerseits ein Begriff, der die Metaphysik der Präsenz erschüttert, andererseits aber müßte man, wo man beweisen will, daß es kein transzendentales oder privilegiertes Signifikat

gibt und daß das Feld oder das Spiel des Bezeichnens von nun an keine Grenze mehr hat, ... sogar den Begriff und das Wort 'Zeichen' zurückweisen ... Denn der Ausdruck 'Zeichen' wurde seinem Sinn nach stets als Zeichen von –, als auf ein Signifikat hinweisender Signifikant, als von seinem Signifikat unterschiedener Signifikant begriffen und bestimmt" (1972b, 425).

7   Vgl. 1986d, 153-158 und 1986b, 133ff.

8   Vgl. auch 1987a, 588ff.; 1986d, 164; 1972b, 425.

9   In 'Die Struktur, das Zeichen und das Spiel' (1972b, 422), d.i. – nicht zu vergessen – jener Text, der 1966 als Vortrag an der Johns Hopkins University, den ersten Auftritt Derridas auf der Bühne der amerikanischen Literaturwissenschaften bildete (vgl. de Man 1986, 117; zur Problematisierung Weber 1987, 3f.)

10 Wie Derridas Text aus „Leseköpfen" für andere Texte [Glas] (Platons, Hegels, Nietzsches, Freuds, Heideggers, Mallarmé, Artaud, Bataille, Kafka, Celan, Genet) besteht, so werden diese selbst als heterogene gelesen: als verschiedene 'Leseköpfe' für wieder andere Texte (vgl. in 'Glas' [1974a], die 'parallelen' Lektüren von Hegel und Genet).

11 Vgl. das scheinetymologische Spiel der Bildung 'dissémination' (1972a, 337; 1980d, 34; 1986b, 95; vgl. Kofman 1987, 41f.).

12 Vgl. die Kette der Begriffe mit Derrida (1986b, 90, 91)/bei Kofman: „Das Pharmakon, entnommen Platon, 'ist weder das Heilmittel noch das Gift, weder das gesprochene Wort noch die Schrift', das Supplement, entnommen Rousseau, 'ist weder ein Mehr noch ein Weniger, weder ein Draußen noch die Ergänzung eines Drinnen, weder etwas Akzidentelles noch etwas wesentliches usw.'; das Hymen, entnommen Mallarmé, ist weder die Vereinigung noch die Trennung, weder die Identität noch die Differenz, weder der Vollzug, noch die Jungfräulichkeit, weder Schleier noch Entschleierung, weder das Drinnen noch das Draußen usw. 'Das gramma ist weder Signifikant noch ein Signifikat, weder Zeichen noch Ding, weder eine Anwesenheit noch eine Abwesenheit, weder eine Position noch eine Negation usw.; die Verräumlichung ist weder Raum noch Zeit; der Anschnitt ist weder die (angegriffene) Integrität eines Anfangs oder eines einfachen Einschnitts noch eine einfache Nebensächlichkeit. Weder/noch heißt zugleich oder oder; die marque (Markierung, Zeichen) ist auch die marginale Grenze, die marche (Mark, Marsch, Stufe) usw. Eigentlich richtet sich mein kritisches Vorgehen gegen die ständige Wiederaneignung dieser Schein-Arbeit innerhalb einer Dialektik Hegelscher Prägung..." (Kofman 1987, 32, 33).

13 So in 'Comment ne pas parler – Dénégation' (1987a).

14 Diese Figur spielt eine große Rolle für die sog. Derrida-Searle Debatte; vgl. die Referate bei Frank: Das Sagbare und das Unsagbare.

Studien zur neuesten französischen Hermeneutik und Texttheorien, Frankfurt a.M., 1980, 141ff; Culler (a.a.O., 123-149; Habermas (a.a.O., 228-234); Staten, 129, 130 und Wellmer: Zur Dialektik von Moderne und Postmoderne, Frankfurt a.M., 1985, 77ff.

15 Für die literaturwissenschaftliche Bedeutung des KommentarBegriffs vgl. die Beiträge von 'Deconstruction and Criticism' als deren gemeinsamer Nenner er fungieren könnte. Auf diesen rekurriert auch noch der Beitrag Derridas: 'Living On * Border Lines' (Bloom, 75-176) und zwar im inszenatorischen Charakter seines Textes; er (re-) inszeniert die Doppelung des Textes im Kommentar: Der Kommentar doppelt die Texte, insofern er Hinzufügung ist; er löst den Text von seinem Ursprung, an dem er eins wäre; er zerspaltet, weil er wiederholt und anders ist. Sein Kommentar von literarischen Texten schreibt zugleich seine Verdopplung mit – unterm Strich – und weist damit darauf hin, daß der Text schon immer nicht nur er selbst, sondern begleitet und gespalten ist – vom Kommentar, seiner ihn 'defigurierenden' Lektüre.

16 Vgl. 1980d, 34; 1986b, 96, 134.

17 Vgl. 1986b, 38 ('Logozentrismus' und Dekonstruktion: 1986b, 96); 1974a, 178, 179; 1972a, 148f. und Culler, 96f.

18 Vgl. u.a. 1972a, 147; 1974a, 258, 280, 393, 422 und Weber 1987, 94f.

19 Vgl. Staten, 129ff, 134.

20 Vgl. die andere Orientierung dieser These über die Bedeutung des ästhetischen Textes für Derridas Theoriebildung bei Chr. Menke-Eggers: Die Souveränität der Kunst (174ff.).

21 Derridas Lektüre von Mallarmé in 'double séance' (in: 1972a) kann einen Aspekt dieser Formulierung verdeutlichen: Sie zeigt, wie „Mimesis" entwickelt wurde zur „mimique sans imitation", während sie der Philosophie zufolge, seit Platon das Verhältnis zwischen Literatur, Schrift, Text und Wahrheit organisiert und sich dabei bestimmt sieht vom Vorrang der Wahrheit vor Sprache, des Modells oder der Idee vor seinem Abbild (218ff.). Diese sich selbst widersprechende Figur wieder-holt die Unentscheidbarkeit, von der die Rede war: „Le référent étant levé, la réference demeurant" (a.a.O., 239, vgl. de Man 1988, 227); für diese tritt in der Derridaschen Lektüre der Begriff des 'hymen' ein (vgl. 240), mit dem eine Referenz ohne Referent, ein 'weder draußen noch drinnen' markiert ist (und zugleich die Differenz zwischen beiden: weder Schleier noch Entschleierung). Insofern operiert der (literarische) Text mit und gegen, inner- und außerhalb eines Feldes, das Derrida als das der Philosophie kennzeichnet; man könnte sagen: er ist 'dekonstruktive' Lektüre von deren Vorgaben für die Literatur – oder aber: sie bedürfen der Lektüre, um zu Modellen der Dekonstruktion werden zu können. Seit Mallarmé gibt es eine literari-

sche Praxis, die die Subversion des Logozentrismus ankündigt und damit zugleich „praktische Dekonstruktion der Vorstellung, die man sich von Literatur macht", ist (1986b, 135, 136; vgl. insb. 'double séance, 1972a).

22 Zur Einschätzung der Situation, insbesondere zu deconstruction an den Fakultäten der vergleichenden Literaturwissenschaften und der Anglistik und Romanistik an den Universitäten der Ostküste, vor allem Yale's und der Johns Hopkins University/Baltimore vgl.: Culler, 257ff.; Arac/Godzich/Martin; Atkins. Ein zentrales Dokument der literaturwissenschaftlichen und philosophischen Diskussion im Spannungsfeld der Konzepte 'Lektüre' und 'Dekonstruktion' ist der Sammelband 'Deconstruction and Criticism', in dem alle vertreten sind, die der 'Yale School' zuzurechnen sind. 'Deconstruction' hat in den USA ihre eigene, hier nicht eigens nachzuzeichnende Geschichte, negativ vor allem auf den New Criticism bezogen (vgl. de Man: The Dead End of Formalism, 1971; de Man 1988, 32) und in einer spezifischen Interaktion mit 'kontinentalen Traditionen'.

23 Zur Einführung vgl.: Miller 1987; Hamacher 1988; Haverkamp 1988a.

24 Vgl. de Man 1986, 117 (vgl. Hartmann, 1-32).

25 Vgl. diese u.a. in der Bibliographie, das Sonderheft der Yale French Studies (No. 62) und diacritics 5 (1975). Vgl. die exemplarische Untersuchung von S. Felman zu Balzacs 'Goldene Augen' (Rereading Feminity [1981]). (Über Frau und Schrift vgl. auch: 1984b; 1986d).

26 Vgl. Derridas Reinterpretation des Begriffs der *Metapher:* 'Die weiße Mythologie: die Metapher im philosophischen Text' (1988b, 205ff.) und 'Entzug der Metapher' (1987b; hier: 326); (Gasché 1986; 1988, 44f., 95f. u.ö.).

27 Wohl signifikante Schwerpunkte des Interesses liegen bei Milton, im Bereich der englischen/amerikanischen Romantik und Neoromantik, (neben Rousseau) bei den französischen Romanen des 19. Jahrhunderts, Balzac und Proust, bei Hölderlin, Hoffman (mit Freud), Rilke und Kafka. Vgl. die Referate einiger zentraler Untersuchungen bei Culler, 257f. Vgl. über 'dekonstruktive' Un/Lesbarkeit älterer Texte de Man 1988, 46, 47 und 1986b, 135, 136.

28 Vgl. den für den literaturkritischen Derrida-Bezug entscheidenden Text von de Man: The Rhetoric of Blindness: Jacques Derrida's Reading of Rousseau, in: 1971, 102-141; hier: 136, 137 und 1986b, 116ff., 1988, 48; die Texte von Godzich: The Domestication of Derrida (in: Arac, 20ff.) und Gerhart. Zum doppelten Ansatz der Dekonstruktion vgl. 'An Interview with Paul de Man', Stefano Rosso, in: de Man 1986, 115ff., hier 116 (und Leitch u.a.).

29 Vgl. zum Begriff des Rhetorischen: de Man 1988, 37 und 40 (vgl. 1972a, 283).

30 'Polysemie' ist daher keine genügende Bestimmung der de Man'schen „Literarizität" (de Man 1979, 201), bei Derrida statt dessen: dissémination, 1972a, 337 und 389, 390.

31 B. Johnsons Lektüre von Melvilles „Billy Budd" zeigt, wie im Text zwei Leseweisen aufeinandertreffen, eine, die eine Kontinuität von Signifikant und Signifikat unterstellt und eine, die von deren Diskontinuität ausgeht. Diese Alternative bleibt im Text unentscheidbar; allein der politische Akt wandelt die zweideutige Situation in eine entscheidbare um. In einer metatextuellen Wendung des Textes stellt dieser die Frage, inwiefern die Lektüre selbst gleichfalls ein solcher politischer Akt sein muß (vgl. das ausführliche Referat bei Culler, 271f.).

32 Die implizite Subversion hermeneutischer Postulate hat u.a. für de Man Hamacher skizziert in seinem Vorwort 'Unlesbarkeit', d.i. der a-hermeneutische Verdacht (de Man 1988, 7ff., 19f. und 1986, 18; Weber 1980; Godzich (in: Arac, 20ff.); Greisch, Kap. V, 189f.).

33 De Man 1988, 45; 1988, 110.

34 De Man 1979, 100-102. Dies ist eine Berührungsstelle mit der Argumentation Roland Barthes (vgl. insbes. Lektion, Frankfurt a.M., 1986, 31 und 33).

35 Dabei bleibt die theoretische Formulierung des Lesens paradoxal: Die „Sprache über die Sprache" (über die Sprache) kann nicht als Metasprache konzipiert werden. Das 'negative' 'Wissen' der Texte − als Wissen, also insofern es selbst 'diskursiv' ist − kann sie sich 'positives'/positionales nicht formulieren, allenfalls um den Preis der wiederholten Abschattung des in dieser notwendig sich vollziehenden 'referentiellen Kurzschlusses'; − sie ist in die „schwindelerregenden Möglichkeiten referentieller Verirrung", die die Irritation einstimmigen Bedeutens eröffnet, selbst eingezogen. Vgl. den sehr erhellenden Artikel de Mans: 'Widerstand gegen die Theorie' (1987).

36 Exemplarisch ist de Mans Lektüre von Rousseaus 'Julie' 1979, 188-220; hier: 205. (Vgl. de Man 1988, 49-51 und den Schluß von 'Shelley disfigured', in: Bloom 1973 und de Man 1971.)

37 Statt „von der"; vgl. diese Korrektur der deutschen Übersetzung bei Haverkamp 1988a, 66 und de Man 1979, 205); mit ihr erfolgt ein Hinweis auf den anderen Allegorie-Begriff, den de Man nicht zuletzt im Anschluß an Benjamin gewinnt (vgl. de Man 1969a/b).

38 Weitere Lektüren Derridas von Autoren der Moderne in: 1972a, 1986c, 1988c.

39 Vgl. B. Menke 1987: Das Negativ der Konstellation, in: Sprachfiguren − Figuren des Umwegs, Diss. Konstanz.

Literatur*

Arac, Jonathan/Godzich, Wlad/Martin, Wallace, 1983: The Yale Critics: Deconstruction in America, University of Minnesota.

Atkins, G. Douglas, 1983: Reading Deconstruction. Deconstructive Reading, Univ. Press of Kentucky.

Berman, Art, 1988: Form the New Criticism to Deconstruction, Univ. of Illinois Press.

Bloom, Harold u.a., 1979: Deconstruction & Criticism, London.

–, 1982: The Breaking of the Vessels, Univ. of Chicago Press, Chicago/London.

Brenkman, John, 1976: Narcissus in the Text, in: Georgia Review 30, (1976) 293-327.

Cáin, William E., 1979: Deconstruction in America: the Recent literary Criticism of H. Hills Miller, College English.

Carrigan, William/Smith, Joseph H., 1984: Taking Chances: Derrida, Psychoanalysis and Literature, Baltimore.

Chase, Cynthia, 1978: The Decomposition of the Elephants: Double-Reading Daniel Deronda, in: PMLA 93, 215-227.

–, 1979: The Accidents of Disfiguration: Limits to Literal and Rhetorical Reading in Book V of the Prelude. Studies in Romanticism 18, 547-566.

–, 1981: Paragon, Parergon: Baudelaire Translates Rousseau, in: Diacritics 11/2, 42-51.

–, 1986: Decomposing Figures. Rhetorical Reading in the Romantic Tradition, The Johns Hopkins Univ. Press, Baltimore.

Comparative Literature, Sonderheft de Man, 1986, Vol. 38.4, Univ. of Oregon, Eugene.

Culler, Jonathan, 1988: Dekonstruktion. Derrida und die poststrukturalistische Literaturtheorie, Reinbek b. Hamburg (original.: Ithaca, 1982).

De Man, Paul, 1969a: Allegorie und Symbol in der europäischen Frühromantik (1. Teil von de Man 1969b), in: Typologia Literarum (Festschrift für Max Wehrli), Zürich.

–, 1969b: Rhetorique of Temporality, in: Charles Singleton (Hg.): Interpretation – Theory and Practice, Johns Hopkins Press, Baltimore, 173-209.

–, 1971: Blindness and Insight: Essays in the Rhetoric of Contemporary Criticism, New York, Oxford Univ. Press.

---

* Vgl. die Bibliographien in: Culler 1988 (kommentiert); Norris, Christopher 1987: Derrida, London, 257ff.; Davis, Robert Con/Schleifer, Ronald (Hg.), 1985: Rhetoric and Form. Deconstruction at Yale, Univ. of Oklahoma Press, 239ff.;
Wichtige Zeitschriften sind u.a.: Glyph, Diacritics, October, Oxford Literary Review, Yale French Studies.

–, 1972: Literature an Language: A Commentary, in: New Literary History 4, 181-192.
–, 1978: Vorwort zu Jacobs 1978.
–, 1979: Allegories of Reading: Figural Language in Rousseau, Nietzsche, Rilke, and Proust, New Haven, Yale Univ. Press.
–, 1981: Pascal's Allegory of Persuasion, in: Greenblatt, Stephen (Hg.): Allegory and Representation, Baltimore, Johns Hopkins Univ. Press, 1-25.
–, 1983: Epistemologie der Metapher (1978), in: Haverkamp, A. (Hg.): Theorie der Metapher, Darmstadt, 414-437 (engl. Originalausg.: Critical Inquiry 5 (1978), 13-30.
–, 1984: The Rhetoric of Romanticism, New York.
–, 1985: „Conclusions. On Walter Benjamin's 'The Task of the Translator'" (Messenger Lecture, Cornell University, March 4, 1983), in: Yale French Studies No 69 (1985): The Lesson of Paul de Man, 25ff. [jetzt in de Man 1986].
–, 1986: The Resistance to Theory (Hg. Wlad Godzich), Minneapolis.
–, 1987: Der Widerstand gegen die Theorie, in: Bohn, V. (Hg.): Romantik. Literatur und Philosophie, Frankfurt a.M., 80-107 (engl. Originalausg. in: de Man 1986.
–, 1988: Allegorien des Lesen, Frankfurt a.M. (Übersetzung des ersten Teils von: de Man 1979 und 'Anthropomorphism and Trope in the Lyric', 'Aesthetic Formalisation: Kleists 'Über das Marionettentheater' aus: de Man 1984).
Derrida, Jacques, 1972a: La dissémination, Paris (übers. B. Johnson 1981, Chicago, Univ. of Chicago Press).
–, 1972b: Die Schrift und die Differenz, Frankfurt a.M. (franz. Originalausg.: L'écriture et la différance, Paris 1967).
–, 1974a: Grammatologie, Frankfurt a.M. (franz. Originalausg.: De la grammatologie, Paris 1967).
–, 1974b: Glas, Paris (engl. Übers. Univ. of Nebraska Press, Lincoln/London 1986).
–, 1976: Randgänge der Philosophie, Frankfurt a.M./Berlin/Wien. (Teilübers. von ders., 1972: Margins des philosophie, Paris) vgl. 1988.
–, 1977: Limited Inc., in: Glyph 2 (übers. S. Weber), Baltimore, Johns Hopkins Univ. Press, 162-254.
–, 1978: La vérité en peinture, Paris (engl. Übers. Univ. of Chicago Press, Chicago/London 1987).
–, 1979a: Fors, Einleitung zu: Abraham/Torok: Kryptonymie. Das Verbarium des Wolfsmannes, Frankfurt a.M./Berlin/Wien, 5-58 (franz. Originalausg.: Paris 1976).
–, 1979b: Die Stimme und das Phänomen, Frankfurt a.M. (franz. Originalausg.: Paris 1967).
–, 1980a: „Destours de Babel" (ital.), in: aut aut, 189-190; 1982 (76ff.); (engl.) in: Graham, Josef F. (Hg.): Difference in Translation, Ithaca/London 1985.

–,   1980b: La loi du genre/The Law of Genre, Glyph 7, 176-201 (auch in 1986a).

–,   1980c: Scribble, Vorwort zu: William Warburton, Versuch über die Hieroglyphen der Ägypter, Frankfurt a.M./Berlin/Wien.

–,   1980d: Titel noch zu bestimmen, in: Kittler, Friedrich A. (Hg.): Austreibung des Geistes aus den Geisteswissenschaften, Paderborn, 206ff. (franz. in 1986a).

–,   1982/87: Die Postkarte von Sokrates bis an Freud und jenseits, Berlin (franz. Originalausg.: La carte postale: De Socrate à Freud et au-delà, Paris 1980).

–,   1984: Devant la loi, in: Griffiths, Ph. (Hg.): Philosophy and Literature, Cambridge, 173-188.

–,   1986a: Parages, Paris.

–,   1986b: Positionen, Wien/Berlin (franz. Originalausg.: Paris 1972).

–,   1986c: Schibboleth: für Paul Celan, Graz/Wien (franz. Originalausg. Paris 1986).

–,   1986d: Sporen. Die Stelle Nietzsches, in: Hamacher, W. (Hg.): Nietzsche in Frankreich, Frankfurt/Berlin (franz. Originalausg.: Eperons: Les styles de Nietzsche, Paris 1978).

–,   1987a: Comment ne pas parler – Dénégation, in: ders.: Psyché. Inventions de l'autre, Paris, 535-595 (engl. in: Languages of the Unsayable: The Play of Negativity in Literature and Literary Theory (Hg.: Buddick, Iser) 1989, Baltimore, Johns Hopkins Univ. Press.

–,   1987b: Entzug der Metapher, In: Bohn, Volker (Hg.): Romantik. Philosophie und Literatur, Frankfurt a.M., 317ff. (franz. Originalausg.: Poesie 6, 1979).

–,   1988a: Geschlecht (Heidegger). Sexuelle Differenz, ontologische Differenz, Heideggers Hand, Berlin (franz. Originalausg. in: ders.: Psyché. Interventions de l'autre, Paris 1987).

–,   1988b: Randgänge der Philosophie, Wien (vgl. 1976).

–,   1988c: Ulysses grammophon, Berlin (franz. Originalausg.: Paris 1987).

Felman, Shoshana, 1977: Turning the Screw of Interpretation, in: Yale French Studies 55/6, 94-207.

–,   1980: Le scandal du corps parlants, Paris (engl.: The Literary Speech Act: Don Juan with Austin, or Seduction in Two Languages).

–,   1981: Rereading Femininity, in: Yale French Studies 62, 19-41.

–,   1982 (Hg.): Literature and Psychoanalysis: The Question of Reading-Otherwise, Baltimore, Johns Hopkins Univ. Press.

–,   1983: Beyond Oedipus. The Specimen story of Psychoanalysis, in: Modern Languages Notes, No 98, 1021-1053.

Fekete, John, 1984: The Structural Allegory Reconstructive Encounters with the New French Thought, Univ. of Minnesota Press.

Fohrmann, Jürgen/Müller, Harro (Hg.), 1988: Diskurstheorien und Literaturwissenschaft, Frankfurt a.M.

Forget, Philippe (Hg.), 1984: Text und Interpretation, München.

Frank, Manfred, 1983: Was ist Neostrukturalismus?, Frankfurt a.M.

Fry, Paul H., 1988: Non-Construction: History, Structure, and the Occasion of the Literary, The Yale Journal of Criticism, Vol. 1, 45-64.

Gadamer, H.-G., 1986: Text und Interpretation; Destruktion und Dekonstruktion, in: ders.: Wahrheit und Methode II (Ergänzungen und Register), Tübingen, 330ff. und 361ff.

Gasché, Rodolphe, 1979: Deconstruction as Criticism, in: Glyph 6, 177f.

–, 1981: 'Setzung' und 'Übersetzung': Notes on Paul de Man, in: Diacritics 11/4, 36-57.

–, 1986: The Tain of the Mirror. Derrida and the Philosophy of Reflection, Harvard University Press, Cambridge/Massachusetts/London.

Gerhart, Suzanne, 1983: Philosophy before Literature: Deconstruction, Historicity, and the Work of Paul de Man, in: Diacritics No 11, 63ff.

Greisch, Jean, 1977: Hérméneutique et grammatologie, Paris.

Habermas, Jürgen, 1985: Der philosophische Diskurs der Moderne, Frankfurt a.M.

Hamacher, Werner, 1988: Unlesbarkeit; Vorwort zu de Man 1988.

Harari, Josué V. (Hg.), 1979: Textual Strategies. Perspectives in Poststructuralist Criticism, Cornell Univ. Press.

Hartmann, Geoffrey, 1981: Saving the Text. Literature/Derrida/Philosophy (Kap. 1 und 2), Baltimore.

Haselstein, Ulla, 1988: „Le sujet supposé savoir lire" – Versuch eines Kommentars zur Lacan-Lektüre von Shoshana Felman, in: Poetik und Hermeneutik XIII, München, 209-216.

Haverkamp, Anselm, 1988a: Ausgefallene Rezeption: Allegorien des Lesens deutsch (Rez. de Man, Allegorien des Lesens), in: Neue Zürcher Zeitung, Nr. 72 (26./27. März 1988), 65-66.

–, 1988b: Kryptische Subjektivität: Archäologie des Lyrisch-Individuellen (Haller, Hölderlin), in: Poetik und Hermeneutik XIII, München, 347ff.

–, 1989: Miltons Counterplot. Dekonstruktion und Trauerarbeit 1737: 'Lycides', in: Deutsche Vierteljahresschrift 63 (Sept. 1989).

Hertz, Neil, 1985: The End of the Line. Essays on Psychoanalysis and the Sublime, Columbia Univ. Press, New York.

Hörisch, Jochen, 1979b: Das Sein der Zeichen und die Zeichen des Seins. Marginalien zu Derridas Ontosemiologie; Vorwort zu Derrida 1979b.

Jacobs, Carol, 1978: The Dissimulating Harmony, The Image of Interpretation in Nietzsche, Rilke, Artaud, and Benjamin, Baltimore, Johns Hopkins Univ. Press.

Johnson, Barbara, 1979: Défigurations du langage poétique, Paris.

–, 1980: The Critical Difference: Essays in the Contemporary Rhetoric of reading, Baltimore, Johns Hopkins Univ. Press.

–, 1981: Einleitung zur engl. Übersetzung von Derrida 1972a.

–, 1987: A World of Difference, Johns Hopkins Univ. Press, Baltimore.

Kamuf, Peggy, 1982: Fictions of Feminine Desire. Desclosures of Heloise, Univ. of Nebraska Press, Lincoln/London.

Kimmerle, Heinz, 1988: Derrida zur Einführung, Hamburg.
Kittler, Friedrich A. (Hg.), 1980: Austreibung des Geistes aus den Geisteswissenschaften, Paderborn/München/Wien/Zürich.
Kofman, Sarah, 1972: Nietzsche et la métaphore, Paris (teilweise in: Allison, David B.: The New Nietzsche, Cambridge Massacusetts, 1977, 201-218.
–, 1976: Vautour rouge: Le double dans Les Elixirs du diable d'Hoffmann, in: Agacinsky, S. u.a.: Mimesis des articulation, Paris.
–, 1979: Nietzsche et la scéne philosophique, Paris.
–, 1982: Le respect des femmes, Paris.
–, 1985: Schreiben wie eine Katze. Zu ETA Hoffmanns Lebensansichten des Kater Murr, Wien (Edition Passagen).
–, 1986: Melancholie der Kunst, Wien (Edition Passagen).
–, 1986: Rousseau und die Frauen, Tübingen.
–, 1987: Derrida lesen, Wien (Edition Passagen).
–, 1988: Erstickte Worte, Wien (Edition Passagen).
Krupnick, Mark (Hg.), 1977: Displacement, Derrida and After, Bloomington 1983.
Lacoue-Labarthe, Philippe/Nancy, Jean-Luc (Hg.), 1981: Les fins de l'homme, Paris.
Leitch, Vincent B., 1983: Deconstructive Criticism: An Advanced Introduction, New York/Columbia Univ. Press.
Mehlmann, Jeffrey, 1977: Revolution and Repetition. Marx, Hugo, Balzac, Berkeley, Univ. of California Press.
Menke-Eggers, Christoph, 1988: Die Souveränität der Kunst. Ästhetische Erfahrung nach Adorno und Derrida, Frankfurt a.M.
Miller, J. Hillis, 1982: Fiction and Repetition: Seven English Novels. Cambridge, Harvard Univ. Press.
–, 1987: The Ethics of Reading, Columbia Univ. Press, New York.
Norris, Christopher, 1982: Deconstruction: Theory and Practice, London/Methuen.
–, 1988: Paul de Man: Deconstruction and the Critique of aesthetic Ideology, New York/Routledge.
Ronell, Avital, 1986a: Dictations. On Haunted Writing, Indiana Univ. Press.
–, 1986b: Street-Talk, STCL 11, Univ. of California, Berkeley, 105-131.
Said, Edward, 1975: Beginnings: Intention and Method, New York.
Saussure, Ferdinande de, 1976: Grundfragen der allgemeinen Sprachwissenschaft; Hg. Charles Bally und Albert Sechehaye, Berlin.
Schutter, Dirk de/Servotte, Herman/Verbeek, Ludo, 1988: In het Licht van de Letter. Zes oefeningen in deconstructie (J. Barth, P. Celan, F. Hölderlin, E.A. Poe, R. Walser, W.B. Yeats), Leuven.
Searle, John, 1977: Reitering the Differences: A Reply to Derrida, Glyph 1, 198-208.

–,   1982: Wörtliche Bedeutung, in: ders.: Ausdruck und Bedeutung, Frankfurt a.M., 139ff.

Spivak, Gayatri Chakravotry, 1977: Displacement and the Discours of Woman, in: Krupnick 1977, 169ff.

–,   1980a: Finding feminist Readings: Dante – Yeats, in: Social Text 3, 73-87.

–,   1980b: Revolutions That as Yet Have No Model: Derrida's Limited Inc., in: Diacritics 10/3, 29-49.

Sprinker, Michael, 1987: Imaginary Relations. Aesthetics and Ideology in the Theory of Historical Materialism, London.

Staten, Henry, 1984: Wittgenstein and Derrida, Univ. of Nebraska Press, Lincoln/London.

Sussman, Henry, 1979: Franz Kafka: Geometrician of Metaphor, Madison.

Warminski, Andezej, 1987: Readings in Interpretation, Hölderlin, Hegel, Heidegger, Univ. of Minnesota Press, Mineapolis.

Weber, Samuel, 1976: Saussure and the Apparition of Language, in: MLN 91, 913-938.

–,   1978: it, in: Glyph 4, 1-29.

–,   1979: Unwrapping Balzac, A Reading of la Peau de Chagrin, Univ. of Toronto Press.

–,   1980: tertium datur, in: Kittler 1980.

–,   1986: Postmoderne und Poststrukturalismus. Versuch eine Umgebung zu benennen, in: Ästhetik und Kommunikation, 63, 17, 105f.

–,   1987: Institution and Interpretation, University of Minnesota Press, Mineapolis.

Yale French Studies, 1985, No 69 (1985): The Lesson of Paul de Man.

Personenregister

Sachregister

Autorenverzeichnis

Klaus-Michael Bogdal, Dr. phil., Fachleiter am Studienseminar Dortmund und Lehrbeauftragter an der Universität Essen.
Veröffentlichungen: *Arbeitsfeld: Materialistische Literaturtheorie*, 1975 (Mithrsg.); *Schaurige Bilder. Der Arbeiter im Blick des Bürgers*, 1978; *Heinrich von Kleist: Michael Kohlhaas*, 1981; *Geschichte in der Erzählung*, 1986.
Aufsätze zur Literaturgeschichte, -theorie und -didaktik; Mitherausgeber der Reihe *'Unterrichtsmaterialien Ruhrgebiet'*.

Andreas Dörner, Studium der Germanistik/Sozialwissenschaften, Doktorand, Wiss. Mitarbeiter am FB 1 der Universität-GHS Essen.
Aufsätze zur Grammatiktheorie und -geschichte.
Arbeitsschwerpunkte: Kulturpolitologie; Semiotik; Sprache und Politik.

Barbara Hahn, Dr. phil., Wiss. Mitarbeiterin an der Universität Hamburg.
Veröffentlichungen: *Rahel Levin Varnhagen. Die Wiederentdeckung einer Schriftstellerin*, 1987 (Mithrsg.); *Von Berlin nach Krakau. Zur Wiederentdeckung von Rahel Varnhagens Korrespondenzen*, 1989; *„Antworten Sie mir". Rahel Levin Varnhagens Briefwechsel*, 1990; *„Im Schlaf bin ich wacher". Essays zu Rahel Levins Träumen* (Hrsg.), 1990.
Arbeitsschwerpunkte: Hrsg. einer kritischen Edition von Rahel Levin Varnhagens Tagebüchern und Briefwechsel (zus. m.a.); Briefkultur um 1880; Literatur des Ostjudentums.

Hans H. Hiebel, Dr. phil., o. Prof. für Neuere Deutsche Literaturgeschichte an der Universität Graz.
Veröffentlichungen: *Individualität und Totalität*, 1974/1980; *Theorie und Deutung*, 1976; *Die Zeichen des Gesetzes. Recht und Macht bei Franz Kafka*, 1983; *Franz Kafka: Ein Landarzt*, 1984; *Die Parabel*, 1986 (Mithrsg.); *Franz Kafka*, 1987.
Aufsätze zu Kafka, zur Moderne, Geschichte des deutschen Dramas, Literatur des 18. Jahrhunderts und zur psychoanalytischen und poststrukturalistischen Literaturanalyse.

Werner Jung, Dr. phil., M.A., Lehrbeauftragter an verschiedenen Universitäten.
Veröffentlichungen: *Schöner Schein der Häßlichkeit oder Häßlichkeit des schönen Scheins*, 1987; *Georg Lukács*, 1989.
Aufsätze zur Literatur des 18. bis 20. Jahrhunderts und zur Ästhetik. Mitarbeit an Editionen (u.a. zu Ch.F. Gellert).

Clemens Kammler, Dr. phil., Studienrat an einem Gymnasium in Hattingen/Ruhr.
Veröffentlichungen: *Michel Foucault. Eine kritische Analyse seines Werks*, 1986.
Aufsätze zur Diskurstheorie und zu philosophischen und literaturwissenschaftlichen Themen.

Jürgen Link, Dr. phil., Prof. für Literaturwissenschaft an der Ruhr-Universität Bochum.
Veröffentlichungen: *Literaturwissenschaftliche Grundbegriffe*, 1974/1979; *Die Struktur des literarischen Symbols*, 1975; *Die Struktur des Symbols in der Sprache des Journalismus*, 1978; *Biedermeier und Ästhetizismus*, 1979; *Elementare Literatur und generative Diskursanalyse*, 1983; *Literatursoziologisches Propädeutikum* (zus. m. U. Link-Heer), 1980.
Aufsätze zur Theorie und Geschichte des literarischen Symbols und der Kollektivsymbolik und zur Literaturtheorie. Zusammen mit Ursula Link-Heer seit 1982 Hrsg. der Zeitschrift *'kultuRRevolution. zeitschrift für angewandte Diskurstheorie'*.

Bettine Menke, Dr. phil., Wiss. Angestellte an der Universität Konstanz.
Veröffentlichungen: *Sprachfiguren – Figuren des Umwegs in der Theorie Benjamins*, 1989.
Aufsätze über Literaturtheorie, Kafka und Mnemotechnik in der Literatur.

Harro Müller, Dr. phil., Professeur Associé an der Universität Bordeaux.
Veröffentlichungen u.a.: *Geschichte zwischen Kairos und Katastrophe*, 1988; *Diskurstheorien und Literaturwissenschaft* (Mithrsg.), 1988.
Aufsätze zu Büchner, Grabbe, Storm, George, H. Mann, Döblin, Brecht, Kluge, W. Benjamin, Foucault und Paul de Man.
Arbeitsschwerpunkte: Deutsche Literatur des 19. und 20. Jahrhunderts.

Jürgen Müller, Dr. phil., M.A., Universitätshauptdozent für Film- und Medienwissenschaft an der Universiteit van Amsterdam.
Veröffentlichungen: *Literaturwissenschaftliche Rezeptionstheorien und empirische Rezeptionsforschung*, 1981; *Emile Zola – contes et question sociale du 19e siècle*, 1985/1989; *Texte et médialité* (Hrsg.), 1987.
Aufsätze zur Literatursoziologie, zum Film und anderen Medien und zur Theorie der Intermedialität.

Rolf Parr, Wiss. Mitarbeiter im DFG-Projekt *'Literarische Vereine um 1900'* an der Ruhr-Universität Bochum; Mitarbeit an der Zeitschrift 'kultuRRevolution'.
Veröffentlichungen: *„Zwei Seelen wohnen, ach! in meiner Brust"*. *Strukturen und Funktionen der Mythisierung Bismarcks (1860-1918)*, Phil. Diss. Bochum 1989; *Historische Mythologie der Deutschen 1776-1918* (zus. m. K. Bruns/W. Wülfing), 1990; *Militarisierung der 'Sprache'?* (zus. m. J. Link), 1989.
Arbeitsschwerpunkte: Mythisierung historischer Figuren; Mediendiskurse; Karikaturen.

Ludgera Vogt, 1. Staatsexamen für das Lehramt, wiss. Hilfskraft an der Fernuniversität Hagen.
Arbeitsschwerpunkte: Literatur und Kultursoziologie; mittelalterliche Literatur.